"十三五"职业教育规划教材

投资理财

主 编　汪思冰　郝登攀

副主编　刘淑萍　吴继良

• 微信扫码关注，获取本书课件ppt素材等资源。

中国电力出版社

CHINA ELECTRIC POWER PRESS

内 容 提 要

本书根据高职高专培养操作实施型投资理财专业技能人才的需求编写。本着"理论够用，突出技能和能力培养"的编写原则，落实理论联系实际，张弛适度，突出实用的编写思路。全书共分为 11 个项目，系统介绍了投资理财的基本概念、原理及投资收益和风险的度量方法。本书着重介绍了当下最常见的九种投资理财工具，对它们的定义、运作方式及投资策略等进行了详细讨论，并在适当的地方穿插了翔实案例，贴近实际，突出适用性，便于读者理解和掌握。每章后设有实践思考题、技能训练题、项目实训题、案例分析及实训课堂，可供读者巩固所学知识、拓展知识面。

本书主要作为高职高专院校经济管理类相关专业教材，也可供相关专业管理、技术人员、投资理财爱好者学习参考。

图书在版编目（CIP）数据

投资理财/汪思冰，郝登攀主编. —北京：中国电力出版社，2019.9（2019.9重印）

"十三五"职业教育规划教材

ISBN 978-7-5198-3527-9

Ⅰ．①投…　Ⅱ．①汪…　②郝…　Ⅲ．①投资－高等职业教育－教材　Ⅳ．①F830.59

中国版本图书馆 CIP 数据核字（2019）第 169662 号

出版发行：中国电力出版社

地　　址：北京市东城区北京站西街 19 号（邮政编码 100005）

网　　址：http://www.cepp.sgcc.com.cn

责任编辑：熊荣华（010-63412543）

责任校对：黄　蓓　王海南

装帧设计：赵姗姗　张俊霞

责任印制：吴　迪

印　　刷：三河市航远印刷有限公司

版　　次：2019 年 9 月第一版

印　　次：2019 年 9 月北京第二次印刷

开　　本：787 毫米×1092 毫米　16 开本

印　　张：14.25

字　　数：340 千字

定　　价：45.00 元

前 言

  中国经济的蓬勃增长给广大人民带来了可观的收益，私人财富的积累在迅速增长。据《2019 中国私人财富报告》显示，2018 年中国个人可投资资产 1000 万人民币以上的高净值人群规模已达 197 万人，全国个人总体持有的可投资资产规模达到 190 万亿人民币。随着全民收入的逐年增加，个人资金的快速积累，投资股票、债券、基金、保险、黄金等已成为大众的普遍投资行为。老一辈人说："吃不穷，用不穷，不会盘算一世穷。"当代人也说"你不理财，财不理你，理财要趁早！"投资理财已成为现代人生活中的必需品。

  目前我国居民投资理财热潮越来越高、市场潜力巨大，投资理财和财富管理伴随我国经济的稳定发展已成为金融业中发展较快的重要业务。市场需求驱动人才培养，促进专业建设，我们现在急需培养懂经营、会策划、善沟通、能执行的操作实施型投资理财专业技能人才。本书正是为了满足这一需求而编写的。根据高职高专教材"理论够用，突出技能和能力培养"的编写原则，本书的编写思路是：理论联系实际，张弛适度，突出实用性。全书共分为 11 个项目，针对高职高专金融管理专业、投资理财专业人才培养的特点和需求，系统介绍了投资理财的基本概念、原理，以及投资收益和风险的度量方法。着重介绍了当下最常见的投资理财工具，对它们的定义、运作方式及投资策略等进行了详细讨论，并在适当的地方穿插了翔实的案例，贴近实际，突出适用性，便于读者学习理解和掌握知识点。

  本书由汪思冰（负责项目 1～项目 6 的编写）、郝登攀（负责项目 7、项目 8 的编写）任主编，刘淑萍（负责项目 9、项目 10 的编写）、吴继良（负责项目 11 的编写）任副主编。在编写过程中，我们吸收和参考了大量同行的教材和文献资料，在此一并致谢。

  限于编者水平，书中难免出现不当或错误，恳请广大读者、专家、行家批评指正。

编 者

2019 年 6 月

目 录

项目1 投资理财导论

引 言

有一则劝人善加投资理财的故事：犹太大地主马太有一天要外出远游，便将他的财产托付给三位仆人保管。他给了第一位仆人5000金币，第二位仆人2000金币，第三位仆人1000金币。马太告诉他们，要好好珍惜并善加管理自己的财富，等到一年后他将会回来。

马太走后，第一位仆人将这笔钱做了各种投资；第二位仆人则买下原料，制造商品出售；第三位仆人为了安全起见，将钱埋在树下。

一年后，马太如约回来了，第一位仆人手中的金币增加了3倍，第二位仆人的金币增加了1倍，马太甚感欣慰。唯有第三位仆人的金钱丝毫未增加，他向马太解释说："唯恐运用失当而遭到损失，所以将钱存在安全的地方，今天将它原封不动奉还。"马太听了大怒，并骂道："你这愚蠢的家伙，竟不好好利用你的财富。"马太拿回了金币，赏给了第一位仆人。

这个故事就是著名的马太效应。故事中第三位仆人受到责备，不是由于他乱用金钱，也不是因为投资失败遭受损失，而是因为他根本没有好好利用金钱来投资，这个故事表明，古人在很早的时候就懂得重视投资理财。

资料来源：李昊轩著，《一本书读懂投资理财学》，中国华侨出版社，2010年9月第1版。

【知识目标】通过本章学习，了解投资与投机的区别；通过一些成功人士投资理财的经历，对投资理财有一个更深层次的认识；理解投资理财的必要性；把握正确的理财观念；掌握货币时间价值原理；掌握我国现有的投资理财品种及其特点。

【技能目标】能够在投资理财实际中运用货币时间价值原理；能够理解理财误区；能够树立正确的理财观念。

1.1 投 资 理 财 基 础

1.1.1 投资与理财的定义

1. 投资的定义

投资是货币转化为资本的过程。它是指经济行为主体以获得未来收益为目的，预先垫付一定数量的资金或资源来经营某项事业的行为，是一种资本的形成和扩张的过程。根据经济学上的定义，投资是指牺牲或放弃现在可用于消费的价值以获取未来更大价值的一种经济活动。投资可分为实物投资、资本投资和证券投资，前者是以货币投入企业，通过生产经营活动取得一定利润。后两者是指投资者购买股票、债券、基金等有价证券以及这些有价证券的衍生产品，以获得红利、利息及资本利得的投资行为。

2. 理财的定义

理财是一个范畴很广的概念。从理财的主体来说，个人、家庭、公司、政府部门至国家等都有理财活动。理财即对于财产的经营。多用于个人对于个人财产或家庭财产的经营，是指个人或机构根据个人或机构当前的实际经济状况，设定想要达成的经济目标，在限定的时限内采用一类或多类金融投资工具，通过一种或多种途径达成其经济目标的计划、规划或解决方案。通俗地说，理财就是以"管钱"为中心，通过抓好攒钱、生钱、护钱这三个环节，管理好现在和未来的现金流，让你的资产跑赢通货膨胀，实现财务自由。

相关链接 1-1：理财小知识

一般人谈到理财，想到的不是投资，就是赚钱。实际上理财的范围很广，理财是理一生的财，也就是个人一生的现金流量与风险管理。包含以下含义：

（1）理财是理一生的财，不是解决燃眉之急的金钱问题而已。

（2）理财是现金流量管理，每个人一出生就需要用钱（现金流出）、也需要赚钱来产生现金流入。因此不管现在是否有钱，每个人都需要理财。

（3）理财也涵盖了风险管理。因为未来的更多流量具有不确定性，包括人身风险、财产风险与市场风险，都会影响到现金流入（收入中断风险）或现金流出（费用递增风险）。

3．投资理财的定义

投资理财可分为个人投资理财、家庭投资理财和公司或机构投资理财等。无论哪一种投资理财，其目的是基本一致的，即通过对所有资产和负债的有效管理，使其达到保值、增值的目的。投资理财不等于简单的攒钱、存钱，把钱放在银行里，也不等于简单的炒股（股票买卖）。投资理财是根据需求和目的将所有财产和负债，其中包括有形的、无形的、流动的、非流动的、过去的、现在的、未来的、遗产、遗嘱及知识产权等在内的所有资产和负债进行积极主动的策划、安排、置换、重组等使其达到保值、增值的综合的、系统的、全面的经济活动。

4．投资与理财的关系

理财活动包括投资行为，投资是理财的一个组成部分。理财的内容要广泛得多，在理财规划中，不仅要考虑财富的积累，还要考虑财富的保障，即对风险的管理和控制。

根据经济学的定义，投资是指牺牲或放弃现在可用于消费的价值，以获取未来更大价值的一种经济活动。简单而言，某人的本金在未来能增值或获得收益的所有活动，都可叫投资。投资的资本来源，既可以是通过节俭的手段增加，如每月工资收入中除去日常消费支出后的节余，也可以是通过负债的方式获得，如借入贷款，还可以采用保证金的交易方式以小搏大，放大自己的投资额度。从理论上说，其投资额度的放大是以风险程度的提高为代价，遵循"风险与收益平衡"原则，即收益越高的投资，风险也越大。所以，任何投资都有风险，只是大小程度不同。

通过投资与理财的定义，我们可以知道：投资是理财的一个环节，是财富的开源；而理财是人一生的财务规划。投资就是经过决策，通过一定的投入来达到投资目的的投资行为，而理财是为使投资达到收益最大化所采取的方法和手段。

相关链接 1-2：投资理财误区

误区一：投资理财是个新鲜事物

投资理财一词不是一个新的名词，最早可以追溯到春秋战国时期，在西汉时期逐步完善。

现代投资理财一般认为起源于 20 世纪美国的保险业，1969 年在美国芝加哥的酒店里，一小群各个金融行业的投资理财专业人士在讨论他们看到的不足：每个专业领域都有各自的投资理财顾问，但缺少对各个金融领域全面熟悉的投资理财顾问为客户服务，由此投资理财服务应运而生。

投资理财可以说已经超出了投资和保险的范畴，是根据生命周期理论，根据个人和家庭的财务状况和非财务状况运用科学的方法和程序制定切合实际的，可以操作的投资理财规划，最终实现个人和家庭的财务安全和财务自由。通俗地讲，投资理财就是合理的利用投资理财工具和投资理财知识进行不同的投资理财规划，完成既定的投资理财目标，实现最终的人生幸福。

投资理财的工具主要有储蓄、保险、股票、基金、外汇、黄金、收藏品和投资信托等。投资理财的知识主要涉及财务、会计、经济、投资、金融、税收和法律等方面。投资理财有两个主要目标，一个是财务安全，一个是财务自由，财务安全是基础，财务自由是终点。从另一个角度讲投资理财又有两个方向，一个是进攻，一个是防守。

误区二：投资理财就是赚钱，就是买股票，就是买房地产

目前很多人对投资理财的概念有了一个严重的误区，有些人认为投资理财就是赚钱，就是买股票，就是买房地产。其实，这只是说对了投资理财的一个方面，投资理财还有一个很重要的方面就是，遇到困难问题的时候，少花钱甚至不花钱，具体地说就是利用保险、税收和法律工具合理分配资产。

投资理财就是说运用投资理财知识和工具，针对客户的需求，进行一个综合的、全面的、整体的、个性化的、专业的、动态的、长期的金融服务。投资理财的内容包括现金规划、消费支出规划、教育规划、风险管理和保险规划、税务筹划、投资规划、退休养老金规划、财产分配规划等。

误区三：自己没钱，再怎么投资理财也没用

对于个人投资理财规划，有的人认为银行推出的投资理财服务就是存定期，储蓄时间越长，可以得到的回报越高；有的人认为，自己没钱，再怎么投资理财也没用。

其实大家都知道这么一句话，你不投资理财，财不理你。说说大家都觉得简单，但是真正到了投资理财的时候，就会感觉有力无处使。实际上并不用如此费劲，只要有空的时候上各大银行的投资理财中心坐坐，我相信投资理财经理会很乐意和你探讨如何为你投资理财。

1.1.2 投资与投机

投资和投机，如一对孪生兄弟，时常难以辨认，很难进行严格的区分。投机是指根据对市场的判断，把握机会，利用市场出现的价差进行买卖从中获得利润的交易行为。在现实的生活中，我们又必须进行去区分，这关乎我们的投资与投资理念以及能否取得稳定可靠的收益，决定我们赚钱的能力。我们只有分清投机与投资，我们到底是坚持哪种投资理念，搞清楚这些，我们才能进行投资。

1. 投资与投机的区别

（1）动机与目的不同。

投资者是将资金投入实业或购买有价证券，主要目的在于获取资本的正常收益、股息、红利收益和长期增值；而投机者的行为动机在于赚钱短期收益，期望从价格波动中获取买卖

差价收入。

（2）时间不同。

投资者着眼长期投资报酬，关心企业经营状况和经济效益的高低；投机者热心于交易快速周转，着眼于谋取短期利益，一般不十分关心企业的经营状况和未来盈利状况，而较关心市场供求变动和热点转换等交易动向。因而交易频繁，时间较短，主要进行短线操作。

（3）资金来源不同。

投资者资金来源多是自有资本，一般只用自己积累和收入的一部分去投资；而投机者则经常大量借用银行资本，甚至采用信用交易来提高盈亏比例，以扩大交易规模。

（4）承受的风险不同。

一般来说，投资者不愿承受较大风险，较重视投资的安全性对风险的预测和防范可操作性较强；而投机的预期收入不确定，风险较大，无论投机者经验多么丰富，分析技术如何高明，风险的不确定性都难以准确预测，但投机者为了获得较大的收益，愿意承担较大风险。

区别投资与投机的关键在于投资具有时间和收益的可预测性，而投机则带有很大的不确定性。但在实际中，二者往往相互交叉，很难从根本上区分开来。西方有一句谚语：一项良好的投资，即是一次成功的投机。投资是稳健的投机，投机是冒险的投资。

2. 适度投机的积极作用

（1）价格平衡作用。

在市场经济条件下，商品的供求变化造成了商品价格的不断波动，投机者的目的在于通过价格波动获得利润，因此必然是低价买进，高价卖出，因而通过投机者贱买贵卖的活动，使不同时间、不同市场、不同品种的价格趋于平衡，适应正常的供求状况。所以，投机既是市场自我协调机制赖以成立的基础，又是稳定价格的积极因素。

（2）分担价格变动的风险。

在各种投资市场中，价格波动是造成市场损失的主要原因，比如做"空头"和"多头"投资者处于"超卖"或"超买"时，价格的升降同样会使其遭受损失。套期保值者因经营重点在其他行业，往往希望锁定成本，把风险转移出去。投资者着眼于长期利益，不为市场波动带来的微利所动，甚至能牺牲眼前利益来争取长远的更大利益；只有投机者不惧风险，在市场激烈波动时，能冷静地认识、分析市场，把握市场的每一个变化，捕捉每一个获利的机会，往往和投资者、保值者进行反向对称交易。投资者往往为了保值而需要回避风险、转嫁风险，可采取期货交易、期权交易等手段，但这种交易若没有人出来承担风险，则交易难以成功，投机者为谋利而甘愿承担风险，成了风险的承担者。

（3）推动市场运作持续进行。

在金融市场中，证券投资者的目的是在保值的基础上获得稳定收益。一般在价格上升或波动不大时，持券观望，并不进场交易，而只有价格下跌时，才售出保值。所以他们在市场中的部位比较稳定，很少频繁进出。如果市场上都是投资者，就会使后来投资者没有了入市的机会，而投机者主要在交易中谋取差价，只要有利可图，就会频繁地买卖，因此投资者若想买进或卖出某种证券便能很快实现，这样有利于证券市场的连续运行。若投资者长期持有证券以获取经常性收入，证券市场的交易就可能中断，当投资者要买卖某种证券而没有交易对手时，投机者的存在，既可以使交易正常延续，又能从中获取利润，从而保证了市场的有效运作。

相关链接 1-3：郁金香球茎热

郁金香球茎热是历史上最为壮观的快速致富的狂欢之一。想到这种狂热发生在 17 世纪初古老而宁静的荷兰，你会在脑海中看到更加栩栩如生的极度疯狂的画面。1593 年，一位新任命的植物学教授把一些原产于土耳其的稀有植物从维也纳带到莱登（Leyden），由此引发了这场投机狂潮。荷兰人对花园里的这种新品花卉非常着迷，但对教授开出的价钱可没那么感兴趣（他原本希望卖掉这些球茎，好好地赚一笔）。一天夜里，有个窃贼闯入教授家中盗走了这些球茎。随后，窃贼以低于教授向人们开出的价格把这些球茎卖掉，不过他的赚头却更大。

在此后十年左右的时间里，郁金香成了荷兰花园里一种广受欢迎但价格昂贵的花卉。许多郁金香花朵感染了一种叫作花叶病的非致命病毒，正是这种病毒触发了疯狂的郁金香球茎投机热潮。花叶病致使郁金香花瓣上长出对比强烈的彩色条纹或者叫"烈焰"。荷兰人非常欣赏受到感染的球茎，称之为奇异球。在很短的时间内，大众的欣赏口味很快趋于一致，因此球茎越奇异拥有球茎的代价便越大。

渐渐地，郁金香球茎热开始了。起先，球茎商只是尽量预测来年最受欢迎的杂色款式，就像服装生产商预测大众对衣料、色彩、裙摆长短的口味一样。后来，他们囤积大量存货期望价格上涨。郁金香球茎的价格开始疯涨，球茎越昂贵，视之为明智投资的人便越多。查尔斯·麦基（Charles Makay）在他的著作《非同寻常的大众幻想与群众性癫狂》（Extraordinary Popular Delusions and the Madness of Crowds）中，按时间顺序描述了这一热潮的发展过程，并指出荷兰的一般行业因人们投机郁金香球茎而被弃置一旁："贵族、市民、农夫、机工、海员、男仆、女佣，甚至烟囱清扫工和老年女裁缝都不亦乐乎地涉猎其中。"每个人都想象着对郁金香的激情会永远持续下去。

说价格不可能再涨的人看到亲戚朋友大发其财便在一旁大为懊恼。加入暴富行列的诱惑实在难以抗拒。大约自 1634 年至 1637 年年初，也就是在郁金香热的最后几年，人们开始以物易物，拿土地、珠宝、家具这样的个人财产来换取郁金香球茎，因为球茎会使自己变得更加富有。球茎价格变成了天文数字。

金融市场具有一种超强禀赋，当增加投机机会的方法存在真实需求时，市场必定会提供这种方法。能使郁金香投机者的金钱发挥最大效用的金融工具是"要求选择权"（call options），这种选择权类似于今天股票市场上流行的"看涨期权"。要求选择权赋予持有人在某一确定时间以某一固定价格（通常接近于当前市价）购买郁金香球茎（要求交割）的权利。选择权持有人在订立合同时支付一笔选择权费，这笔费用大概相当于当前市价的 15%～20%。例如，一只郁金香球茎的当前市价为 100 荷兰盾，购买一份一只球茎的要求选择权时，购买者只需支付 20 荷兰盾。如果球茎价格涨到 200 荷兰盾，选择权持有人就会执行选择权：以 100 荷兰盾的价格买入球茎，同时以当前市价 200 荷兰盾卖出。行权后，他便获得 80 荷兰盾的利润（100荷兰盾的升值减去他为选择权支付的 20 荷兰盾），也就是说，他的资金增值了四倍。若直接在市场上买卖球茎，他只能让资金增值一倍。使用要求选择权让人们能以少得多的本钱参与市场买卖，同时从投入的本钱中获取更多回报。选择权是一种杠杆投资方法，可以增加投资的潜在回报，同时也会增加投资的潜在风险。这种金融工具有助于确保市场的广泛参与性，今天也是如此。

这段历史充满了亦悲亦喜的剧情，其中就发生过以下这样的事情。一名返航归来的水手告诉了一位富商一船新货到岸的消息。为了酬谢水手，富商请他吃一顿上等的红鲱鱼早餐。水手看到商人的柜台上放着自以为洋葱的东西，多半是觉得洋葱放在丝绸和天鹅绒之间极不协调，居然拿来当作吃红鲱鱼的作料给吃了。他做梦也没想到，这只"洋葱"本可以养活整整一船的船员一年，因为它实际上是价格昂贵的芳名叫 Semper Augustus 的郁金香球茎。水手为这款开胃品付出了惨重代价——东道主翻脸不认人以重罪起诉他，让他在牢里待了好几个月。

历史学家经常重新诠释过去。有些金融史学家重新审视了多次金融泡沫中的事实，认为泡沫时期的定价可能也存在相当大的合理性。彼得·加伯（Peter Garber）是这些修正主义史学家中的一位，他认为 17 世纪荷兰郁金香球茎的定价比现在普遍认为的要合理得多。加伯提供了一些很好的事实资料，而我也不打算说在郁金香球茎热时期球茎的价格结构没有任何合理性。例如，据加伯揭示，Semper Augustus 郁金香球茎是一种特别稀有的、美丽的球茎，即便在郁金香狂热发生之前数年，价格就已经很高了。而且，加伯的研究还表明，即使在球茎价格全面崩溃之后，个别稀有的球茎仍然价格不菲，只是价格仅有顶峰时期的一小部分。但是，加伯未能合理解释这样的现象：1637 年 1 月，郁金香球茎以 20 倍的速度上涨，而在 2 月，价格下降的速度却更快。显然，正如一切投机狂潮中都会发生的那样，价格最终变得如此之高，以至有人认定应该谨慎从事，于是便卖出自己的球茎。很快，其他人也随之卖出球茎。像雪球滚下山一样，球茎贬值的速度越来越快，刹那间，恐慌攫取了所有人的心。政府部长纷纷发表官方声明，说郁金香球茎价格毫无下跌的理由，但是，没有人听得进去。交易商破产倒闭，拒绝履行购买郁金香球茎的承诺。政府出台了一个计划，准备以 10% 的面值协商解决所有的合同执行问题，当球茎价格跌破这一标准时，计划也告受挫。价格继续下跌，一跌再跌，直至多数球茎变得几乎一文不值——卖价还不如普通洋葱。

资料来源：[美] 伯顿 G. 马尔基尔. 漫步华尔街. 张伟，译. 机械工业出版社，2012.

1.1.3 货币的时间价值、复利、现值与贴现

对于每个想学习理财或是对理财感兴趣的人来说，他们首先需要接触的概念就是货币的时间价值原理，此原理的意义就在告诉人们今天的一块钱不等于明天的一块钱。

1. 货币的时间价值

货币的时间价值是指货币随着时间的推移而发生的增值，就是指当前所持有的一定量货币比未来获得的等量货币具有更高的价值。目前拥有的货币比未来收到的同样金额的货币具有更大的价值，因为目前拥有的货币可以进行投资，在目前到未来这段时间里获得复利。即使没有通货膨胀的影响，只要存在投资机会，货币的现值就一定大于它的未来价值。钱生钱，并且所生之钱会生出更多的钱。这就是货币时间价值的本质。

从经济学的角度而言，现在的一单位货币与未来的一单位货币的购买力之所以不同，是因为要节省现在的一单位货币不消费而改在未来消费，则在未来消费时必须有大于一单位的货币可供消费，作为弥补延迟消费的贴水。投资者进行投资就必须推迟消费，对投资者推迟消费的耐心应给以报酬，这种报酬的量应与推迟的时间成正比。如果给你两种选择：A. 现在给你 100 元钱；B. 1 年后给你 100 元钱。理性的个人通常都会选 A。原因有三：①只要利率是正数，今天的 100 元存入银行（或进行其他无风险投资），1 年后收回的金额肯定大于 100 元。②如果通货膨胀率是正数，今天 100 元所代表的购买力比明年的 100 元要大。③今天拿

到 100 元是肯定的，1 年后存在兑现风险。这个例子告诉我们，今天到手的资金比预期未来获得相同金额的资金更有价值，我们把这种现象称为"货币的时间价值"。

2. 复利

复利的计算是由本金和前一个利息期内应计利息共同产生的利息。即由未支取利息按照本金的利率赚取的新利息，常称息上息、利滚利，不仅本金产生利息，利息也产生利息。爱因斯坦甚至称复利是世界第八大奇迹。

举个例子：1 万元的本金，按年收益率 10%计算，第一年末你将收回：

到期值=1 万元×（1+10%）=1.1 万元

接下来，把 1.1 万元继续按 10%的收益率投放，第二年末你将收回：

到期值=1.1 万元×（1+10%）=1.21 万元

……

同理，如果你重复上述过程 5 年，到期将收回：

到期值=1 万元×（1+10%）^{5}=1.61 万元

所谓的复利就是俗话说的"利滚利"，在复利条件下，一笔资金的期末价值（或称为终值、到期值）计算公式如下：

$$FV=PV \cdot (1+i)^n$$

式中　FV——终值，元；

　　　PV——本金（现值），元；

　　　i　——每期利率；

　　　n　——期数。

若每期付息 m 次，则到期本利和变为

$$FV=PV \cdot (1+i/m)^{mn}$$

对投资者而言，利上加利的复利效果是个不能忽视的问题。

相关链接 1-4：一个有趣的例子

据说，1626 年荷兰人用价值约 60 荷兰盾（大约 24 美元）的物品从印第安人手中买下了面积为 57.91km^2 的曼哈顿岛。今天，这个小岛已成为纽约的中心，价值无可估量。可是，也有人进行如下计算，如果当初荷兰人省下这 24 个美元，并能够按 10%的年复利进行投资，那么，到了 2010 年，这笔钱将变为：

24×（1+10%）^{384}=188 365 924 942 420 000（美元）

这个数字折合地价为 3 252 735 709 美元/m^2。这样看来，荷兰人出价还太贵了！

3. 现值和贴现

由上述资金投资的例子我们发现，1 年后的 1.1 万元才能和今天的 1 万元等值，2 年后的 1.21 万元才能与今天的 1 万元等值……5 年后的 1.61 万元才等于今天的 1 万元。

于是，在这个例子中，1 年后 1.1 万元、2 年后的 1.21 万元……5 年后的 1.61 万元的现值均为 1 万元。而对给定的终值计算现值的过程，我们称为贴现。

现值（PV）计算公式为：

$$PV=FV/(1+i)^n$$

例如：计算 2 年后 1.21 万元的现值：

现值=1.21 万元÷（1+10%）^{2}=1.21 万元÷1.21=1 万元

1.2　投资理财初步探析

1.2.1　投资理财的必要性分析

人的一生，从出生、幼年、少年、青年、中年直到老年，各个时期都需要用钱。自家的"水库"里必须有水，才能应对各种各样的生活需要。具体说来，投资理财要应对一生以下几个方面的需要。

1. 规避通货膨胀的不利影响，应对提高生活水平的需要

通货膨胀就是物价水平持续上涨。通货膨胀就像一只看不见的手，在不经意间将我们辛辛苦苦挣来的钱拿走。从长期来看，经济不断发展的国家都会有通货膨胀的现象。现在的 100 元钱和 10 年前的 100 元钱能买到的物品数量是不一样的。假设每年的通货膨胀率是 3%，今天的 1 元钱在 20 年后只相当于约 0.5 元，在 40 年后就更少了。学会投资理财，是应对通货膨胀的最好办法，因为许多投资工具都有保值增值的特性。

每个人都希望过上幸福的生活。从租房子到自己买房子，从没有车到自己有汽车，从普通汽车换上更高级的汽车，这是人们的普遍愿望。我们讲理财，就是要做到未雨绸缪，而不是在经济问题来临时手忙脚乱。还有其他方面用来提高生活水平的消费，比如出去旅游，这些都需要钱的支持，而这一切仅仅依靠工资的积蓄是远远不够的。

2. 应对赡养父母和抚养子女的需要

人人都可能面对上有老下有小的日子，无论是老人的生活费、医药费，还是孩子的生活费和学费，都需要你事先准备足够多的钱来应对。

人们常说"不养儿不知父母恩"，父母的恩情是我们一辈子都报答不完的。赡养父母是每个人应尽的义务。现在有些年轻人的父母有比较稳定的收入，有各种各样的社会医疗保险，年轻人的财务负担就减轻了。但是也有一些人，他们的父母没有稳定的收入，需要儿女来提供财务上的支持。因此，很多年轻人每月都要有固定的钱供父母养老。人年纪大了容易生病，如果父母生病或者发生其他的意外，也需要从儿女家的"水库"中去花钱。因此自家的"水库"应该备出一份钱用来应对父母的意外需求。

从孩子出生，到孩子上幼儿园、小学、中学、大学，每个时期都需要用钱。因此，抚养子女也是理财中的一个很重要的问题。在生小孩的时候，家庭就面临这样一种财务现象：支出在增加，而收入在减少。一般的家庭都是夫妻二人工作，获得工资收入。一般人的工资都分成两部分，包括基本工资和效益工资。当太太生小孩、休产假期间，她只能领到基本工资而领不到效益工资，因此家庭收入是减少的。但是，因生小孩家庭的支出却在增加。比如，请保姆的钱、奶粉钱、尿不湿和其他的钱。为此，在生小孩以前，应该在家里水库存足够的水，什么时候生孩子，不是随机的，而是应该同自家水库中的水量相适应。小孩长大后，更要花钱。现在，人们对孩子倾注了太多的心血。大家常说 30 岁以前活自己，30 岁以后活孩子。为了让孩子健康成长，就需要有自己的积蓄，理好自己的财。

3. 应对意外事故的需要

人们常说："天有不测风云，人有旦夕祸福。"生活中总会有意想不到的问题发生，这些问题有可能对家庭财务状况造成巨大的影响，因此我们事先就应该通过购买保险的方式达到转嫁风险的目的。一个人需要买保险，就如同一个人需要穿衣服；一个没有保险的人，就如同一个人裸体，我们称之为财务裸体。

4. 应对养老的需要

随着医疗水平的提高，居民生活水平的逐步提升，我国老年人口逐年增加，老年人的退休养老已经成为一个至关重要的问题。目前最常见的 4-2-1 家庭结构，很难指望子女养老，因此在年轻时就要为自己存储养老金。退休以后，收入减少，而由于年老多病和要求享受生活等原因，支出却会增加。在这种情况下，要想有一个幸福的晚年，自己就要在年轻时未雨绸缪，搞好理财，多留一点积蓄，以使自己老有所养，过上幸福的晚年生活。

1.2.2　国内外投资大师的投资理财秘诀

1. 李嘉诚的理财三秘诀

李嘉诚是香港首富，也是亚洲首富，关于他的成功之道，已有很多书进行转载，并被无数的崇拜者敬仰，许多理财秘诀值得我们学习研究。据他本人透露，他有三个秘诀：

（1）30 以后重理财。20 岁以前所有的钱都是靠双手勤劳换来的，20 至 30 岁之间是努力赚钱和存钱的时候，30 岁以后，投资理财的重要性逐渐提高。李嘉诚有一句名言："30 岁以前人要靠体力、智力赚钱，30 岁之后要靠钱赚钱（即投资）。"钱找钱胜过人找钱，要懂得让钱为你工作，而不是你为钱工作。到中年时赚的钱已经不重要，这时候反而是如何管钱比较重要。

（2）要有足够的耐心。理财必须花费长久的时间，短时间是看不出效果的。一个人想要通过理财而快速致富，可以说是一点指望也没有。理财者必须了解理财活动是"马拉松竞赛"，而非"百米冲刺"，比的是耐力而不是爆发力。要想投资理财致富，你必须经过一段非常漫长时期的等待，才可以看出结果。

（3）先难后易。每年年底存 1.4 万元，平均投资回报率有 20%，即使经过了 20 年后，资产也只累积到 261 万元，此时仍然距离亿元相当遥远。只有继续奋斗到 40 年后，才能登上亿万富翁的台阶，拥有 1 亿零 281 万元，但赚第 2 个 1000 万要比第 1 个 100 万简单容易得多，这就是资本的累进效应。

2. 格雷厄姆教给巴菲特的三个投资秘诀

（1）不看股票看公司。

格雷厄姆的一句名言是：从公司经营的角度来投资股票是最明智的。股票到底是什么呢？股票是你持有这家公司的股权证明。正如巴菲特所说："你购买的是公司，而不仅仅是公司的股票。在投资中，我们把自己看成是公司分析师，而不是市场分析师，也不是宏观经济分析师，甚至也不是证券分析师。最终，投资者的经济命运将取决于我们所拥有的公司的经济命运。"巴菲特每天的工作就是阅读，阅读很多关于上市公司的资料，尤其是这家公司的年度财务报告，并且会打很多电话，弄清这家公司的业务和财务等方面的基本情况。

（2）不想价格想价值。

为什么不想价格呢？原因在于：股价是根本无法预测的。格雷厄姆给巴菲特讲了一个"市场先生"的故事，让原来执迷于技术分析、妄想预测股价走势的巴菲特大彻大悟。

在股票市场上，你知道你的交易对手是谁吗？谁都不知道。其实，你的交易对手是成千上万个其他投资者。通过交易所，把无数根本不知道对方是谁的交易双方撮合成交。除你之外的所有交易者，集合在一起，成为单独的一个人，这就是你买卖股票的唯一交易对手。这样，市场上只有两个人，一个是你，另一个人，格雷厄姆称其为"市场先生"。这一家公司，有两个股东，一个是你，一个是"市场先生"。和"市场先生"相比你只是一个小小股东，小得无所谓，大部分股票都在"市场先生"手里，"市场先生"完全决定了股价。"市场先生"有个优点：任何时候，只要你想买卖股票，他都会和你做买卖。他每天都会报出买价和卖价，但是否交易、何时交易完全都是你说了算。不管你理不理他，他从不介意。但是"市场先生"这个家伙有个永远改不掉的缺点，就是情绪非常敏感多变，比任何一个女人的感情都不稳定。尽管你们俩一起持股的这家上市公司非常稳定，但"市场先生"的股票买卖报价却是非常不稳定的。有些时候，他心情愉快，只看得见利好因素，很想买走你手里的股票，不断提高买入价格，快卖给我吧，上涨5%，卖不卖？涨停板，10%，卖不卖？在另一些时候，他心态悲观，而且只看得见利空因素，他会觉得公司和整个世界前途一片渺茫，他不断降低卖出价格，快来买呀，跌价5%，买不买？跌停板，10%，买不买？可见，"市场先生"情绪非常不稳定，他报出的股价在短期内也非常不稳定。那么长期而言，股价是不是也这样非常不稳定呢？

格雷厄姆说："市场短期是一台投票机，但市场长期是一台称重机。""市场先生"会把票投给哪些公司呢？这完全取决于他的情绪。所以说股价短期的波动也就相当大。但是股市长期来看是一台称重机。经过较长一段时间后，市场各方就会逐步认识股票的真正价值，使股价最终回归于价值。

（3）不做投机做投资。

弄清楚了市场波动的规律，我们就知道如何利用这个规律来打败"市场先生"了。当"市场先生"过于高估一只股票的时候，你可以把你手里的股票高价卖给"市场先生"。当"市场先生"过于低估一只股票的时候，你可以从他的手里低价买入，然后等待价格向价值回归，获得不错的盈利。战胜市场的前提是，你比"市场先生"更了解一家公司，能够比"市场先生"更加准确地评估出公司的真正价值。否则的话，你就不要和"市场先生"玩股票投资游戏了。格雷厄姆教导巴菲特，不要关心股价涨跌的价差，而要专注于评估公司股票的内在价值，寻找那些价值明显高于价格的股票，低价买入，长期持有，直到价格回归于价值。这种根据价值进行决策的行为才是我们通常所说的价值投资。

1.2.3　投资理财须知的基础理念

投资理财重要的不是技巧，而是正确的理念。正确的理念，有利于形成正确的思维方式，确定正确的投资方向，掌握正确的投资方法。

1. 选择最适合自己的理财观

中国理财市场的健康发展，一方面需要金融机构不断提高金融服务水平，开发出更多更好的理财产品，培养出更多高素质、复合型金融人才；另一方面也需要加强对投资者的理财教育，培养投资者的理财意识。

截至2012年三季度末，我国居民银行储蓄存款余额突破40万亿元，人均储蓄存款余额接近3万元。尽管目前处于"负利率"时代，但居民储蓄存款余额超过了去年年底的35万亿元，而在十年前，我国人均储蓄存款余额还不到1万元。显然，这和中国传统的谨慎、保守的金钱观念是分不开的。

一则故事这样说道：有位农夫整天无所事事，日子过得十分贫穷。有人问农夫是不是种了麦子，农夫回答："没有，我担心天不下雨。"那个人又问："那你种了棉花了吗？"农夫说：

"没有，我担心虫子咬坏棉花。"于是，那个人又问："那你到底种了什么？"农夫说："我什么也没种，因为，我要确保安全。"现实生活中，很多人就像上述故事中的农夫一样，总是追求一种绝对安全的获利方式，不敢去投资，怕冒风险。其实风险和机遇是并存的，没有投资哪来的收益？所以，树立合理的理财观至关重要。投资者需要明确：自己在未来五到十年的时间里，人生目标是什么？从事什么行业？退休后过什么样的生活？投资偏好如何？风险承受能力如何？预期投资回报率是多少？等等。从储蓄防老到买房、投资，只有做一个合理的规划，才能使自己的财富不断得到增值。

2. 投资理财不是有钱人的专利

生活中有这样一种观念：认为理财是有钱人的事情，有钱人才需要理财，一说到理财就会联想到银行理财顾问为有钱人汇报每年的资产收益。很多年轻人一提及理财的话题，最常听到的说法就是"我无财可理"。乍一听，似乎觉得这话有理，年轻人刚刚从学校毕业，工资不高而开销不低，这就使得年轻人成了"月光族"，理财似乎离他们很遥远。

其实，越是没钱的人越需要理财。假如你身上只有 1 万元，但因理财错误，造成财产损失，你的生活很可能出现许多问题，而对于那些拥有百万、千万、上亿"身价"的有钱人而言，即使理财失误，损失部分财产也不会对其生活造成大的影响。因此，必须树立这样的观念：不论贫富，理财都是伴随人生的大事，而且越是收入低的人就越输不起，对理财更应该以严肃而谨慎的态度去对待。

从金融工作的经验和市场调查的情况综合来看，理财应"从第一笔收入、第一份薪金"开始，不要低估微薄小钱的聚敛能力。1000 万元有 1000 万元的投资方法，1000 元也有 1000元的理财方式。绝大多数的工薪阶层都从储蓄开始累积资金。一般薪水仅够糊口的"新贫族"不论收入多少，都应先将每月薪水拨出 10%存入银行，而且保持"不动用""只进不出"，如此才能为聚敛财富打下一个初级的基础。总之，不能忽视小钱的力量，就像零碎时间一样，懂得充分运用，时间一长，其效果就自然惊人。最关键的起点问题是要有一个清醒而又正确的认识，树立一个坚强的信念和必胜的信心。只有在脚踏实地慢慢地积累和投资的过程中，不断提高自己的理财能力，才是正确的观念。

3. 理财越早越好

"我还年轻，不需要理财"，或是"等我赚了大钱再说"等等，这样的观点在一般投资者中非常流行，很多投资者都认为理财不着急，我有的是时间，等有时间的时候再说，其实这是错误的。

实际上，开始投资理财的时期，应是越早越好！在国外，许多小孩从他们入学起就开始理财方面的学习和培训。国外许多成功人士，他们从小就有很强的理财意识，很早就开始他们的理财活动。巴菲特从几岁开始送报赚钱，到十岁多一点就开始投资股票，以致成为最成功的投资者和一个时期的首富，这绝对与他从小就开始理财有关。从小学会理财，就是为以后走向社会获得了生存能力以及获取财富的技能。

4. 理财是人生的持久战

理财不应是一时冲动，而是一个中长期的规划。我们需要正确的心态和理性的选择，然后就是坚持、坚持、再坚持！

理财绝不是一夜暴富。理财之所以不同于赌博、投机，甚至不完全等于投资，就是因为它极具理性。理财是细水长流，是把握生活中的点滴，是将理财的观念渗透于生活中的每一个细胞，是通过建立财务安全的健康生活体系，从而实现人生各阶段的目标和理想，最终实现人生财务的自由。

现在市场上可供选择的理财产品越来越多，我们要做的，就是坚持风险和收益相对应的理财原则，去选择相应的理财产品或者组合，不断地重复和坚持，让理财成为生活中必不可少的一部分。只有长期的坚持，才会让你的资本不断增多。这需要做到以下几点：首先，坚持每天记账，每月花销多少，花在哪里。每个月可以根据各方面的花费做出分析，了解哪些支出是必需的，哪些支出是可有可无的。从而调整支出的分配比例，把钱花在该花的地方。其次要坚持储蓄，储蓄是投资理财的资本，没有一定的储蓄，就无法去投资。最后是坚持投资，钱是在不断地投资中增多的，这就像滚雪球一样，滚得越多它会越大。总之，理财需要时间，财富的积累也需要时间。改善家庭资产的结构需要时间，资产增值需要时间。而且，理财的时间越长，越容易寻求较佳的理财工具，取得长期的、稳定的较高收益的可能性越大。

1.2.4 内地当前主要金融投资工具的简要分析

随着中国经济的发展和财富的快速积累，我国理财产品市场迅速发展。本书后面章节的内容将以下列理财产品类别为基础展开。

1. 股票

股票是股份公司在筹集资本时向出资人公开或私下发行的、用以证明出资人的股东身份和权利，并根据持有人所持有的股份数享有权益和承担义务的凭证。股票像一般的商品一样，有价格，能买卖，可以作抵押品。股份公司借助发行股票来筹集资金，而投资者可以通过购买股票获取一定的股息收入。

1986年9月26日，中国第一个证券交易柜台——上海静安证券业务部成立，那天新中国第一股上海飞乐音响股份有限公司（600651）在南京西路1806号静安证券业务部正式挂牌买卖，投资者蜂拥而至。当时在柜台交易的股票只有2家，飞乐音响公司总股本50万元，延中实业公司总股本500万元，总共只有550万元。1990年11月20日，上海证券交易所成立，同年12月19日正式营业。当时在上交所上市的企业有8家，挂牌企业有豫园商场、凤凰化工、爱使股份、延中实业、飞乐股份、飞乐音响、申华电工和真空电子。1990年12月1日，深圳证券交易所成立，且当日开业，为保险起见，前面加一"试"，又叫试营业。1991年7月3日，举行正式开业典礼。后来，深圳也把1990年12月1日当作开业纪念日。挂牌企业有深发展、深万科、深安达、深金田和深原野。

2018年，沪市公司全年共实现营业收入33.50万亿元，同比增长11%，占同期GDP比重约30%，总体上看，沪市公司以占全国注册企业不到万分之一的数量，实现全国GDP约三分之一的营收，充分展现了国民经济的中流砥柱作用。

截至2019年6月30日，沪市拥有上市公司1499家，总股本46287.13亿股，流通股本3407.06亿股，平均静态市盈率13.96倍；深市拥有上市公司2154家，总股本21042.88亿股，流通股本16703.96亿股，平均静态市盈率23.51倍；沪深两市总市值541630.14亿元，流通市值438904.72亿元。

股票投资的收益主要来自上市公司分红和买卖的价差利得。但我国股票市场上上市公司分红相对较少（2018年沪市有1108家公司在年报中提出了分红预案，合计拟派现金达9100亿元），带有明显的投机性，因此要求参与股票投资的机构和个人具有较强的资金实力、财务分析及信息收集能力、良好的判断力和心理承受力，其技术性要求较高。

2. 债券

债券是政府、金融机构、工商企业等直接向社会借债筹措资金时，向投资者发行，承诺按一定利率支付利息并按约定条件偿还本金的债权债务凭证。债券的本质是债的证明书。债券购买者与发行者之间是一种债权债务关系，债券发行人即债务人，投资者（债券持有人）即债权人。债券是一种有价证券。

从 1988 年国债在全国 61 个城市进行试点到现在，我国债券市场已经经历了二十几年的发展，债券发行总量稳步扩大，融资规模大幅增加。以 2010 年为例，我国债券市场累计发行人民币债券 51 万亿元，同比增长 31%。此外，我国债券的品种日益丰富，形成了一个包括国债、地方政府债、央行票据、金融债、短期融资融券、企业债、公司债、中期票据、资产支持债券、可转债、分离交易可转债等 11 个品种，政府、企业、国内外机构、多方参与，银行间市场、柜台市场多层次交易的债券市场。我国债券市场的发展在政府融资、货币市场调控、企业筹集流动资金等方面发挥了越来越重要的作用。

3. 证券投资基金

证券投资基金是一种利益共享、风险共担的集合证券投资方式，即通过发行基金份额，集中投资者的资金，由基金托管人托管，由基金管理人管理和运用资金，从事股票、债券等金融工具投资，并将投资收益按基金投资者的投资比例进行分配的一种间接投资方式。

1991 年随着我国证券市场的起步，我国基金业也开始萌芽。截至 1997 年年底，我国共设立各类投资基金 78 只，全部为封闭式基金，通常称为"老基金"，募集资金共计 76 亿元。1997 年 11 月《证券投资基金管理暂行办法》颁布，明确了我国基金业以证券投资基金为主导方向，基金业从此步入规范发展时期。1998 年，以国泰、南方两家基金管理公司为代表的第一批 5 家基金管理公司成立。1999 年，我国对原有投资基金进行了清理和规范，经过一系列的基金合并和资产重组，最终实现了新老基金的历史过渡。在这一阶段，基金市场仍以封闭式基金为绝对主导，并在 1998 年和 1999 年迎来了封闭式基金发展的黄金时代。截至 2002 年 9 月，已募集成立并挂牌上市的封闭式基金达 54 只，筹资总额为 807 亿元，其后，封闭式基金的发行全面停止。2001 年 9 月，华安创新证券投资基金正式设立，成为我国第一只开放式基金。2002 年以来，伴随着创新步伐的加快，我国基金市场进入了快速发展阶段，先后推出了债券型基金、指数基金、系列基金、货币市场基金、保本型基金、LOF、ETF、红利基金、生命周期基金、复制基金、QDII 基金等创新基金。我国基金业开始了资产规模和产品结构全方位的快速发展，取得了令人瞩目的成就，成为我国证券市场中不可忽略的重要力量，在我国资本市场的发展中起到了越来越重要的影响作用。截至 2018 年 12 月底，我国境内共有基金管理公司 120 家，其中中外合资公司 44 家，内资公司 76 家；取得公募基金管理资格的证券公司或证券公司资管子公司共 13 家，保险资管公司 2 家，以上机构管理的公募基金资产合计 13.03 万亿元。从规模和资金量上看，基金已经成为证券市场上的重要机构投资力量。

4. 保险

人的生老病死谁也无法逃避，普通疾病会短暂地影响家庭的生活质量，重大疾病会让人倾家荡产，而环境恶化、食品污染，导致重大疾病发病率逐年上升。基于这些考虑，理财的基础不仅是要储蓄一定的资金，更要为不确定的将来做比较确定的打算，保险也是理财的重要基础之一。

随着宏观经济的发展、个人财富的积累，保险消费在家庭生活中的重要性正日益显现。

按传统的理财观念，钱是一点一点地积攒起来的，只能积少成多，慢慢地依靠储蓄获得保障，但买保险则可以做到先有保障，再去慢慢积累财富。

5. 银行存款

银行存款是指将资金的使用权暂时让给银行等金融机构，并能获得一定利息，是最保守的理财方式。银行存款可以分为活期存款、定期存款和储蓄存款。总体来说，银行存款的收益率很低，但是可以给存款人带来很高的流动性。有钱就存在银行是老百姓最原始的理财方式，即使在理财形式多样的今天，银行存款仍然是最大众、最保险的理财方式。

6. 信托

信托即受人之托，代人管理财物。是指委托人对受托人的信任，将其财产权委托给受托人，由受托人按照委托人的意愿以自己的名义，为受益人的利益或其他特定目的进行管理或处分的行为。

信托起源于英国，是建立在信任的基础上，财产所有者出于某种特定目的或社会公共利益，委托他人管理和处分财产的一种法律制度。信托制度在财产管理、资金融通、投资理财和发展社会公益事业等方面具有突出的功能，尤其是在完善财产制度方面发挥了重要作用，已经为世界上许多国家所采用。信托业在中国，最早可追溯到 20 世纪初。当代信托行业最早伴随改革开放萌生，对于弥补我国传统单一的银行信用的不足，利用社会闲置资金，引进外资，拓展投资渠道，为我国经济的发展发挥了积极作用。随着市场经济的发展和改革的深入，社会财富的巨大增长，产权制度的多元化和全面建设小康社会进程的加快，委托他人管理和处分自己的财产势在必行，信托"一法两规"的颁布将为信托业的健康发展奠定法制基础。经过几年的不懈努力，信托公司发展壮大，截至 2017 年年末，全国 68 家信托公司管理信托资产达到 26.25 万亿，信托在丰富我国金融市场和支持实体经济的方面发挥了积极作用。

7. 外汇

外汇是以外币表示的用于国际结算的支付凭证。狭义的外汇指的是以外国货币表示的、为各国普遍接受的、可用于国际间债权债务结算的各种支付手段。广义的外汇指的是一国拥有的一切以外币表示的资产。外汇是伴随着国际贸易产生的，外汇交易是国际间结算债权债务关系的工具，而且随着国际经济贸易的逐渐发展，外汇交易不仅在数量上成倍增长，而且在实质上也发生了重大的变化。外汇交易不仅是国际贸易的一种工具，而且已经成为国际上最重要的金融商品。

外汇作为一种投资工具，适合比较敏锐捕捉外界各种信息、具有相关专业知识的投资者。有调查显示，在"股民"中赚到钱的人占 20%，在"汇民"中赚到钱的人则高达 60%。现在，对于普通老百姓而言，炒汇正在成为投资理财的一种时尚。普通百姓只要在银行办一个外汇活期存折，然后申请一个个人外汇买卖账户，就可以进行外汇交易了。在外汇交易中，一般存在着即期外汇交易、远期外汇交易、外汇期货交易以及外汇期权交易等四种交易方式。

8. 期货

所谓期货，一般指期货合约，就是指由期货交易所统一制定的、规定在将来某一特定的时间和地点交割一定数量标的物的标准化合约。期货交易，是指采用公开的集中交易方式或者国务院期货监督管理机构批准的其他方式进行的以期货合约或者期权合约为交易标的的交易活动。期货交易的对象并不是标的物的实体，而是标的物的标准化合约。期货交易的目的是为了转移价格风险或获取风险利润。

　　我国期货市场从 1988 年初开始，经历了孕育、试点、整顿、规范发展等阶段。如今期货市场的价格发现和套期保值功能得到了正常发挥，并在指导现货生产、消费与流通，促进现货市场流通秩序建立，推动农业结构调整和粮食流通体制改革等方面发挥着积极的作用。随着市场规模的不断扩大，期货市场的功能发挥日益明显，服务相关产业和国民经济的能力不断提高。我国期货市场已经是全球第二大期货市场，与国际市场的差距在缩小。目前我国期货市场在全球影响越来越大，铜、玉米、大豆、小麦等期货价格，日益成为影响国际价格的重要因素。在成功抵御金融危机带来的重大系统风险挑战后，中国期货业发展已在稳步发展的基础上步入快速发展期。截至 2017 年 12 月 31 号，我国有 4 家交易所：上海期货交易所、大连商品交易所、中国金融期货交易所、郑州商品交易所，交易品种共 54 个。2011 年至 2017 年，我国期货市场交易规模快速增长。2017 年我国期货市场成交额 3757928.20 亿元，成交量 615229.95 万手，较 2011 年分别增长 36.64% 和 191.83%。2011 年至 2017 年，我国期货市场成交额和成交量的年均复合增速分别为 5.34% 和 19.54%。

　　展望未来，我国宏观经济环境良好，长期基础制度建设积累了一定的基础，外部环境不断改善，期货市场风险控制能力逐渐加强，同时科学化管理水平稳步提高，这些都为期货市场的健康、快速发展奠定了坚实的基础。随着我国经济建设发展步伐的加快，在国际市场的影响越来越重要，我国期货市场的发展潜力不可估量。

　　9. 黄金

　　黄金具有货币和商品双重职能。20 世纪 90 年代以来，随着金融市场的进一步改革，黄金的货币功能已经减弱，许多国家中央银行对其储备资产进行了调整，减少了黄金持有量。黄金已基本上不作为直接购买和支付手段，但在世界经济领域和现实生活中，它仍是比任何纸币更具有储藏价值的一种储备手段。黄金在保证国家经济安全、国防安全和规避金融风险方面也是任何物品所无法替代的。而且随着现代工业的发展和人民生活水平的提高，黄金在航天、航空、电子、医药等高新技术领域和饰品行业有着广泛的应用前景。

　　在黄金生产方面，数据显示 2017 年全球黄金产量达到 3298.4 吨，同比增长 0.72%。其中 2017 年中国黄金产量 460.7 吨，占全球黄金产量的 14%，产量已连续 11 年保持世界第一位。

　　在 2017 年全球不同领域对黄金需求占比情况中，黄金首饰排名第一，需求量达到 2159.9 吨，占全球中需求的 52.6%；其次为投资、中央银行及其他机构、科技，需求量分别为 1241.5 吨、333.1 吨和 374 吨；占比分布为 30%，9% 以及 8%。

　　中国黄金市场发展空间巨大。2017 年全国黄金实际消费量 1089.07 吨，中国黄金消费量已连续 5 年保持世界第一位。投资方面，2017 年中国依然是全球最大的金条和金币市场，2017 全年中国金条和金币总投资需求量上涨 8% 至 306.4 吨。

　　2002 年 10 月 30 日，上海黄金交易所正式投入运营，开启了中国个人投资黄金买卖业务的大门。2017 年上海黄金交易所全部黄金品种累计成交量 5.43 万吨，同比增长 11.54%，成交额 14.98 万亿元，同比增长 14.98%。

　　我国黄金资源分布广泛，储量比较丰富，资源潜力巨大。随着我国黄金产业政策环境不断完善，黄金勘探能力及开采冶炼技术的不断提高，黄金产量不断增长。未来一段时期，我国黄金产业将会继续稳步快速发展。

　　10. 典当

　　典当是指当户将其动产、财产权利作为当物质押或者将其房地产作为当物抵押给典当行，交付一定比例费用，取得当金，并在约定期限内支付当金利息、偿还当金、赎回当物的行为。

　　典当业是人类最古老的行业之一，堪称现代金融业的鼻祖，是抵押银行的前身。现代经济生活中，典当因其快捷便利，越来越多的人把它作为日常生活中的一种短期快速贷款融资手段。改革开放以来，随着市场经济的进一步发展，国有银行的私贷业务远远不能满足日益增长的融资需求。在这种情况下，典当作为一定程度上开展私贷业务的金融机构，就理所当然地具备了重新问世的客观条件。此外，随着人们主观意识的转变，典当也由穷人为了生计不得已"变卖"家产，转变为一种新型的融资渠道和资金周转站。典当行以其短期性、灵活性和手续便捷性等特点，成为银行贷款业务的一个有效补充。1987 年 12 月，在中国内地销声匿迹 30 余年后，新中国的第一家典当行——成都市华茂典当服务商行率先成立。此后，典当行的兴办大潮席卷全国。截至 2010 年底，全国共有 4433 家典当企业，比"十一五"初期增长了 2.3 倍。当期全行业累计发放当金近 6000 亿元，其中 2010 年典当总额达 1801 亿元。

　　2011 年 12 月 23 日，商务部发布《关于"十二五"期间促进典当业发展的指导意见》，其中提出"十二五"期间我国典当业法规体系将初步形成。总的来说，典当市场的发展空间还是令人十分看好的。近年来世界各国和地区典当市场的规模都在扩大，典当经营主体、典当交易和典当金额都在增加。同时，典当作为一种新型的融资方式，更是一种特殊的融资方式，具有方式相当灵活、对中小企业的信用要求几乎为零、配套服务周全三大明显特征。因此，其发展前景备受看好。

实践思考题

1. 投资与理财的含义是什么？
2. 投资与投机的区别是什么？
3. 投资理财的必要性是什么？
4. 货币时间价值的含义是什么？
5. 为什么理财越早越好？
6. 我国目前主要有哪些金融投资工具？

技能训练题

1. 张先生有本金 12 万元，拟投入回报率 8% 的投资项目，他要经过多少年才可以使本金翻一番？（用复利终值计算）
2. 李先生拟在 5 年后获得本利和 20 000 元，假设投资报酬率为 10%，他现在应投入多少本金？（用复利现值计算）
3. 沈先生购入某年凭证式国库券 1000 元，年利率 5%，期限三年，问到期本利和为多少？（分别按单利和复利计算）
4. 有两个储蓄账户，一个是年利率为 6%，每年复利一次，一个是年利率 5.8%，每 2 个月复利一次。你选择哪个账户？
5. 陈先生计划在 5 年后买房，预计需要 100 万元，假设银行存款利率为 5%，他在这 5

年中每年年末要存入多少万元才能满足买房的资金需要？

项 目 实 训 题

1. 实训目的：通过调研几家理财机构，了解当前理财的现状。
2. 实训形式：深入实际调查。
3. 项目内容：理财产品、服务和理财机构的现状。
4. 调查渠道：金融网站和理财机构的实地调查相结合。
5. 调研部门：银行的理财部门、保险公司的理财部门。
6. 实训指导：

第一步：学生分组，明确实训目的；

第二步：实地调查；

第三步：每人写出实训报告，并以组为单位，汇总每组的实训报告；

第四步：每组以实训报告为题，在课堂上进行交流。

项目 2　投资理财收益与风险

引 言

2008 年底，纳斯达克前主席伯纳德·麦道夫因涉嫌设下投资骗局被捕，涉及款项高达500 亿美元，诈骗影响已经超出美国本土，波及世界主要银行和对冲基金，英国皇家苏格兰银行、汇丰控股等企业都成为其受害者。

曾经有人开玩笑地说，如果以投资工具来比喻麦道夫，他被视为最安全的"国库券"。现在，这个号称"最安全"的人开了全世界一个最大的玩笑，多国金融机构、富豪名流纷纷掉入麦道夫的陷阱。最惨的是那些血本无归的个人投资者，他们中有好些人把自己的全部积蓄或者养老的钱投了进去，现在却损失殆尽，真是欲哭无泪。

麦道夫骗局给所有投资者敲响了警钟——投资陷阱无处不在，投资必须慎之又慎。除了这种金融诈骗外，还有好多投资陷阱，需要投资者注意。

【知识目标】通过本章的学习，使学生了解投资收益与风险的含义；了解投资理财中风险与收益之间的关系；熟悉投资理财风险的基本内容，掌握投资理财收益与风险的度量。

【技能目标】能够运用投资理财收益与风险的度量内容就投资组合案例进行分析。

2.1　投资理财的收益识别

2.1.1　投资收益的含义

投资收益又称投资报酬，是指投资者从投资中获取的补偿，包括期望投资收益、实际投资收益、无风险收益和必要投资收益等类型。其中，无风险收益等于资金的时间价值与通货膨胀补贴（又称通货膨胀贴水）之和；必要投资收益等于无风险收益与风险收益之和。

2.1.2　投资收益的度量

1. 单项资产的收益度量

任何一项投资的结果都可用收益率来衡量，通常收益率的计算公式为

$$收益率 = \frac{收入 - 支出}{支出} \times 100\%$$

投资期限一般用年来表示；如果期限不是整数，则需要转换为年。

通常情况下，收益率受许多不确定因素的影响，因而是一个随机变量。我们可假定收益率服从某种概率分布，即已知每一收益率出现的概率，见表 2-1。

表 2-1　　　　　　　　　　　　不同收益率对应的概率

收益率（%）	r_1	r_2	r_3	r_4	…	r_n
概率	p_1	p_2	p_3	p_4	…	p_n

数学中求期望收益率或收益率平均数的公式如下：

$$E(r) = \sum_{i=1}^{n} r_i p_i$$

【例 2-1】 假定证券 A 的收益率分布见表 2-2。

表 2-2 证券 A 的收益率分布

收益率（%）	-40	-10	0	15	30	40	50
概率	0.03	0.07	0.30	0.10	0.05	0.20	0.25

那么，证券 A 的期望收益率为

$$E(r) = [(-0.4) \times 0.03 + (-0.1) \times 0.07 + 0 \times 0.30 + 0.15 \times 0.10 + 0.3 \times 0.05 + 0.4 \times 0.20 + 0.5 \times 0.25] \times 100\%$$
$$= 21.6\%$$

在实际中，我们经常使用历史数据来估计期望收益率。假设证券的月或年实际收益率为 r_t （$t=1$，2，$\cdots$，n），那么估计期望收益率（$\bar{r}$）的计算公式为

$$\bar{r} = \frac{1}{n} \sum_{t=1}^{n} r_t$$

2. 两项资产构成的投资组合的收益度量

设有两种证券 A 和 B，某投资者将一笔资金以 x_A 的比例投资于证券 A，以 x_B 的比例投资于证券 B，且 $x_A + x_B = 1$，称该投资者拥有一个证券组合 P。如果到期时，证券 A 的收益率为 r_A，证券 B 的收益率为 r_B，则证券组合 P 的收益率 r_P 为

$$r_P = x_A r_A + x_B r_B$$

证券组合中的权数可以为负，比如 $x_A < 0$，则表示该组合卖空了证券 A，并将所有的资金连同自有资金买入证券 B，因为 $x_A + x_B = 1$，故有

$$x_B = 1 - x_A > 1$$

投资者在进行投资决策时并不知道 r_A 和 r_B 的确切值，因而 r_A、r_B 应为随机变量，对其分布的简化描述是它们的期望值和方差。投资组合 P 的期望收益率 $E(r_P)$ 为

$$E(r_P) = x_A E(r_A) + x_B E(r_B)$$

【例 2-2】 已知证券组合 P 是由证券 A 和 B 构成，证券 A 和 B 期望收益见表 2-3：

表 2-3 证券 A 和 B 的期望收益率分布

证券名称	期望收益率	投资比重
A	10%	30%
B	5%	70%

那么，投资组合 P 的期望收益为

$$E(r_P) = (0.1 \times 0.3 + 0.05 \times 0.7) \times 100\%$$
$$= 6.5\%$$

选择不同的组合权数，可以得到包含证券 A 和证券 B 的不同的证券组合，从而得到不同的期望收益率和方差。投资者可以根据自己对收益率和风险的偏好，选择自己最满意的组合。

3. 多项资产构成的投资组合的收益度量

这里将把两个证券的组合讨论拓展到任意多个证券的情形。设有 N 种证券，记作 $A_1, A_2, A_3, ..., A_N$，证券组合 $P=(x_1, x_2, x_3, ..., x_N)$ 表示将资金分别以权数 $x_1, x_2, x_3, ..., x_N$，投资于证券 $A_1, A_2, A_3, ..., A_N$。如果允许卖空，则权数可以为负，负的权数表示卖空证券占总资金的比例。正如两种证券的投资组合情形一样，证券组合的收益率等于各单个证券的收益率的加权平均。即：设 A_i 的收益率为 r_i（$i=1, 2, \cdots, N$），则证券组合 $P=(x_1, x_2, x_3, ..., x_N)$ 的收益率为

$$r_P = x_1 r_1 + x_2 r_2 + \ldots x_N r_N = \sum_{i=1}^{N} x_i r_i$$

推导可得证券组合 P 的期望收益率为

$$E(r_P) = \sum_{i=1}^{N} x_i E(r_i)$$

由以上公式可知，要估计 $E(r_P)$，当 N 非常大时，计算量十分巨大。在计算机技术尚不发达的 20 世纪 50 年代，证券组合理论不可能运用于大规模市场，只有在不同种类的资产间，如股票、债券、银行存单之间分配资金时，才可能运用这一理论。60 年代后，威廉·夏普提出了指数模型以简化计算。随着计算机技术的发展，已开发出计算 $E(r_P)$ 和 δ_P^2 的计算机运用软件，如 Matlab、SPSS 和 Eviews 等，大大方便了投资者。

2.2 投资理财的风险识别

风险之所以称为风险，就是因为未来的结果，具有不确定的因素。投资理财是资金的运用过程。资金的运用过程需要在特定的投资环境中进行，并且涉及诸多投资环节，而投资环境和投资环节由于各种原因存在各种不确定性，这种不确定性就是投资风险。风险是投资理财过程中所有投资者必须面对和承担的。

2.2.1 风险的含义

风险就是一种遭受损失的可能性。风险可以通过识别、分析，来应对管理。风险大致有两种定义：一种定义强调了风险表现为不确定性；而另一种定义则强调风险表现为损失的不确定性。若风险表现为不确定性，说明风险产生的结果可能带来损失、获利或是无损失也无获利，属于广义风险。金融风险属于此类。而风险表现为损失的不确定性，说明风险只能表现出损失，没有从风险中获利的可能性，属于狭义风险。

对于投资理财风险，可以从以下四个方面去理解：

（1）风险是由事件本身的不确定性带来的，具有客观性。例如，投资者投资于国库券，其收益的不确定性较小；如果投资于股票，则收益的不确定性大得多。这种风险是"一定条件下"的风险，在何时购买股票，购买何种股票，购买多少，风险是不一样的。也就是说，特定投资的风险大小是客观的，是否去冒风险是可以选择的，是主观决定的。

（2）风险的大小随时间延续而变化，具有期限性。对一项投资的收益事先预计是不准确的，离到期日越近预计越准确。随着时间的延续，一项投资的不确定性在缩小，投资完成，其结果也就完全肯定了。因此，风险总是"一定时期内"的风险。

（3）风险存在于投资活动的各个环节，具有广泛性。由于投资理财活动过程包括诸多环节，每个环节或多或少、或大或小都存在风险，因此风险存在于投资理财的整个过程中。

（4）风险可能给投资者带来超出预期的收益，也可能带来超出预期的损失，具有双重性。一般来说，投资者对意外损失的关注程度比对意外收益的关注程度要大很多。因此，人们研究风险时侧重减少损失，主要从不利的角度来考察风险，经常把风险看成不利事件发生的可能性，这种理解具有片面性。

2.2.2　风险的分类

从风险和收益的关系来看，投资理财风险可以分为系统性风险和非系统性风险两部分。系统性风险与非系统性风险的比较如表 2-4 所示。

表 2-4　　　　　　　　　　　系统风险与非系统风险的比较

类别	系 统 风 险	非 系 统 风 险
定义	与整个市场波动相联系的风险	与整个市场波动无关的风险
特征	由共同因素引起 影响所有证券的收益 无法通过分散投资来化解 与证券投资收益相关	由特殊因素引起 影响某种证券的收益 可以通过分散投资来化解 与证券投资收益不相关
包含的风险种类	通货膨胀风险 利率风险 政策风险等	信用风险 经营风险 财务风险等

1. 系统性风险

系统性风险是指与整个市场波动相联系的风险，它是由影响所有同类证券价格的因素所导致的证券收益的变化。在现实生活中，社会因素、政治因素和经济因素等对所有企业都会有影响，市场中各单一证券无法抗拒和回避，无法通过多样化投资而分散，因此又叫市场风险或不可分散风险。系统性风险包括利率风险、通货膨胀风险、政策风险、汇率风险、经济周期风险等。

（1）利率风险。

利率风险是指利率变动引起证券收益变动的可能性。利率风险主要起因于市场利率的波动。市场利率的变化将引起金融资产价格的变化。例如当市场利率上升时，证券价格就会下跌，造成证券资产贬值的损失；市场利率上升使贷款利息增加，加重了各种贷款利息的负担，会影响贷款者收入的稳定；同时人们觉得存银行合算，买证券的人随之减少，价格也随之下跌。市场利率下降时，储蓄存款利息减少，会使存款者收益下降，人们觉得存银行不合算，就会把钱拿出来买证券，从而造成买证券者增多、证券价格便会随之上升。

利率风险的大小与期限、预测和变化频率有密切关系。一般而言，期限越长，其利率风险越大；未来市场利率越不确定，金融资产遭受贬值的可能性就越大，利率风险也就越大；利率变化频率越大，利率风险也就越大。利率风险主要体现在对固定收益证券的影响上，如公司债券和政府债券；利率风险对长期债券的影响大于短期债券的影响；同时，利率风险也会影响股票价格。

（2）通货膨胀风险。

通货膨胀风险也称购买力风险，是指由于通货膨胀、货币贬值给投资者带来实际收益水平下降的风险。例如在利率增长超不过通货膨胀的增长速度时，作为储蓄的家庭资产的价值在无形之中不仅不能增值，而且还会使原有货币的实际购买力被通货膨胀蚕食掉一部分。名义上我们得到的钱数是在增长变化的，而实际上，我们经过漫长的储蓄过程，得到的却是实际货币价值的亏损。在通货膨胀情况下，货币贬值、物价普遍上涨，社会经济秩序混乱，企业外部条件恶化，证券市场也未能幸免。投资者的实际收益不仅没有增加，反而有所减少。

（3）政策风险。

政策风险是指因国家出台、实施、变更或调整经济金融政策而给投资者造成的经济损失。例如，2001 年国家出台国有股减持政策，造成我国股票市场 4 年的持续低迷，上证指数从最高 2244 点跌到最低 998 点，流通市值蒸发了 2 万亿元，投资者损失惨重。又如，2007 年 5 月 30 日凌晨，一条震撼中国的特大重磅新闻，令人吃惊地出现在中国的三大门户网站上。这条新闻是：证券交易印花税税率由现行 1‰调整为 3‰。于是，股指从 5 月 29 日的最高点 4335 点，一路下滑至最低点 3858 点，一日接连击穿五个整数关，跌幅高达 477 点。后由于权重股发动抵抗，到收市，该日中国股市仍大跌 283 点，900 多支个股跌停，创下了 2007 年中国股市暴跌之最，其跌幅甚至超过了震动全球的中国股市的"2.27 惨案"。

（4）汇率风险。

汇率风险是指一个经济实体或个人，在一定时期内以外币计价的资产与负债，因外汇汇率变化而引起其价值上涨或下跌的可能性。汇率风险可分为交易风险、折算风险和经济风险。当年的东南亚金融危机带来的汇率的巨大变动给众多企业和投资者，以致很多一般公众造成了巨大经济损失和灾难。

由于国际分工的存在，国与国之间贸易和金融往来便成为必然，并且成为促进本国经济发展的重要推动力。外汇汇率的波动，会给从事国际贸易者和投资者带来巨大的风险，这种风险称之为汇率风险。它表现在两个方面：贸易性汇率风险和金融性汇率风险。在国际贸易活动中，商品和劳务的价格一般是用外汇或国际货币来计价。目前大约 70%的国家用美元来计价。但在实行浮动汇率制的今天，由于汇率的频繁波动，生产者和经营者在进行国际贸易活动时，就难以估算费用和盈利。由此产生的风险称之为贸易性风险。在国际金融市场上，借贷的都是外汇，如果借贷的外汇汇率上升，借款人就会遭受巨大损失，汇率的剧烈变化甚至可以吞噬大企业，外汇汇率的波动还直接影响一国外汇储备价值的增减，从而给各国央行在管理上带来巨大风险和国难。此种汇率风险称为金融性汇率风险。

（5）经济周期风险。

经济周期风险是指证券市场的波动受一国经济周期的影响而带来的风险。经济周期是指社会经济阶段性的循环和波动，是经济发展的客观规律，它表现为经济周而复始地由扩张到紧缩的不断循环运动。证券市场行情随经济周期的循环而起伏变化出现多头市场和空头市场。

2. 非系统性风险

非系统性风险是指由于非共同因素引起的投资未来结果的不确定性，是只对某个行业或个别公司的证券产生影响的风险，通常由某一特殊因素引起，与整个证券市场的价格不存在系统、全面的联系，而只对个别或少数证券的收益产生影响。非系统性风险可以采用多样化的投资组合被分散掉，因此又叫可分散风险或非市场风险。非系统性风险包括经营风险、财务风险、信用风险。

（1）经营风险。

经营风险又称营业风险、商业风险，是指公司的决策人员在经营管理过程中出现失误而导致公司盈利水平变化，从而使投资者的预期收益下降的可能性。这种风险又分为内部经营风险和外部经营风险。内部经营风险是指投资项目自身的经营因素所引起的投资风险，如决策失误、技术落后、市场开拓力度不够、机构运行效率低下等；外部经营风险是指投资项目某些外在的经营因素所引起的投资风险，如产业政策变化、竞争对手实力提升等。经营风险主要来自内部决策失误或管理不善。

（2）财务风险。

财务风险是指投资者投资股票或债券，企业会因为经营不善或使用负债融资而引起企业资金利率与负债利率差额上的不确定性和企业资本结构的不合理性，而使企业盈余发生变动，结果使债券持有人无法收回本金和利息，或使股票价格下跌或无法分配股利。总之，就是公司财务结构不合理、融资不当使公司可能丧失偿债能力而导致投资者预期收益下降的风险。

负债经营是现代企业应有的经营策略，通过负债经营不仅可以弥补自有资金的不足，还可以利用杠杆原理增加公司盈利。但融资产生的杠杆作用犹如一把双刃剑，当融资产生的利润大于债息率时，给股东带来的是收益增长的效率；反之，就是收益减少。一个企业若发生营业性风险尚可调整方向，若遇到财务风险，有时在其会计报告中会用不属实的财务数据来欺瞒股东，误导投资人，当财务报告中突然出现大额营业外收入或非常利益所得，看起来公司获利大为增加时，需特别引起注意，这很可能是一种假象，投资者一定要谨慎对待。

（3）信用风险。

信用风险又称违约风险，是指交易对手未能履行约定契约中的义务而造成经济损失的风险，即受信人不能履行还本付息的责任而使授信人的预期收益与实际收益发生偏离的可能性，它是金融风险的主要类型。例如，证券发行人不能如期支付本金或利息（或股息），投资者遭受本金和利息损失，除此以外还可能遭受再投资的损失。因此，在投资证券时，要关注证券的信用级别，信用级别高的证券信用风险小，信用级别越低，违约的可能性越大。

2.2.3 风险的度量

风险都是源自未来事件的不确定性，从数学角度看，它表明的是各种结果发生的可能性。证券投资的风险是在证券投资过程中，投资者的收益和本金遭受损失的可能性。风险衡量就是要准确地计算投资者的收益和本金遭受损失的可能性大小。对风险的数学度量，是以投资（资产）的实际收益率与期望收益率的离散程度来表示的。最常见的度量指标是方差和标准差。下文主要介绍单项资产、两项资产和多项资产构成的投资组合的风险度量。

1. 单项资产的风险度量

度量投资风险，需要使用一些数学工具，即概率和统计学原理。下面我们举一个简单的例子来说明投资风险度量与分析的基本方法和原理。

假设对于某一投资者来说，有两个投资机会：证券 A 和证券 B。未来证券市场的发展有三种情况：大涨、正常、大跌。有关的概率分布和预期收益率如表 2-5 所示。

表 2-5   **概率分布和预期收益率**

市场行情	发生概率	证券 A 预期收益率	证券 B 预期收益率
大涨	0.3	90%	20%

市场行情	发生概率	证券 A 预期收益率	证券 B 预期收益率
正常	0.4	15%	15%
大跌	0.3	–60%	10%
合计	1.0		

期望收益率（A）=0.3×90%+0.4×15%+0.3×（–60%）=15%

期望收益率（B）=0.3×20%+0.4×15%+0.3×10%=15%

两个证券的期望收益率相同，但其概率分布不同。A 证券收益率的分散程度大，变动范围在–60%～90%之间；B 证券收益率的分散程度小，变动范围在 10%～20%之间。这说明两个证券的期望收益率相同，但风险不同。为了定量地衡量风险大小，就要用到统计学中衡量概率离散程度的指标——标准差。

根据概率统计原理，在已经知道每个变量出现概率的情况下，标准差可以按下列公式计算：

$$标准差(\delta) = \sqrt{\sum_{i=1}^{n}(r_i - \overline{r})^2 \times p_i}$$

证券 A 的标准差是 58.09%，证券 B 的标准差是 3.87%，由于 A 和 B 的期望收益率相同，所以可认为 A 的风险比 B 的风险要大。

标准差是以均值为中心计算出来的，因而有时直接比较标准差是不准确的，需要剔除均值大小的影响。为了解决这个问题，数理统计上引入了变异系数（离散系数）的概念。离散系数反映单位均值上的离散程度，常用在两个总体均值不等的离散程度的比较上。

$$变异系数 = \frac{标准差}{均值}$$

例如，C 证券的期望收益率为 10%，标准差是 12%；D 证券的期望收益率为 18%，标准差是 20%。

$$变异系数（C）= \frac{12\%}{10\%} = 1.20$$

$$变异系数（D）= \frac{20\%}{18\%} = 1.11$$

直接从标准差来看，D 证券的离散程度较大，但不能轻易得出 D 证券的风险更大这样的结论，因为 D 证券的期望收益率较大。

以上讨论了单项投资的风险，但实际上投资者往往并不只是投资一个证券，而是构建一个投资组合。下面讨论证券组合的风险的衡量。

2. 两项资产构成的投资组合的风险度量

假设投资者不是将所有资产投资于单个证券上，而是投资于两个风险证券，那么该证券组合的风险该如何度量呢？假设某投资者将其资金分别投资于风险证券 1 和 2，其投资比重为 W_1 和 W_2（$W_1 + W_2 = 1$），$\overline{R_1}$ 和 $\overline{R_2}$ 为风险证券 1 和 2 的平均收益率，则两项证券资产组合的预期收益率为

$$\overline{R_p} = W_1\overline{R_1} + W_2\overline{R_2}$$

投资组合理论认为，由于两个证券的风险具有相互抵消的可能性，两项证券资产组合的风险不能简单地等于单个证券的风险以投资比重为权重的加权平均数。为了说明两项资产组合的投资风险度量问题，首先引入两个概念。

（1）协方差。

协方差是一个用于测量投资组合中某一具体投资项目相对于另一投资项目风险的统计指标。它可以用来衡量两个证券收益之间的互动性。用符号 δ_{12} 或 $COV(R_1, R_2)$ 表示，R_{1i} 和 R_{2i} 为证券 1 和 2 第 i 期的收益率。其计算公式为

$$\delta_{12} = \frac{1}{n}\sum_{i=1}^{n}(R_{1i} - \overline{R_1})(R_{2i} - \overline{R_2})$$

当协方差为正值时，表示两项资产的收益率呈同方向变动；协方差为负值时，表示两项资产的收益率呈相反方向变化。

（2）相关系数。

相关系数是协方差与两个投资方案投资收益率的标准差之积的比值。证券 1 和 2 的方差用 δ_1 和 δ_2 表示，其计算公式为

$$\rho_{12} = \frac{\delta_{12}}{\delta_1\delta_2}$$

相关系数总是在 $-1\sim+1$ 的范围内变动，-1 代表完全负相关，$+1$ 代表完全正相关，0 代表不相关。当 $0 < \rho_{12} < 1$ 时，表示正相关；当 $-1 < \rho_{12} < 0$ 时，表示负相关。

投资组合的总风险由投资组合收益率的方差和标准差来衡量。由两项资产组合而成的投资组合收益率方差的计算公式为

$$\delta_p^2 = W_1^2\delta_1^2 + W_2^2\delta_2^2 + 2W_1W_2\delta_{12}$$
$$= W_1^2\delta_1^2 + W_2^2\delta_2^2 + 2W_1W_2\rho_{12}\delta_1\delta_2$$

由两项资产组合而成的投资组合收益的标准差的计算公式为

$$\delta_p = \sqrt{W_1^2\delta_1^2 + W_2^2\delta_2^2 + 2W_1W_2\delta_{12}}$$

由上面的分析可知，不论投资组合中两项资产之间的相关系数如何，只要投资比例不变，各项资产的期望收益率不变，则该投资组合的期望收益率就不变。而投资组合的风险不仅取决于每个证券自身的风险（用方差或标准差表示），还取决于两个证券之间的互动性（用协方差或相关系数表示）。

3. 多项资产构成的投资组合的风险度量

n 项证券组合的风险可用以下公式来衡量：

$$\delta_p = \sqrt{\sum_{i=1}^{n}\sum_{j=1}^{n}W_iW_j\delta_{ij}}$$

证券投资组合的方差不仅取决于单个证券的方差，还取决于各个证券间的协方差。实际上，不论证券组合中包括多少证券，只要证券组合中每对证券间的相关系数小于 1，证券组合的标准差就会小于单个证券标准差的加权平均数，这意味着只要证券的变动不完全一致，单个有高风险的证券就能组成一个只有中低风险的证券组合。

2.3　从风险角度看理财产品

从严格意义上说，要理财就不可能不冒风险，要完全地回避风险就难以获得风险报酬。为了实现尽量低风险和相对高报酬的理财目标，首先，学会识别风险就成为了一件重要的事情。我们应该尽量多地了解一些与理财相关的背景知识，如宏观经济环境和公司微观环境，以及银行储蓄、债券、基金、股票、保险等金融理财工具的基本特点、类别和功能。同时也要掌握一些风险决策中定量与定性分析的方法，并在此基础上学会分析风险存在的原因，进行风险预测和评估，掌握识别风险的一些方法和技巧。谁能够比别人提前一步意识到风险即将来临，谁就掌握了规避风险的最有利的时机和条件。

目前市场上理财产品种类繁多，对于非专业投资者而言，往往只注意到预期收益率的高低，而忽视了产品中蕴藏的风险因素。但是收益率和风险是一对矛盾，一般而言，收益越高，风险越大，两者呈正比例关系，只不过要发现产品中的风险点，需要投资者熟悉相关金融知识，而这往往是大众投资者所欠缺的。

很多金融机构在推介投资产品的时候，也往往将风险隐藏起来，总是把收益描绘得很好。其实理财的一个重要作用就是在既定的收益水平下尽量降低风险，或者在相同风险程度下尽量提高收益率。因此，认清理财产品的风险，按照自身可接受的风险水平进行合理选择是做好理财的关键之一。

1. 低风险程度的理财产品

银行存款和国债由于有银行信用和国家信用作保证，具有最低的风险水平，同时收益率也较低，投资者保持一定比例的银行存款主要目的是为了保持适度的流动性，满足生活日常需要和等待时机购买高收益的理财产品。

2. 较低风险的理财产品

主要为各种货币市场基金或偏债型基金，这类产品主要投资于同业拆借市场和债券市场，这两个市场本身就具有低风险和低收益率的特征，再加上由基金经理进行的专业化、分散化投资，使其风险进一步降低。

3. 中等风险的理财产品

信托类理财产品是由信托公司面向投资者募集资金，提供专家理财、独立管理，投资者自担风险的理财产品。投资这类产品，投资者要注意分析募集资金的投向，还款来源是否可靠，担保措施是否充分，信托公司自身的信誉如何。

外汇结构性存款，作为金融创新产品，通常是几个金融产品的组合，如外汇存款附加期权的组合，这类产品通常是有一个收益率区间，投资者要承担收益率变动的风险。

偏股型基金，是由基金公司募集资金按照既定的投资策略投向股市，以期获得较高收益率的一类产品，由于股市本身的高风险性质，这类产品风险也相对较高，本金也有遭受损失的可能。

4. 高风险的理财产品

股票、期权、黄金、艺术品等投资项目，由于市场本身的高风险特征，投资者需要有专业的理论知识、丰富的投资经验和敏锐的判断分析能力才能在这类市场上取得成功。

5. 投资者可从两方面分析自身可承受风险水平

（1）风险承受能力。投资者可依年龄、就业状况、收入水平及稳定性、家庭负担、置产状况、投资经验与知识估算出自身风险承受能力。

（2）风险承受态度即风险偏好。可以按照自身对本金损失可容忍的损失幅度及其他心理测验估算出来。

总之，投资者在进行理财前应事先评估自身的可承受风险水平，并深入了解准备投资的产品，对于不熟悉的产品可向相关领域专业人士进行咨询，避免片面追捧理财的高收益率。

相关链接：投资理财风险方面的误区

1. 认为理财就是让手中的钱升值

有些人简单地认为理财就是让手中的钱升值，经常有人会这样询问，你帮我理财，我给你 100 万元，你一年能帮我赚多少钱？其实，这些人不了解，赚钱只是理财中的一个目标。我们在努力实现既定理财目标的同时，又要注意防范必然会存在的风险。通过投资理财，我们的目的是要全面提高自己的生活质量，但要想真正提高我们的生活质量，在理财过程中就必须把资金的安全放在第一位。有了资金的安全做基础，才可能进一步实现生活质量的最优化。因此，在投资理财中，首先是保值，在保值的基础上再进行增值。

2. 总想成一夜致富的宠儿

一般人谈到理财，想到的不是投资，就是赚钱。实际上理财的范围很广，理财是理一生的财，也就是个人一生的现金流量与风险管理。它不是教我们点石成金的本事，搞投资理财千万别抱幻想，想让自己成为一夜致富的宠儿。有了这种贪念，人就会丧失理智，即使你一下子中了体育彩票的头奖，一下子得了 500 万元，你的命运也不一定是很好的。

3. 过分自信，或过分相信专家指导

对自己的判断过分自信也是投资理财中一个最常见的误区。当人们已经有了某些理财经验或知道一些有关金融企业或金融产品的具体信息时，其实这些所谓的经验和信息在实际上都是有限的，有些甚至是虚假的。但很多人都倾向于自作主张，甚至顽固坚持已选择的错误的理财投资决定而孤注一掷。例如很多股民根据市场上有限的信息或者某些人透露出的一些某公司的产品或经营情况的信息，就主动轻率地做出抢购或抛出股票的决定，结果往往一败涂地。

与此相反，有的人却走向另一个极端，即过分相信专家的指导，而不相信自己。其实专家们也不可能准确预测到所有金融产品的发展趋势。对于那些以为受过呆板的数量分析训练，通过数学分析就能确定选择买什么样的股票，并能成为炒股专家的人来讲，在处处都会遇到不可预测因素影响的股市面前，它能得到的后果有时还真不如找路边的"算命先生"来算一算兴许更准确些。这样说并非是想否定理财专家的作用，并不是说不需要专家，而是说不要迷信专家，理财者一定要给自己一点自信，要有自己的头脑，要努力学会兼听则明的思维方法。

4. 盲目地"追涨杀跌"

所谓"追涨杀跌"，是说哪里的产品及品种利高和处在上涨的状态下就追求谁，反之就抛出。这种说法看起来似乎有些道理，但是细想起来会有很多问题。其一，任何产品和品种转换都是要付出一定的费用和代价的，所以，如果转换得到的收益少于所付出的转换费用，那就不划算了。其二，任何产品及品种的高潮和低潮都是相对和相互转化的，处在高潮状态下的产品及品种的前行趋势往往就是低潮，因此如果转换时机未抓准，兴许赔了夫人又折兵的事就会降临。在风云变幻的股票市场上很多股民就是因为过于敏感而弄得丢盔弃甲。

5. 认为广种薄收可以分散风险

所谓广种薄收，就是让投资过于分散的意思。投资者本身的钱都是有限的，进行投资组合适当地分散风险也是无可非议的。但是让有限的钱过于分散，对每一个觉得不错的投资机会和金融产品都想伸一把手，都不愿意错过，结果就是什么都搞一点，钱和精力都无法集中发挥作用。最后发现辛苦了几年或几十年，样样都做，样样疏松，做的都是无用功。

实 践 思 考 题

1. 什么是收益？如何计算理财的投资收益？
2. 什么是风险？风险的分类有哪几种？
3. 我国目前投资理财产品收益与风险的各自特点是什么？
4. 两项及两项以上资产构成的投资组合的风险如何计算？
5. 投资理财风险方面存在的观念误区有哪些？

技 能 训 练 题

已知证券组合 P 是由证券 A 和 B 构成，证券 A 和 B 的期望收益、标准差以及相关系数见表 2-6。

表 2-6

证券名称	期望收益率	标准差	相关系数	投资比重
A	10%	6%	0.12	30%
B	5%	2%		70%

请计算证券组合 P 的期望收益率和方差。

项 目 实 训 题

1. 实训目的：通过实际调查和分析学会和掌握制订个人或家庭投资理财风险预案的基本步骤。
2. 实训形式：通过实际调查和分析，以学生为主体自主运作。
3. 项目内容：以学生自己为例编制个人或家庭金融理财风险预案。
4. 调查对象：对学生自己实际调查，掌握第一手材料。

5．实训指导

第一步：个人调查研究，老师指导，分组协助进行。

第二步：每人要求写出实训报告，然后以组为单位，在交流、讨论和分析研究基础上写出每组的实训体会。

第三步：每组以实训报告为题，在课堂上进行交流、

6．实训要求：主要注重学生对个人或家庭投资理财风险预案制订中步骤和基本技能的掌握，对个人或家庭投资理财预案具体内容的要求从略。

项目 3 股 票 理 财

引 言

"毒胶囊"事件拉药企入泥潭，折射监管机制不给力

2012 年 4 月 15 日，央视《每周质量报告》节目《胶囊里的秘密》，对"非法厂商用皮革下脚料造药用胶囊"事件进行曝光，涉及修正药业等 9 家药厂 13 批次药品。此事件一经报道，引发轩然大波。据介绍，河北一些企业用生石灰处理皮革废料，熬制成工业明胶，再卖给绍兴新昌一些企业制成药用胶囊，最终流入药品企业，进入患者腹中。而这样制成的胶囊，重金属铬往往超标。4 月 19 日，国家食品药品监管局公布第一批抽检结果，修正等 9 家药品生产企业使用的胶囊铬含量超标。修正药业就"毒胶囊"事件公开道歉。4 月 21 日，卫生部发布通知，要求各级各类医疗机构要积极配合药监部门，召回铬超标药用胶囊事件相关的药品生产企业生产的检验不合格批次药品。截至 4 月 22 日，各地公安机关已立案 7 起，依法逮捕犯罪嫌疑人 9 名，刑事拘留 45 人，查封工业明胶和胶囊生产厂家 10 个，现场查扣涉案工业明胶 230 余吨，查封非法生产线 80 条，查扣用工业明胶生产的胶囊 7700 余万粒。

至今，公众对毒胶囊事件还心有余悸。

点评："毒胶囊"事件一经报道，和当年的毒奶粉一样，触目惊心。关于药用胶囊的生产，并不是没有相关制度约束。《中国药典》明确规定，生产药用胶囊所用的原料明胶至少应达到食用明胶标准。虽有制度在先，但有些企业为了牟取暴利，完全置公众的生命安全与健康不顾。"毒胶囊"事件的发生并非偶然，虽有无良企业在先，但是市场机制不健全、相关监督制度不完备也让这些企业钻了空子。而业内人士普遍认为，监管不力是造成"毒胶囊"入市的主要原因。事件过后，需要冷静思考的是，该如何建立有效的监管机制，杜绝"毒胶囊"以及类似事件，才能更好地保护公众的利益。

【知识目标】通过本章的学习，让学生了解股票投资有关的概念和基础知识；熟悉股票投资分析的主要策略和技巧；掌握进行股票投资策划的程序；掌握股票的投资价值分析方法。

【技能目标】能够初步看懂上市公司财务报表；能够计算股票的投资价值；能够大致分析证券市场行情。

3.1 股 票 理 财 基 础 知 识

3.1.1 股票的含义

股票是股份公司在筹集资本时向出资人公开或私下发行的、用以证明出资人的股本身份和权利，并根据持有人所持有的股份数享有权益和承担义务的凭证。股票是一种有价证券，代表着其持有人（股东）对股份公司的所有权，每一股同类型股票所代表的公司所有权是相

等的，即"同股同权"。

股票具有以下几个性质：

1. 股票是一种有价证券

有价证券是财产价值和财产权利的统一表现形式。持有股票一方面表明具有财产价值，另一方面表明持有人可以行使股票所代表的权利。

2. 股票是一种证权证券

证权证券是指权利的一种物化的外在形式，是权利的载体，权利是已经存在的。股票只是把已存在的股东权利表现为证券形式。

3. 股票是一种资本证券

股份公司发行股票是一种吸引认购者投资以筹措公司自有资本的手段，对于认购者来说，购买股票就是一种投资行为。股票是投入股份公司的资本份额证券化，属于资本证券。

4. 股票是一种要式证券

股票应记载一定的事项，其内容应全面真实。在股票的正面，一般需要记载下列几项：①标明股票字样；②发行股票公司的全称；③本张股票所代表的股数；④每股的金额；⑤发行日期；⑥股票编号；⑦公司印章及法人代表签章；⑧批准发行的主管机构的名称、日期、文号；⑨公司认为应该说明的其他事项。另外，若是记名股票，须记载股东姓名，若是优先股票，应标明优先股字样和优先权的内容。

5. 股票是一种综合权利证券

股东权利是一种综合权利，包括出席股东大会、投票表决权、分配股息和红利等权利。

3.1.2　股票的基本特征

股票作为股份公司筹集资金时发行的一种有价证券，有如下 5 个基本特征：

1. 收益性

收益性是股票最基本的特征，它是指股票可以为持有人带来收益的特征。股东凭其持有的股票，有权从公司领取股息或红利，获取投资的收益。股息或红利的大小，主要取决于公司的盈利水平和公司的盈利分配政策。股票的收益性，还表现在股票投资者可以获得价差收入或实现资产保值增值。通过低价买入和高价卖出股票，投资者可以赚取价差利润。

2. 风险性

风险性是指持有股票可能产生经济利益损失的特性。股票在交易市场上作为交易对象，同商品一样，有自己的市场行情和市场价格。由于股票价格要受到诸如公司经营状况、供求关系、银行利率、大众心理等多种因素的影响，其波动有很大的不确定性。正是这种不确定性，有可能使股票投资者遭受损失。股票的风险性和收益性是相对称的，收益大小与风险大小成正比。因此，股票是一种高风险的金融产品。

3. 流通性

股票的流通性是指股票可以在证券市场市场上转让、买卖，也可以继承、赠予，但不能退股。所以，股票是一种具有很强流动性的理财产品。股票的流通，使投资者可以在市场上卖出所持有的股票，取得现金。通过股票的流通和股价的变动，可以看出人们对于相关行业和上市公司的发展前景和盈利潜力的判断。那些在流通市场上吸引大量投资者、股价不断上涨的行业和公司。可以通过增发股票，不断吸收大量资本进入生产经营活动，收到了优化资源配置的效果。

4. 不可偿还性

股票是一种无偿还期限的有价证券，投资者认购了股票后，就不能再要求退股，只能到二级市场卖给第三者。股票的转让只是意味着公司股东的改变，并不减少公司的资本。从期限上看，只要公司存在，它所发行的股票就存在，股票的期限等于公司存续的期限。对于股份公司而言，由于股东不能要求公司退股，所以通过发行股票筹集的资金，在公司存续期间是一笔稳定的自有资本。

5. 参与性

参与性是指股东有权出席股东大会，选举公司董事会，参与公司重大决策。股票持有者的投资意志和享有的经济利益，通常是通过出席股东大会来行使股东权。股东参与公司决策的权利大小，取决于其所持有的股份的多少。从实践中看，只要股东持有的股票数量达到左右决策结果所需的实际多数时，就能掌握公司的决策控制权；对于小股东来说，他们可以选择"用脚投票"。

3.1.3 股票的种类

股票种类很多，可谓五花八门、形形色色。这些股票名称不同，形成和权益各异，股票的分类方法也是多种多样的。以下是常见的几种股票类型。

1. 普通股和优先股

股票按股东享有权利的不同，分为普通股股票与优先股股票

（1）普通股。

普通股是指在公司的经营管理和盈利及财产的分配上享有普通权利的股份，代表满足所有债权偿付要求及优先股东的收益权与求偿权要求后对企业盈利和剩余财产的索取权，它构成公司资本的基础，是股票的一种基本形式，也是发行量最大，最为重要的股票。目前在上海和深圳证券交易所上市交易的股票，都是普通股。

普通股股票具有以下特征：

1）股票自由转让权。普通股股东可以将其持有的普通股股票自由转让。股东在购买公司的普通股股票之后，不能向股份公司要求退股，但可以在股票流通市场上转让自己的股票收回投资。股票的转让包括股票的买卖、赠予和交换。股票以自由转让为原则，但为了防止股票转让可能产生的弊端，保持公司、股东和其他利害关系人的合法权益，维护交易的正常运行，法律对转让的条件和程序等做了一些相关的规定。

2）公司经营参与权。普通股股东一般都拥有发言权和表决权，即有权就公司重大问题进行发言和投票表决。任何普通股股东都有资格参加公司每年一次的股东大会，如果不愿或不能参加，也可以委托代理人来行使其参与权。

3）新股优先认购权。即当公司增发新股时，现有股东有权优先购买新发行的股票，以保持对企业所有权的份额不变，从而维持其在公司中的权益。股份有限公司增发新股有两种方式：一是有偿增发，股东可以股票面额或低于股票面额的价格优先认购新股；二是无偿增发，股东可以优先无偿得到增发的新股。

4）破产清算的分配权。当公司因破产或结业进行清算时，普通股股东有权分得公司剩余资产，但普通股股东必须在公司的债权人、优先股股东之后才能分得财产，到时多则多分，少则少分，没有就不分。由此可见，普通股股东在公司获得超额利润时，是主要的受益者；同时当公司亏损时，他们又是主要的受损者。

（2）优先股。

优先股是"普通股"的对称，是股份公司发行的在分配红利和剩余财产时比普通股具有优先权的股份。

优先股股票具有以下特征：

1）股息固定，股息派发优先。优先股股息不受公司经营状况和赢利水平的影响，并且公司对优先股股东的付息在普通股之前。

2）剩余资产分配优先。股份公司在解散、破产清算时，优先股具有公司剩余资产的分配优先权。只有偿付公司债权人债务之后还有剩余资产时，优先股才具有剩余资产的分配权。

3）优先股股东一般无表决权。优先股股东一般不享受公司的经营参与权，即优先股股东一般不含有表决权，优先股股东也无权过问公司的经营管理。只有在涉及优先股股票所保障的股东权益时，优先股股东才有相应的表决权。

4）优先股股票可以由公司赎回。优先股股票是既有股票特性，又有债券特性的股票，故大多数优先股股票都附有赎回条款。特别是在市场利率下降时，公司更是经常运用赎回手段借以减少股息的支出。

根据优先股股票所附加的条件不同，优先股股票可以分为以下几种类别：

1）累积优先股和非累积优先股。累积优先股是指在某个营业年度内，如果公司所获得盈利不足以分派规定的股利，日后优先股的股东对往年未付给的股息，有权要求如数补给。对于非累积优先股，虽然对于公司当年所获得的利润有优先于普通股获得分派股息的权利，但该年公司所获得的盈利不足以按规定的股利分配时，非累积优先股的股东不能要求公司在以后年度中予以补发。一般来讲，对于投资者来说，累积优先股比非累积优先股具有更大的优越性。

2）可转换优先股与不可转换优先股。可转换优先股是指允许优先股持有人在特定条件下把优先股转换成为一定数额的普通股。否则，就是不可转换优先股。可转换优先股是近年来日益流行的一种优先股。

3）参与优先股与非参与优先股。当企业利润增大，除享受既定比率的利息外，还可以跟普通股共同参与利润分配的优先股，成为"参与优先股"。除了既定股息外，不再参与利润分配的优先股，称为"非参与优先股"。一般来讲，参与优先股较非参与优先股对投资者更为有利。

4）可收回优先股与不可收回优先股。可收回优先股是指允许发行该类股票的公司按原来的价格再加上若干补偿金将已发生的优先股收回。当该公司认为能够以较低股利的股票来代替已发生的优先股时，往往行使这种权利。反之，就是不可收回优先股。收回的方式主要有三种：溢价赎回方式、基金补偿方式和转换方式。

5）股息可调整优先股。股息可调整优先股是股息率可以调整变化的优先股股票。其特点是它的股息率是不固定的，可以进行调整，但股息率的变化与股份有限公司的经营状况无关，而与其他证券的价格或存款利率的变化息息相关。

2. 国有股、法人股及社会公众股

按照投资主体来划分，我国上市公司的股份可以分为国有股、法人股及社会公众股。

（1）国有股。国有股是指有权代表国家投资的部门或机构以国有资产向公司投资所形成的股份，包括以公司现有国有资产折算成的股份。由于我国大部分股份制企业都是由原国有大中型企业改制而来的，因此，国有股在公司股权中有较大的比重。

（2）法人股。法人股是指企业法人或具有法人资格的事业单位和社会团体以其依法可经营的资产向公司非上市流通股权部分投资所形成的股份。目前，在我国上市公司的股权结构中，法人股平均占 20%左右。

（3）社会公众股。社会公众股是指我国境内个人和机构，以其合法财产向公司可上市流通股权部分投资所形成的股份。我国投资者通过股东账户在股票市场买卖的股票都是社会公众股。

3. 记名股票和不记名股票

股票根据是否记载股东姓名，分为记名股票和不记名股票。

（1）记名股票。记名股票是在股票的票面上记载股票持有者姓名和名称的股票，在股份有限公司的股东名册上也需要注明股票持有者的姓名或名称。此类股票所包含的股东权益归属于记名股东；认购记名股票的股款可以一次缴足，也可以分期缴纳；记名股票的转让必须依法律和公司章程所规定的程序进行，而且要符合规定的转让条件。

（2）不记名股票。不记名股票是在股票的票面上无须记载股东的姓名或名称的股票，但一般要在股份公司的股东名册上注明股票持有者的姓名。此类股票的权利归属股票持有者；股东行使权利的方法也是以持有股票为依据，只要在行使权利之前，向公司出示即为有效；股款必须一次性缴齐；不记名股票转让更自由、方便，无须办理过户手续。

4. A 股、B 股、H 股、N 股和 S 股

根据股票的上市地点和所面对的投资者，我国上市公司的股票有 A 股、B 股、H 股、N 股和 S 股等的区分。

（1）A 股——人民币普通股票。A 股的正式名称是人民币普通股票。它是由我国境内的公司发行，提供境内机构、组织或个人（不含港澳台投资者）以人民币认购和交易的普通股票。

（2）B 股——人民币特种股票。B 股的正式名称是人民币特种股票。它是以人民币标明面值，以外币认购和买卖，在境内（上海、深圳）证券交易所上市交易的。在深圳交易所上市交易的 B 股按港元单位计价；在上海交易所上市的 B 股按美元单位计价。

（3）H 股、N 股和 S 股。H 股，即注册地在内地，上市地在香港地区的外资股。同理，上市地在纽约的为 N 股，上市地在新加坡的即为 S 股。

5. 一线股、二线股和三线股

根据股票交易价格的高低，我国投资者还直观地将股票分为一线股、二线股和三线股。

（1）一线股。一线股通常指股票市场上价格较高的一类股票。这些股票业绩优良或具有良好的发展前景，股价领先于其他股票。大致上，一线股等同于绩优股和蓝筹股。一些高成长股，如我国证券市场上一些高科技股，由于投资者对其发展前景充满憧憬，它们也位于一线股之列。一线股享有良好的市场声誉，为机构投资者和广大中小投资者所熟知。

（2）二线股。二线股是价格中等的股票。这类股票在市场上数量最多。二线股的业绩参差不齐，但从整体上看，它们的业绩也同股价一体在全体上市公司中居中游。

（3）三线股。三线股是指价格低廉的股票。这些公司大多业绩不好，前景不妙，有的甚至已经到了亏损的境地。也有少数上市公司，因为发行量太大，或者身处夕阳行业，缺乏高

速增长的可能，难以塑造出好的投资概念来吸引投资者。有些公司虽然业绩尚可，但股价却徘徊不前，也被投资者视为三线股。

6. 配股及转配股

（1）配股。配股是上市公司根据公司发展的需要，依据有关规定和相应的程序，旨在向原股东进一步发行新股，筹集资金的行为，按照惯例，公司配股时新股的认购权按照原有股权比例在原股东之间分配，即原股东拥有优先认购权。

（2）转配股。转配股又称公股转配股，主要包括上市公司实施配股的过程中，国家股和法人股或因主体缺位或因资金短缺而难以实施配股时，其他法人和个人根据有关制度受让其部分或全部配股权而购买的股票。其产生有以下几个来源：

一是国有股转让的股权给社会公众股；二是法人股转让配股权给社会公众股；三是已有转配股接受送股或配股后所产生的新股。由于国有股与法人股目前仍不能上市，故而转配股暂时也不能上市交易，但它却同上市股票一样享有分红配股权利。

3.1.4 股票的价值与价格

股票是虚拟资本的一种形式，它本身没有价值。从本质上讲，股票仅是一个拥有某种所有权的凭证。股票之所有能够有价，是因为股票的持有人即股东，不但可以参加股东大会，对股份公司的经营决策施加影响，还享有参与分红与派息的权利，获得相应的经济利益。同理，凭借某一单位数量的股票，其持有人所能获得的经济收益越大，股票的价格相应也就越高。

1. 股票的价值

股票的价值可分为票面价值、账面价值、清算价值、内在价值。

（1）票面价值。票面价值，又称面值，即在股票票面上标明的金额。股票的票面价值仅在初次发行时有一定意义，如果按面值发行，则股票面值的总和即为公司的资本金总额。随着时间的推移，公司的资产会发生变化，股票的票面价值也就失去原来的意义。目前股票的票面价值基本都是以一元为单位。

（2）账面价值。账面价值又称股票净值或每股净资产，是指每股股票所代表的实际资产的价值。每股账面价值是以公司净资产除以发行在外的普通股票的股数求得的，是证券理财过程中分析股票投资价值的重要指标。

（3）清算价值。清算价值是公司清算时每一股份所代表的实际价值。从理论上讲，股票清算价值与账面价值一致，但实际上并非如此简单。只有当清算时的资产实际出售额与财务报表上所反映的账面价值一致时，每一股的清算价值才会和账面价值一致。但在公司清算时，由于资产往往只能压低价格出售，再加上必要的清算成本，因此，大多数公司的实际清算价值总是低于账面价值。

（4）内在价值。内在价值即理论价值，是股票未来收益的现值，它取决于股息收入和市场收益率。股票的内在价值决定股票的市场价格，而市场价格又不完全等于其内在价值，股票的市场价格受供求关系及其他许多因素影响。但股票的市场价格总是围绕股票的内在价值波动。

2. 股票的价格

（1）股票的理论价格。股票及其他有价证券的理论价格是根据现值理论而来的。现值理论认为，人们之所以愿意购买股票和其他有价证券，是因为它能够为其持有人带来预期收益，因此它的"价值"取决于未来收益的大小。股票的现值就是证券未来收益的当前价值，也就是人们为了得到证券的未来收益愿意付出的代价。可见，股票及其他有价证券的理论价格就是以一定的市场利率计算出来的未来收入的现值。股票的理论价格用公式表示：

$$股票价格=预期股息÷市场利率$$

（2）股票的市场价格。股票的市场价格一般是指证券市场上买卖的价格。股票的市场价格由股票的价值决定，但同时受到许多其他因素的影响，其中，供求关系是最直接的影响因素，其他因素如宏观经济变化、政策因素等通过作用于供求关系而影响股票价格。正是由于影响股票价格的因素是复杂多变的，所以，股票价格也经常起伏波动。

3.1.5 股票市场的运行

证券市场是证券交易的场所，也是资金供求的中心。根据市场的功能划分，证券市场可分为证券发行市场和证券交易市场。证券市场的两个组成部分即相互依存，又相互制约，是一个不可分割的整体。股票市场也一样，可分为股票发行市场和股票流通市场。发行市场是交易市场的基础和前提，有了发行市场的股票供应，才有流通市场的股票交易，股票发行的种类、数量和方式决定着流通市场的规模和运行。交易市场是发行市场得以持续扩大的必要条件，有了交易市场为股票的转让提供保证，才使发行市场充满活力。

1. 股票发行市场

（1）股票发行类型。

1）首次公开发行（简称 IPO）。首次公开发行是拟上市公司首次在证券市场公开发行股票募集资金并上市的行为。通常，首次公开发行是发行人在满足必须具备的条件，并经证券监管机构审核、核准或注册后，通过证券承销机构面向社会公众公开发行股票并在证券交易所上市的过程。通过首次公开发行，发行人不仅募集到所需资金，而且完成了股份有限公司的设立或转制，成为上市公众公司。

2）上市公司增资发行。股份有限公司增资是指公司依照法定程序增加公司资本和股份总数的行为。增资发行是指股份公司上市后为达到增加资本的目的而发行股票的行为。我国《上市公司证券发行管理办法》规定，上市公司增资的方式有：向原股东配售股份、向不特定对象公开募集股份、发行可转换公司债券、非公开发行股票。

（2）股票发行条件。

在股票发行实行核准制的情况下，国家的法律法规对股票发行规定若干实质性的条件，这些条件因股票发行的不同类型而有所区别。我国《公司法》《证券法》和相关的法规对首次公开发行股票、上市公司配股、增发、发行可转换债券、非公开发行股票，以及首次公开发行股票并在创业板上市的条件分别作出规定。

1）首次公开发行股票的条件。《首次公开发行股票并上市管理办法》规定，首次公开发行的发行人应当是依法设立并合法存续的股份有限公司；持续经营时间应当在 3 年以上；注册资本已足额缴纳；生产经营合法；最近 3 年内主营业务、高级管理人员、实际控制人没有重大变化；股权清晰。发行人应具备资产完整、人员独立、财务独立、机构独立、业务独立的独立性。发行人应规范运营。

发行人的财务指标应满足以下要求：

①最近 3 个会计年度净利润均为正数且累计超过人民币 3000 万元，净利润以扣除非经常性损益后较低者为计算依据；

②最近 3 个会计年度经营活动产生的现金流量净额累计超过人民币 5000 万元；或者最近 3 个会计年度营业收入累计超过人民币 3 亿元；

③吃发行前股本总额不少于人民币 3000 万元；

④最近 1 期末无形资产（扣除土地使用权、水面养殖权和采矿权等后）占净资产的比例不高于 20%；

⑤最近 1 期末不存在未弥补亏损。

在中小板首次公开发行股票也须符合上述规定的发行条件。

2）创业板首次公开发行股票的条件。按照 2009 年 3 月发布的《首次公开发行股票并在创业板上市管理暂行办法》（简称《管理办法》），首次公开发行股票并在创业板上市主要应符合如下条件：

①发行人应当具备一定的盈利能力。为适应不同类型企业的融资需要，创业板对发行人设置了两项定量业绩指标，以便发行申请人选择：第一项指标要求发行人最近两年连续盈利，最近两年净利润累计不少于 1000 万元，且持续增长；第二项指标要求发行人最近 1 年盈利，且净利润不少于 500 万元，最近 1 年营业收入不少于 5000 万元，最近两年营业收入增长率均不低于 30%。

②发行人应当具有一定的规模和存续时间。根据《证券法》第五十条关于申请股票上市的公司股本总额应不少于 3000 万元的规定，《管理办法》要求发行人具备一定的资产规模，具体规定最近 1 期末净资产不少于 2000 万元，发行后股本不少于 3000 万元。规定发行人具备一定的净资产和股本规模，有利于控制市场风险。

《管理办法》规定发行人应具有一定的持续经营记录，具体要求发行人应当是依法设立且持续经营 3 年以上的股份有限公司。有限责任公司按原账面净资产值折股整体变更为股份有限公司的，持续经营时间可以从有限责任公司成立之日起计算。

③发行人应当主营业务突出。创业企业规模小，且处于成长发展阶段，如果业务范围分散，缺乏核心业务，既不利于有效控制风险，也不利于形成核心竞争力。因此，《管理办法》要求发行人集中有限的资源主要经营一种业务，并强调符合国家产业政策和环境保护政策。同时，要求募集资金只能用于发展主营业务。

④对发行人公司治理提出从严要求。根据创业板公司特点，在公司治理方面参照主板上市公司从严要求，要求董事会下设审计委员会，强化独立董事职责，并明确控股股东责任。

发行人应当保持业务、管理层和实际控制人的持续稳定，规定发行人最近两年内主营业务和董事、高级管理人员均没有发生重大变化，实际控制人没有发生变更。

发行人应当资产完整，业务及人员、财务、机构独立，具有完整的业务体系和直接面向市场独立经营的能力。发行人与控股股东、实际控制人及其控制的其他企业间不存在同业竞争，以及严重影响公司独立性或者显失公允的关联交易。

发行人及其控股股东、实际控制人最近 3 年内不存在损害投资者合法权益和社会公共利益的重大违法行为。发行人及其控股股东、实际控制人最近 3 年内不存在未经法定机关核准，擅自公开或者变相公开发行证券，或者有关违法行为虽然发生在 3 年前，但目前仍处于持续状态的情形。

3）上市公司公开发行证券的条件。为规范上市公司证券发行行为，中国证监会于 2006

年 5 月制定并发布《上市公司证券发行管理办法》，对上市公司发行证券的一般性条件及上市配股、增发，发行可转换债券、认股权证和债券分离交易的可转换公司债券以及非公开发行股票的条件作出了规定。

①上市公司公开发行证券条件的一般规定。包括上市公司组织机构健全、运行良好；上市公司的盈利能力具有可持续性；上市公司的财务状况良好；上市公司最近 36 个月内财务会计文件无虚假记载、不存在重大违法行为；上市公司募集资金的数额和使用符合规定；上市公司不存在严重损害投资者的合法权益和社会公共利益的违规行为。

②向原股东配售股份（配股）的条件。除一般规定的条件以外，还有以下条件：拟配售股份数量不超过本次配售股份前股本总额的 30%；控股股东应当在股东大会召开前公开承诺认配股份的数量；采用《证券法》规定的代销方式发行。

③向不特定对象公开募集股份（增发）的条件。除一般规定的条件以外，还有以下条件：最近 3 个会计年度加权平均净资产收益率平均不低于 6%，扣除非经常性损益后的净利润与扣除前的净利润相比以低者为计算依据；除金融类企业外，最近 1 期末不存在持有金额较大的交易性金融资产和可供出售的金融资产、借予他人款项、委托理财等财务性投资的情形；发行价格应不低于公告招股意向书前 20 个交易日公司股票均价或前一交易日的均价。

④发行可转换公司债券的条件。可转换债券按附认股权和债券本身能否分开交易可分为分离交易的可转换债券和非分离交易的可转换债券。前者是指认股权可以与债券分开且可以单独转让，但事先要确定认股比例、认股期限和股票购买价格等条件；后者是指认股权不能与债券分离，且不能单独交易。

除一般规定的条件以外，公开发行可转换债券还必须满足以下条件：最近 3 个会计年度加权平均净资产收益率平均不低于 6%，扣除非经常性损益后的净利润与扣除前的净利润相比以低者为计算依据；本次发行后累计公司债券余额不超过最近 1 期末净资产额的 40%；最近 3 个会计年度实现的平均可分配利润不少于公司债券 1 年的利息。

发行分离交易的可转换债券应当具备以下条件：公司最近 1 期末经审计的净资产不低于人民币 15 亿元；最近 3 个会计年度的平均可分配利润不少于公司债券 1 年的利息；最近 3 个会计年度经营活动产生的现金流量净额平均不少于公司债券 1 年的利息；本次发行后累计公司债券余额不超过最近 1 期末净资产额的 40%，预计所附认股权全部行权后募集的资金总量不超过拟发行公司债券金额。

⑤非公开发行股票的条件。上市公司非公开发行股票应符合以下条件：发行价格不低于定价基准日前 20 个交易日公司股票均价的 90%；本次发行的股份自发行结束之日起，12 个月内不得转让；控股股东、实际控制人及其控制的企业认购的股份，36 个月内不得转让；募集资金使用符合规定；本次发行导致上市公司控股权发生变化的，还应当符合中国证监会的其他规定。非公开发行股票的发行对象不得超过 10 名。发行对象为境外战略投资者的，应当经国务院相关部门事先批准。

（3）我国的股票发行方式。

我国的股票发行方式主要采取公开发行并上市方式，同时也允许上市公司在符合相关规定的条件下向特定对象非公开发行股票。我国现行的有关法规规定，我国股份公司首次公开发行股票和上市后向社会公开募集股份（公募增发）采取对公众投资者上网发行和对机构投资者配售相结合的发行方式。

（4）股票发行价格。

股票发行价格是指投资者认购新发行的股票时实际支付的价格。根据我国《公司法》和《证券法》的规定，股票发行价格可以等于票面金额，也可以超过票面金额，但不得低于票面金额。以超过票面金额的价格发行股票所得的溢价款项列入发行公司的资本公积金。股票发行采取溢价发行的，发行价格由发行人与承销的证券公司协商确定。

股票发行的定价方式，可以采取协商定价方式，也可以采取询价方式、上网竞价方式等。我国《证券发行与承销管理办法》规定，首次公开发行股票以询价方式确定股票发行价格。

根据规定，首次公开发行股票的公司及其主承销商应通过向询价对象询价的方式确定股票发行价格。发行申请经中国证监会核准后，发行人及其主承销商应公告招股意向书和发行公告后向询价对象进行推介和询价，并通过互联网向公众投资者进行推介。询价分为初步询价和累计投标询价两个阶段。在初步询价阶段，发行人及其主承销商向询价对象初步询价，征询发行价格区间，询价对象分别提交报价，主承销商和发行人在报价区间内选择并确定发行价格区间和相应的市盈率区间。发行价格区间确定并发布后，进入累计投标询价阶段。发行人和主承销商在发行价格区间向询价对象进行累计投标询价，参与初步询价并有效报价的询价对象在公布的发行价格区间和发行规模内选择一个或多个申购价格或申购数量，将所有申购价格和申购数量对应的申购金额汇入主承销商指定账户，发行人和主承销商根据累计投标询价的结果确定发行价格和发行市盈率。

首次公开发行的股票在中小企业板和创业板上市的，发行人及其主承销商可以根据初步询价结果确定发行价格，不再进行累计投标询价。

2. 股票流通市场

（1）证券交易所的定义、特征与职能。

1）证券交易所的定义。

证券交易所是证券买卖双方公开交易的场所，是一个高度组织化、集中进行证券交易的市场，是整个证券市场的核心。证券交易所本身并不买卖证券，也不决定证券价格，而是为证券交易提供一定的场所和设施，配备必要的管理和服务人员，并对证券交易进行周密的组织和严格的管理，为证券交易顺利进行提供一个稳定、公开、高效的市场。我国《证券法》规定，证券交易所是为证券集中交易提供场所和设施，组织和监督证券交易，实行自律管理的法人。

2）证券交易所的特征。

①有固定的交易场所和交易时间；

②参加交易者为具备会员资格的证券经营机构，交易采取经纪制，即一般投资者不能直接进入交易所买卖证券，只能委托会员作为经纪人间接进行交易；

③交易的对象限于合乎一定标准的上市证券；

④通过公开竞价的方式决定交易价格；

⑤集中了证券的供求双方，具有较高的成交速度和成交率；

⑥实行"公开、公平、公正"原则，并对证券交易加以严格管理。

3）证券交易所的职能。

证券交易所为证券交易创造公开、公平、公正的市场环境，扩大了证券成交的机会，有助于公平交易价格的形成和证券市场的正常运行。我国《证券交易所管理办法》第十一条规定，证券交易所的职能包括：①提供证券交易的场所和设施；②制定证券交易所的业务规则；③接受上市申请、安排证券上市；④组织、监督证券交易；⑤对会员进行监督；⑥对上市公司进行监督；⑦设立证券登记结算机构；⑧管理和公布市场信息；⑨中国证监会许可的其他职能。

（2）证券交易所的组织形式。

证券交易所的组织形式大致可以分为两类，即公司制和会员制。公司制的证券交易所是以股份有限公司形式组织并以营利为目的的法人团体，一般由金融机构及各类民营公司组建。交易所章程中明确规定作为股东的证券经纪商和证券自营商的名额、资格和公司存续期限。公司制的证券交易所必须遵循本国公司法的规定，在政府证券主管机构的管理和监督下，吸收各类证券挂牌上市。同时，任何会员公司的股东、高级职员、雇员都不能担任证券交易所的高级职员，以保证交易的公平性。会员制的证券交易所是一个由会员自愿组成的、不以营利为目的的社会法人团体。交易所设会员大会、理事会和监督委员会。

我国《证券法》规定，证券交易所的设立和解散由国务院决定。设立证券交易所必须制定章程，证券交易所章程的制定和修改，必须经国务院证券监督管理机构批准。我国内地有两家证券交易所——上海证券交易所和深圳证券交易所。两家证券交易所均按会员制方式组成，是非营利性的法人。组织机构由会员大会、理事会、监督委员会和其他专门委员会、总经理及其他职能部门组成。

会员制的证券交易所规定，进入证券交易所参与集中交易的，必须是证券交易所的会员派出的入市代表；其他人要买卖在证券交易所上市的证券，必须通过会员进行。会员制证券交易所注重会员自律，在证券交易所内从事证券交易的人员，违反证券交易所有关规则的，由证券交易所给予纪律处分；对情节严重的撤销其资格，禁止其入场进行证券交易。

（3）我国证券交易所市场的层次结构。

根据社会经济发展对资本市场的需求和建设多层次资本市场的部署，我国在以上海、深圳证券交易所作为证券市场主板市场的基础上，又在深圳证券交易所设置了中小企业板块市场和创业板市场，从而形成了交易所市场内的不同市场层次。

1）主板市场。

主板市场是一个国家或地区证券发行、上市及交易的主要场所，一般而言，各国主要的证券交易所代表着国内主板市场。主板市场对发行人的营业期限、股本大小、盈利水平、最低市值等方面的要求标准较高，上市企业多为大型成熟企业，具有较大的资本规模以及稳定的盈利能力。相对创业板市场而言，主板市场是资本市场中最重要的组成部分，很大程度上能够反映经济发展状况，有"宏观经济晴雨表"之称。上海证券交易所和深圳证券交易所主板、中小板块是我国证券市场的主板市场。上海证券交易所于1990年12月19日正式营业；深圳证券交易所于1991年7月3日正式营业。2004年5月，经国务院批准，中国证监会批复同意，深圳证券交易所在主板市场内设立中小企业板块市场。设立中小企业板块的宗旨是为主业突出、具有成长性和科技含量的中小企业提供直接融资平台，是我国多层次资本市场体系建设的一项重要内容，也是分步推进创业板市场建设的一个重要步骤。

中小企业板块的总体设计可以概括为"两个不变"和"四个独立"。"两个不变"是指中小企业板块运行所遵循的法律、法规和部门规章与主板市场相同，中小企业板块以"两个不变"的原则体现为现有主板市场的一个板块，从法律、行政法规到中国证监会及国务院有关部门的部门规章，中小企业板块使用的基本制度规范与现有主板市场完全相同，中小企业板块适用的发行上市标准也与现有主板市场完全相同。从上市公司看，虽然不改变主板市场的发行上市标准，但把符合主板市场发行上市条件的企业中规模较小的企业集中到中小企业板块，逐步形成创业板市场的初始资源。"四个独立"是指中小企业板块是主板市场的组成部分，同时实行运行独立、监督独立、代码独立、指数独立。

从制度安排看，中小企业板块以运行独立、监督独立、代码独立和指数独立与主板市场相区别，同时，中小企业板块又以其相对独立性与创业板市场相衔接。

2）创业板市场。

创业板市场又被称为"二板市场"，是为具有高成长性的中小企业和高科技企业融资服务的资本市场。创业板市场是不同于主板市场的独特的资本市场，具有前瞻性、高风险、监管要求严格以及明显的高技术产业导向的特点。与主板市场相比，在创业板市场上市的企业规模较小、上市条件相对较低，中小企业更容易上市募集发展所需资金。创业板市场的功能主要表现在两个方面：一是在风险投资机制中的作用，即承担风险资本的退出窗口作用；二是作为资本市场固有的功能，包括优化资源配置、促进产业升级等作用，而对企业来讲，上市除了融通资金外，还有提高企业知名度、分担投资风险、规范企业运作等作用。因而，建立创业板市场是完善风险投资体系，为中小高科技企业提供直接融资服务的重要一环，也是多层次资本市场的重要组成部分。

经国务院同意、中国证监会批准，我国创业板市场于 2009 年 10 月 23 日在深圳证券交易所正式启动。我国创业板市场主要面向成长型创业企业，重点支持自主创新企业，支持市场前景好、带动能力强、就业机会多的成长型创业企业，特别是支持新能源、新材料、电子信息、生物医药、环保节能、现代服务等新兴产业的发展。创业板是我国多层次资本市场体系的重要组成部分。创业板的开板，标志着我国交易所市场经过 20 年发展，已经逐步确立了由主板（含中小板）、创业板构成的多层次交易所市场体系框架。

（4）证券上市制度。

1）证券上市。证券上市是指已公开发行的证券经过证券交易所批准在交易所内公开挂牌买卖，又被称为"上市交易"。申请上市的证券必须满足证券交易所规定的条件，方可被批准挂牌上市。各国对证券上市的条件与具体标准有不同的规定。我国《证券法》及交易所股票上市规则规定，申请证券上市交易，应当向证券交易所提出申请，由证券交易所依法审核同意，并由双方签订上市协议。由于市场定位不同，股份公司申请股票在证券交易所主板上市和创业板上市的标准有所不同。

①股份有限公司申请股票在上海证券交易所和深圳证券交易所主板市场上市应当符合下列条件：A 股票经国务院证券监督管理机构核准已向社会公开发行；B 公司股本总额不少于人民币 5000 万元；C 公开发行的股份达公司股份总数的 25%以上，公司股本总额超过人民币 4 亿元的，公开发行股份的比例为 10%以上；D 公司在最近 3 年无重大违法行为，财务会计报告无虚假记载。证券交易所可以规定高于上述规定的上市条件，并报国务院证券监督管理机构批准。

②股份有限公司申请股票在深圳证券交易所创业板市场上市，应当符合下列条件：A 股票已公开发行；B 公司股本总额不少于 3000 万元；C 公开发行的股份达到公司股份总数的 25%

以上；公司股本总额超过 4 亿元的，公开发行股份的比例为 10%以上；D 公司股东人数不少于 200 人；E 公司最近 3 年无重大违法行为，财务会计报告无虚假记载；F 深圳证券交易所要求的其他条件。

2）上市交易股票的特别处理。

公司上市的资格并不是永久的，当不能满足证券上市条件时，证券监督机构或证券交易所将对该股票做出实行特别处理、退市风险警示、暂停上市、终止上市的决定。这些做法既是对投资者的警示，也是对上市公司的淘汰制度，是防范和化解证券市场风险、保护投资者利益的重要措施。证券交易所对在主板上市和创业板上市的股票所做决定的标准也有所不同。

当上市公司出现财务状况异常或者其他异常情况，导致其股票存在被终止上市的风险，或者投资者难以判断公司前景，投资者权益可能受到损害的，证券交易所对该公司股票交易实行特别处理。特别处理分为警示存在终止上市风险的特别处理（简称退市风险警示）和其他特别处理。退市风险警示的处理措施包括：在公司股票简称前冠以"*ST"字样，以区别于其他股票；股票价格的日涨跌幅限制为 5%。

3）暂停股票上市交易。

我国《证券法》规定，上市公司有下列情形之一的，由证券交易所决定暂停其股票上市交易：①公司股本总额、股权分布等发生变化不再具备上市条件；②公司不按照规定公开其财务状况，或者对财务会计报告作虚假记载，可能误导投资者；③公司有重大违法行为；④公司最近 3 年连续亏损；⑤证券交易所上市规则规定的其他情形。

4）终止股票上市交易。

我国《证券法》规定，上市公司有下列情形之一的，由证券交易所决定终止其股票上市交易：公司股本总额、股权分布等发生变化不再具备上市条件，在证券交易所规定的期限内仍不能达到上市条件；公司不按照规定公开其财务状况，或者对财务会计报告作虚假记载，且拒绝纠正；公司最近 3 年连续亏损，在其后一个年度内未能恢复盈利；公司解散或者被宣告破产；证券交易所上市规则规定的其他情形。

3. 股票交易价格的形成机制

我国的证券交易所采用无纸化集中交易方式。为适应市场发展的需要，我国上海、深圳证券交易所的运作系统在原有集中竞价交易系统的基础上有所发展。上海证券交易所的运作系统包括集中竞价交易系统、大宗交易系统、固定收益证券综合电子平台。深圳证券交易所的运作系统包括集中竞价交易系统、综合协议交易平台。

（1）股票交易竞价规则。

股票交易一般采用电脑集合竞价和连续竞价两种方式。集合竞价是指对一段时间内接受的买卖申报一次集中撮合的竞价方式；连续竞价是指对买卖申报逐笔连续撮合的竞价方式。

目前上海、深圳两大交易所在上午 9:15—9:25 是集合竞价时间，并产生当天第一笔成交价格，即开盘价。从 9:30 开始，进入连续竞价方式，以下［例 3-1］，说明集合竞价的成交原理。

【例 3-1】 假设某某股在开盘前有 6 笔买入委托和 5 笔卖出委托，根据价格优先，时间优先的原则，这 6 笔买入委托价格按由高到低排列，5 笔卖出委托价格由低到高排列见

表 3-1。

表 3-1

委买价/元	委托数量/股	委卖价/元	委托数量/股
19.81	300	19.56	600
19.78	700	19.61	200
19.68	500	19.6	300
19.60	800	19.68	700
19.55	700	19.74	700
19.50	400		

从委买、委卖情况看，成交价格必须是在 19.56 元至 19.81 元中选取。在未进行集合撮合成交定出成交价前，按照价格优先、时间优先的原则，假设符合成交条件并能产生成交的情况是：第一笔成交 19.81 元和 19.56 元成交 300 股，上述排序变化见表 3-2。

表 3-2

委买价/元	委托数量/股	委卖价/元	委托数量/股
0	0	19.56	300
19.78	700	19.61	200
19.68	500	19.6	300
19.60	800	19.68	700
19.55	700	19.74	700
19.50	400		

第二笔成交：19.78 元和 19.56 元、19.61 元成交 500 股，上述排序又变化见表 3-3。

表 3-3

委买价/元	委托数量/股	委卖价/元	委托数量/股
0	0	0	0
19.78	200	0	0
19.68	500	19.6	300
19.60	800	19.68	700
19.55	700	19.74	700
19.50	400		

第三笔成交：19.78 元、19.68 元和 19.60 元成交 300 股，上述排序又变化见表 3-4。

表 3-4

委买价/元	委托数量/股	委卖价/元	委托数量/股
0	0	0	0
0	0	0	0
19.68	400	0	0

委买价/元	委托数量/股	委卖价/元	委托数量/股
19.60	800	19.68	700
19.55	700	19.74	700
19.50	400		

第四笔成交：19.68 元和 19.68 元成交 400 股，则上述排序变化见表 3-5。

表 3-5

委买价/元	委托数量/股	委卖价/元	委托数量/股
0	0	0	0
0	0	0	0
0	0	0	0
19.60	800	19.68	300
19.55	700	19.74	700
19.50	400		

至此，剩下的最高申买委托是 19.60 元和最低申卖委托 19.68 元无法再继续撮合成交。根据上述 4 比成交的情况看，至 19.68 元这个价位，可以使所有符合成交条件的卖委托和买委托产生最大成交量共 1500 股，则 19.68 元被定为成交价，所有买和卖委托都以这个价成交，即为开盘价。

（2）交易原则。

在连续竞价过程中，成交顺序遵守价格优先、时间优先原则。

①价格优先原则。是指较高价格买进申报优先于较低价格申报，较低价格卖出申报优先于较高价格卖出申报。

②时间优先原则。是指买卖方向、价格相同的，先申报者优先于后申报者。先后顺序按交易主机接受申报的时间确定。

相关链接 3-1：股票交易规则

1. 交易时间

交易所有严格的交易时间，在规定的时间内开始和结束集中交易，以示公正。沪、深证券交易所规定，采用竞价交易方式的，每个交易日的 9:15—9:25 为开盘集合竞价时间；上海证券交易所 9:30—11:30、13:00—15:00 为连续竞价时间；深圳证券交易所 9:30—11:30、13:00—14:57 为连续竞价时间，14:57—15:00 为收盘集合竞价时间；大宗交易时间延长至 15:30。

2. 交易单位

交易单位是交易所规定每次申报和成交的交易数量单位，以提高交易效率。一个交易单位俗称"一手"，委托买卖的数量通常为一手或一手的整数倍。沪深证券交易所规定，通过竞价交易买入股票、基金、权证的，申报数量应当为 100 股（份）或其整数倍。卖出股票、基金、权证时，余额不足 100 股（份）的部分，应当一次性申报卖出。股票、基金、权证交易单位申报最大数量应当不超过 100 万股（份）。

3. 证券交易的计价单位和申报价格最小变动单位。

不同证券的交易采用不同的计价单位。股票为"每股价格"，基金为"每份基金价格"，权证为"每份权证价格"，债券为"每百元面值的价格"，债券回购为"每百元资金到期年收益"。申报价格最小变动单位是交易所规定每次报价和成交的最小变动单位。上海证券交易所规定，A 股、债券交易和债券买断式回购交易的申报价格最小变动单位为 0.01 元，基金、权证交易为 0.001 元人民币，B 股交易为 0.001 美元，债券质押式回购交易为 0.005 元。深圳证券交易所规定，A 股交易的申报价格最小变动单位为 0.01 元，基金、债券、债券质押式回购交易为 0.001 元人民币，B 股为 0.01 港元。

4. 报价方式

传统的证券交易所用口头叫价方式并辅以手势作为补充，现代证券交易所多采用电脑报价方式。无论何种方式，交易所均规定报价规则。沪深证券交易所采用电脑报价方式，接受会员的限价申报和市价申报。

5. 价格决定

交易所按连续、公开竞价方式形成证券价格，当买卖双方在交易价格和数量上取得一致时，便立即成交并形成价格。我国上海、深圳证券交易所的证券竞价交易采取集合竞价和连续竞价方式。集合竞价是指将在规定的时间内接受的买卖申报一次性撮合的竞价方式；连续竞价是指对买卖申报逐笔连续撮合的竞价方式。

6. 涨跌幅限制

为保护投资者利益，防止股价暴涨暴跌和投机盛行，证券交易所可根据需要对每日股票价格的涨跌幅度予以适当的限制。高于涨幅限制的委托和低于跌幅限制的委托无效。沪深证券交易所对股票、基金交易实行价格涨跌幅限制，涨跌幅比例为 10%，其中 ST 股票和*ST 股票价格涨跌幅比例为 5%。属于下列情形之一的，首个交易日无价格涨跌幅限制：首次公开发行上市的股票；首次公开发行上市的封闭式基金（上海证券交易所）；增发上市的股票（上海证券交易所）；暂停上市后恢复上市的股票；中国证监会或交易所认定的其他情形。

2012 年 3 月，上海证券交易所和深圳证券交易所完善股票上市首日盘中临时停牌制度以加强对新股上市初期的交易监管。上海、深圳证券交易所自 2007 年 1 月 8 日起对未完成股改的股票（即 S 股）实施特别的差异化、制度化安排，将其涨跌幅比例统一调整为 5%，同时要求该类股票实行与 ST、*ST 股票相同的交易信息披露制度。同时还将逐步调整指数样本股挑选标准，将未股改的公司从相关成分指数中剥离。

3.1.6　股票价格指数

1. 股价平均数和股价指数

股价平均数和股价指数是衡量股票市场总体价格水平及其变动趋势的尺度，也是反映一个国家或地区政治、经济发展状态的灵敏信号。

（1）股价指数的编制步骤。

股价指数的编制分为以下四步：

第一步，选择样本股。选择一定数量有代表性的上市公司股票作为编制股价指数的样本股。样本股可以是全部上市股票，也可以是其中有代表性的一部分。样本股的选择主要考虑两条标准：一是样本股的市价总值要占在交易所上市的全部股票市价总值的大部分；二是样本股票的价格变动趋势必须能反映股票市场价格变动的总趋势。

第二步，选定某基期，并以一定方法计算基期平均股价或市值。通常选择某一有代表性或股价相对稳定的日期为基期，并按选定的某一种方法计算这一天的样本股平均价格或总市值。

第三步，计算计算期平均股价或市值，并作必要的修正。收集样本股在计算期的价格，并按选定的方法计算平均价格或市值。有代表性的价格是样本股收盘平均价。

第四步，指数化。如果计算股价指数，就需要将计算期的平均股价或市值转化为指数值，即将基期平均股价或市值定为某一常数（通常为 100、1000 或 10），并据此计算计算期股价的指数值。

（2）股价平均数。

股价平均数采用股价平均法，用来度量所有样本股经调整后的价格水平的平均值，可分为简单算术股价平均数、加权股价平均数和修正股价平均数。

1）简单算术股价平均数。简单算术股价平均数是以样本股每日收盘价之和除以样本数。其计算公式为：

$$\overline{P} = \frac{\Sigma P_i}{N}$$

式中　$\overline{P}$——平均股价；

　　　p_i——各样本股收盘价，元；

　　　N——样本股票种数。

简单算术股价平均数的优点是计算简便，但也存在两个缺点：第一，发生样本股送配股、拆股和更换时会使股价平均数失去真实性、连续性和时间数列上的可比性；第二，在计算时没有考虑权数，即忽略了发行量或成交量不同的股票对股票市场有不同影响这一重要因素。简单算术股价平均数的这两点不足，可以通过加权股价平均数和修正股价平均数来弥补。

2）加权股价平均数。加权股价平均数也被称为加权平均股价，是将各样本股票的发行量或成交量作为权数计算出来的股价平均数。其计算公式为：

$$\overline{p} = \frac{\sum_{i=1}^{n} P_i W_i}{\sum_{i=1}^{n} W_i}$$

式中　W_i——样本股的发行量或成交量。

以样本股成交量为权数的加权平均股价可表示为：

$$加权平均股价 = \frac{样本股成交总额}{同期样本股成交总量}$$

计算结果为平均成交价。

以样本股发行量为权数的加权平均股价可表示为：

$$加权平均股价 = \frac{样本股市价总额}{同期样本股发行总量}$$

计算结果为平均市场价格。

3）修正股价平均数。修正股价平均数是在简单算术股价平均数法的基础上，当样本股名单发生变化、或样本股的股本结构发生变化、或样本股的市值出现非交易因素的变动时，通过变动除数，使股价平均数保持连贯性。修正除数的计算公司如下：

$$\frac{\text{修正前的总价格（或总市值）}}{\text{原除数}} = \frac{\text{修正后的总价格（或总市值）}}{\text{新除数}}$$

由此公式得出新除数，即修正后的除数，又被称为"新基期"，并据此计算以后的指数。

$$\text{修正股价平均数} = \frac{\text{股份变动后的总价格}}{\text{新除数}}$$

目前在国际上影响最大、历史最悠久的道·琼斯股价平均数就采用修正股价平均数法来计算股价平均数，每当股票分割、送股或增发、配股数超过原股份 10%时，就对除数作相应的修正。

（3）股价指数。

股价指数是将计算期的股价或市值与某一基期的股价或市值相比较的相对变化值，用以反映市场股票价格的相对水平。

股价指数的编制方法有简单算术股价指数和加权股价指数两类。

1）简单算术股价指数。简单算术股价指数有相对法和综合法之分。

相对法是先计算各样本股的个别指数，再加总求出算术平均数。若设股价指数为 P'，基期第 i 种股票价格为 P_{0i}，计算期第 i 种股票价格为 P_{1i}，样本数为 N，并设基期指数值为某一固定乘数（点数），计算公式为：

$$P' = \frac{1}{N} \sum_{i=1}^{n} \frac{P_{1i}}{P_{0i}} \times \text{固定乘数}$$

综合法是将样本股票基期价格和计算期价格分别加总，然后再求出股价指数，其计算公式为：

$$P' = \frac{\sum_{i=1}^{n} P_{1i}}{\sum_{i=1}^{n} P_{0i}} \times \text{固定乘数}$$

2）加权股价指数。加权股价指数是以样本股票发行量或成交量为权数加以计算，又有基期加权、计算期加权和几何加权之分。

基期加权股价指数又被称为拉斯贝尔加权指数，采用基期发行量或成交量作为权数，计算公式为：

$$P' = \frac{\sum_{i=1}^{n} P_{1i} Q_{0i}}{\sum_{i=1}^{n} P_{0i} Q_{0i}} \times \text{固定乘数}$$

式中　Q_{0i}——第 i 种股票基期发行量或成交量。

计算期加权股价指数又被称为派许加权指数，采用计算期发行量或成交量作为权数。其适用性较强，适用较广泛，很多著名的股价指数，如标准普尔指数等，都使用这一方法。计算公司为：

$$P' = \frac{\sum\limits_{i=1}^{n} P_{1i}Q_{1i}}{\sum\limits_{i=1}^{n} P_{0i}Q_{1i}} \times 固定乘数$$

式中　　Q_{1i}——报告期第 i 种股票的发行量或成交量。

几何加权股价指数又被称为费雪理想式,是对两种指数作几何平均,由于计算复杂,很少被实际应用。其计算公式为:

$$P' = \sqrt{\frac{\sum\limits_{i=1}^{n} P_{1i}Q_{0i}}{\sum\limits_{i=1}^{n} P_{0i}Q_{0i}} \times \frac{\sum\limits_{i=1}^{n} P_{1i}Q_{1i}}{\sum\limits_{i=1}^{n} P_{0i}Q_{1i}}} \times 固定乘数$$

2. 我国主要的股票价格指数

(1)中证指数有限公司及其指数。

中证指数有限公司成立于 2005 年 8 月 25 日,是由上海证券交易所和深圳证券交易所共同出资发起设立的一家专业从事证券指数及指数衍生产品开发服务的公司。

1)沪深 300 指数。

沪深 300 指数是沪、深证券交易所于 2005 年 4 月 8 日联合发布的反映 A 股市场整体走势的指数。沪深 300 指数的编制目标是反映中国证券市场股票价格变动的概貌和运行状况,并能够作为投资业绩的评价标准,为指数化投资和指数衍生产品创新提供基础条件。中证指数有限公司成立后,沪、深证券交易所将沪、深 300 指数的经营管理及相关权益转移至中证指数有限公司。

沪深 300 指数简称"沪深 300",成分股数量为 300 只,指数基日为 2004 年 12 月 31 日,基点为 1000 点。指数成分股的选择空间是:上市交易时间超过一个季度(流通市值排名前 30 位的除外);非 ST、*ST 股票,非暂停上市股票;公司经营状况良好,最近一年无重大违法违规事件、财务报告无重大问题;股票价格无明显的异常波动或市场操纵;剔除其他经专家委员会认定的不能进入指数的股票。选择标准是选择规模大、流动性好的股票作为样本股。对样本空间股票在最近一年(新股为上市以来)的日均成交金额由高到低排名,剔除排名后 50%的股票,然后对剩余股票按照日均总市值由高到低进行排名,选择排名在前 300 名的股票作为样本股。选样方法是,先计算样本空间股票最近一年(新股为上市以来)的日均总市值、日均流通市值、日均流通股份数、日均成交金额和日均成交股份数 5 个指标,再将上述指标的比重按 2:2:2:1:1 进行加权平均,然后将计算结果从高到低排序,选择排名在前 300 的股票。

沪深 300 指数规定作定期调整。原则上指数成分股每半年进行一次调整,一般为 1 月初和 7 月初实施调整,调整方法提前两周公布。每次调整的比例不超过 10%,样本调整设置缓冲区,排名在 240 名内的新样本优先进入,排名在 360 名之前的老样本优先保留。最近一次财务报告亏损的股票原则上不进入新选样本,除非该股票影响指数的代表性。

2)中证规模指数。

中证规模指数包括中证 100 指数、中证 200 指数、中证 500 指数、中证 700 指数、中证 800 指数和中证流通指数。这些指数与沪深 300 指数共同构成中证规模指数体系。其中,中证 100 指数定位于大盘指数，中证 200 指数为中盘指数，沪深 300 指数为大中盘指数，中证 500 指数为小盘指数，中证 700 指数为中小盘指数，中证 800 指数则由大中小盘指数构成。中证规模指数的计算方法、修正方法、调整方法与沪深 300 指数相同。

除此之外，中证指数公司还编制和发布中证行业指数系列、中证风格指数系列、中证主题指数系列、中证策略指数系列和中证海外指数系列。

（2）上海证券交易所的股价指数。

由上海证券交易所编制并发布的上证指数系列是一个包括上证 180 指数、上证 50 指数、上证综合指数、A 股指数、B 股指数、分类指数、债券指数、基金指数等的指数系列，其中最早编制的为上证综合指数。

1）成分指数类。

①上证成分股指数。上证成分股指数简称上证 180 指数，是上海证券交易所对原上证 30 指数进行调整和更名产生的指数。上证成分股指数的样本股共有 180 只股票，选择样本股的标准是遵循规模（总市值、流通市值）、流动性（成交金额、换手率）和行业代表性三项指标，即选取规模较大、流动性较好且具有代表性的股票作为样本，建立一个反映上海证券市场的概貌和运行状况、能够作为投资评价尺度及金融衍生产品基础的基准指数。上证成分股指数依据样本稳定性和动态跟踪的原则，每年调整一次成分股，每次调整比例一般不超过 10%，特殊情况下也能对样本股进行临时调整。

上证成分股指数采用派许加权综合价格指数公式计算，以样本股的调整股本数为权数，并采用流通股本占总股本比例分级靠档加权计算方法。当样本股名单发生变化，或样本股的股本结构发生变化，或股价出现非交易因素的变动时，采用除数修正法修正原固定除数，以维护指数的连续性。上证 180 指数是 1996 年 7 月 1 日起正式发布的上证 30 指数的延续，2002 年 7 月 1 日正式发布，基点为 2002 年 6 月 28 日上证 30 指数的收盘点数 3299.05 点。

②上证 50 指数。2004 年 1 月 2 日，上海证券交易所发布了上证 50 指数。上证 50 指数根据流通市值、成交金额对股票进行综合排名，从上证 180 指数样本中挑选上海证券市场规模大、流动性好的最具有代表性的 50 只股票组成样本股，以综合反映上海证券市场最具市场影响力的一批龙头企业的整体状况。指数以 2003 年 12 月 31 为基日，以该日 50 只成分股的调整市值为基期，基点为 1000 点。上证 50 指数的计算方法、修正方法、调整方法与上证成分股指数相同。

上证成分指数类还有上证超大盘、上证中盘、上证小盘、上证中小盘、上证全指等。

2）综合指数类。

①上证综合指数。上海证券交易所从 1991 年 7 月 15 日起编制并公布上海证券交易所股价指数，它以 1990 年 12 月 19 日为基期，以全部上市股票为样本，以股票发行量为权数，按加权平均法计算。遇新股上市、退市或上市公司增资扩股时，采用除数修正法修正原固定除数，以保证指数的连续性。2007 年 1 月上海证券交易所宣布，新股于上市第 11 个交易日开始计入上证综指、新综指及相应上证 A 股、上证 B 股、上证分类指数，从而为进一步完善指数编制规则，使指数更真实地反映市场的平均收益水平。

②新上证综合指数。新上证综合指数简称新综指，指数代码为 000017，于 2006 年 1 月 4 日首次发布。新综指选择已完成股权分置改革的沪市上市公司组成样本，实施股权分置改革的股票在方案实施后的第 2 个交易日纳入指数。新综指是一个全市场指数，它不仅包括 A 股

市值，对于含 B 股的公司，其 B 股市值同样计算在内。新综指以 2005 年 12 月 30 日为基日，以该日所有样本股票的总市值为基期，基点为 1000 点。新综指采用派许加权方法，以样本股的发行股本数为权数进行加权计算。当成分股名单发生变化，或成分股的股本结构发生变化，或成分股的市值出现非交易因素的变动时，采用除数修正法修正原固定除数，以保证指数的连续性。

上证综合指数系列还包括 A 股指数、B 股指数及工业类指数、商业类指数、地产类指数、公用事业类指数、综合类指数、中型综指、上证流通指数等。

（3）深圳证券交易所的股价指数。

1）成分指数类。

①深证成分股指数。深证成分股指数由深圳证券交易所编制，通过对所有在深圳证券交易所上市的公司进行考察，按一定标准选出 40 家有代表性的上市公司作为成分股，以成分股的可流通股数为权数，采用加权平均法编制而成。成分股指数以 1994 年 7 月 20 日为基日，基日指数为 1000 点，起始计算日为 1995 年 1 月 23 日。深圳证券交易所选取成分股的一般原则是：有一定的上市交易时间；有一定的上市规模，以每家公司一段时期内的平均可流通股市值和平均总市值作为衡量标准；交易活跃，以每家公司一段时期内的总成交金额和换手率作为衡量标准。根据以上标准，再结合下列各项因素评选出成分股：公司股票在一段时间内的平均市盈率，公司的行业代表性及所属行业的发展前景，公司近年来的财务状况、盈利记录、发展前景及管理素质等，公司的地区、板块代表性等。

②深证 100 指数。深圳证券信息有限公司于 2003 年年初发布深证 100 指数。深证 100 指数成分股的选取主要考察 A 股上市公司流通市值和成交金额两项指标，从在深圳证券交易所上市的股票中选取 100 只 A 股作为成分股，以成分股的可流通 A 股数为权数，采用派许综合法编制。根据市场动态跟踪和成分股稳定性原则，深证 100 指数将每半年调整一次成分股。深证 100 指数以 2002 年 12 月 31 日为基准日，基准指数定为 1000 点，从 2003 年 1 月 2 日开始编制和发布。深证 100 指数采用派许加权法编制。

2）综合类指数。深证系列综合指数包括深证综合指数、深证 A 股指数、深证 B 股指数、行业分类指数、中小板综合指数、创业板综合指数、深证新指数、深市基金指数等全样本类指数。

①深证综合指数。以在深圳证券交易所主板、中小板、创业板上市的全部股票为样本股。深证系列综合指数均为派式加权股价指数，即以指数样本股计算日股份数作为权数进行加权逐日连锁计算。深证综合指数以样本股发行总股本为权数进行加权计算，以 1991 年 4 月 3 日为基期，1991 年 4 月 4 日开始发布，基期指数定为 100 点。

②深证 A 股指数。深证 A 股指数以在深圳证券交易所主板、中小板、创业板上市的全部 A 股为样本股，以样本股发行总股本为权数，进行加权逐日连锁计算，深证 A 股指数以 1991 年 4 月 3 日为基日，1992 年 10 月 4 日开始发布，基日指数为 100 点。

③深证 B 股指数。深证 B 股指数以在深圳证券交易所上市的全部 B 股为样本，以样本股发行总股本为权数，进行加权逐日连锁计算。深证 B 股指数以 1992 年 2 月 28 日为基日，1992 年 10 月 6 日开始发布，基日指数为 100 点。

④行业分类指数。以在深圳证券交易所主板、中小板、创业板上市的按行业进行划分的股票为样本。行业分类指数依据《上市公司行业分类指引》中的门类划分，编制 13 个门类指

数；依据制造业门类下的大类划分，编制 9 个大类指数，共有 22 条行业分类指数。行业分类指数以样本股发行总股本为权数，进行加权逐日连锁计算。行业分类指数以 1991 年 4 月 3 日为基日，基日指数为 100 点，2001 年 7 月 2 日开始发布。

⑤中小板综合指数。以在深圳证券交易所中小企业板上市的全部股票为样本。中小企业板指数以可流通股本数为权数，进行加权逐日连锁计算。中小板综合指数以 2005 年 6 月 7 日为基日，基日指数为 1000 点，2005 年 12 月 1 日开始发布。

⑥创业板综合指数。以在深圳证券交易所创业板上市的全部股票为样本。创业板指数以可流通股本数为权数，进行加权逐日连锁计算。创业板综合指数以 2010 年 5 月 31 为基日，基日指数为 1000 点，2010 年 8 月 20 日开始发布。

⑦深证新指数。以在深圳证券交易所主板、中小板、创业板上市的正常交易的且已完成股改的 A 股为样本股。深证新指数以可流通股本数为权数，进行加权逐日连锁计算。深证新指数以 2005 年 12 月 30 日为基日，基点为 1107.23 点，2006 年 2 月 16 日开始发布。

（4）香港和台湾的主要股价指数。

1）恒生指数。恒生指数是由香港恒生银行于 1969 年 11 月 24 日起编制公布、系统反映香港股票市场行情变动最有代表性和影响最大的指数。它挑选了 33 种有代表性的上市股票为成分股，用加权平均法计算。33 种成分股中包括金融业 4 种、公用事业 6 种、地产业 9 种、其他工商业 14 种。这些股票分布在香港主要行业，都是最具代表性和实力雄厚的大公司。它们的市价总值要占香港所有上市股票市价总值的 70%左右。恒生指数的成分股并不固定，自 1969 年以来已作了 10 多次调整，从而使成分股更具有代表性，使恒生指数更能准确反映市场变动状况。

恒生指数最初以股市交易较正常的 1964 年 7 月 31 日为基期，令基值为 100 点，后来因为恒生指数按行业增设了 4 个分类指数，将基期改为 1984 年 1 月 13 日，并将该日收市指数的 975.47 点定为新基期指数。由于恒生指数具有基期选择恰当、成分股代表性强、计算频率高、指数连续性好等特点，因此，一直是反映和衡量香港股市变动趋势的主要指标。

香港恒生指数成分股编制规则沿用了 37 年，于 2006 年 2 月提出改制，首次将 H 股纳入恒生指数成分股。上市标准是以 H 股形式于香港上市的内地企业，公司的股本以全流通形式于香港联交所上市；H 股公司已完成股权分置改革，并无非上市股本；或者新上市的 H 股公司无非上市股本。至 2007 年 3 月，中国建设银行、中国石化、中国银行、工商银行、中国人寿被纳入恒生指数，恒生指数成分股增加至 38 只。除首次将 H 股纳入恒生指数成分股外，恒生指数的编算方法也将出现变动；由总市值加权法改为以流通市值调整计算，并为成分股设定 15%的比重上限。近年来，国企股占港股总市值和成交额的比重不断上升，变动后的恒生指数更能全面反映市况，更具市场代表性。

2）台湾证券交易所发行量加权股价指数。我国台湾证券交易所目前发布的股价指数中，以发行股数加权计算的有 26 种，包括发行量加权股价指数；还有 22 种产业分类股价指数、与英国富时共同编制的台湾 50 指数以及以算术平均法计算的综合股价平均数和工业指数平均数。其中最有代表性的是台湾证券交易所发行量加权股价指数。

（5）海外上市公司指数。2004 年 10 月 18 日，美国芝加哥期权交易所的全资子公司 CBOE 期货交易所（简称 CFE）推出 CBOE 中国指数，并以该指数为标的推出 CBOE 中国指数期货，还计划推出中国指数期权。

CBOE 推出的中国指数主要基于海外上市的中国公司，以在纽约证券交易所、纳斯达克证券市场或美国证券交易所上市的 16 只中国公司股票为样本，按照等值美元加权平均计算而成。

中国指数期货是标准化合约，代号为 CX，交易时间是芝加哥时间 8:30~15:15，交易平台为 CBO Edirect 电子交易平台。合约标准为每点 100 美元，最小变动价位为 0.05 点，合约结算日为到期月的第三个星期五，采用现金结算。

3.2 股票的投资价值分析

对于股票的投资价值分析，实际上就是分析股票的内在价值。对股票内在价值的分析意义在于：通过计算股票的内在价值，可以从理论上判断现行的股票市场价格是否合理。按照趋势理论原理，如果某种股票的内在价值高于目前该股票的市价，则按照价值规律，该股票的市价就会趋于上升，反之，则会趋于下降，从而为我们进行股票投资理财的决策提供依据。

3.2.1 现金流贴现模型

1. 一般公式

现金流贴现模型是运用收入的资本化定价方法来决定普通股票内在价值的方法。按照收入的资本化定价方法，任何资产的内在价值是由拥有资产的投资者在未来时期所接受的现金流决定的。由于现金流是未来时期的预期值，因此必须按照一定的贴现率返还成现值。也就是说，一种资产的内在价值等于预期现金流的贴现值。对股票而言，预期现金流即为预期未来支付的股息。因此，贴现流模型的一般公式如下：

$$V = \frac{D_1}{1+k} + \frac{D_2}{(1+k)^2} + \frac{D_3}{(1+k)^3} + \cdots + \frac{D_\infty}{(1+k)^\infty}$$

$$= \sum_{t=1}^{\infty} \frac{D_t}{(1+k)^t}$$

（3-1）

式中　V ——股票在期初的内在价值；

　　D_t ——时期 t 末以现金形式表示的每股股息；

　　k ——一定风险程度下现金流的适合贴现率，即必要收益率。

在式（3-1）中，假定所有时期内的贴现率都是一样的。需要指出的是，股票期初的内在价值与该股票的投资者在未来时期是否中途转让无关。

根据式（3-1），可以引出净现值的概念。净现值（NPV）等于内在价值（V）与成本（P）之差。即

$$NPV = V - P = \sum_{t=1}^{\infty} \frac{D_t}{(1+k)^t} - P$$

式中　P——在 $t=0$ 时购买股票的成本。

如果 $NPV > 0$，意味着所有预期的现金流入的现值之和大于投资成本，即这种股票价格被低估，因此购买这种股票可行。

如果 $NPV < 0$，意味着所有预期的现金流入的现值之和小于投资成本，即这种股票价格被高估，因此不可购买这种股票。

2. 内部收益率

内部收益率就是指使得投资净现值等于零的贴现率。如果用 k^* 代表内部收益率，根据内部收益率的定义可得下式：

$$NPV = V - P = \sum_{t=1}^{\infty} \frac{D_t}{(1+k^*)^t} - P = 0$$

所以：

$$P = \sum_{t=1}^{\infty} \frac{D_t}{(1+k^*)^t} \tag{3-2}$$

由此可见，内部收益率实际上是使得未来股息流贴现值恰好等于股票市场价格的贴现率。

由式（3-2）可以解出内部收益率 k^*。将 k^* 与具有同等风险水平股票的必要收益率 k 相比较：如果 $k^*>k$，则可以考虑购买这种股票；如果 $k^*<k$，则不要购买这种股票。

运用现金流贴现模型决定普通股票内在价值存在着一个困难，即投资者必须预测所有未来时期支付的股息。由于普通股票没有一个固定的生命周期，因此通常要给无穷多个时期的股息流加上一些假定，以便于计算股票的内在价值。

这些假定始终围绕着股息增长率 g_t。一般假定相邻两个时期的股息 D_{t-1} 和 D_t 之间满足如下关系：

$$D_t = D_{t-1}(1+g_t) \tag{3-3}$$

$$g_t = \frac{D_t - D_{t-1}}{D_{t-1}} \times 100\% \tag{3-4}$$

【例 3-2】　若预期在 $t=3$ 时每股股息是 4 元，在 $t=4$ 时每股股息是 4.2 元，那么有：

$$g_4 = (4.2-4) \div 4 \times 100\% = 5\%$$

不同股息增长率的假定派生出不同类型的贴现现金流模型。

3.2.2　零增长模型

1. 公式

零增长模型假定股息增长率等于零，即 $g=0$。也就是说，未来的股息按一个固定数量支付。根据这个假定，我们用 D_0 来替换 D_t，得

$$V = \sum_{t=1}^{\infty} \frac{D_0}{(1+k)^t} = D_0 \sum_{t=1}^{\infty} \frac{1}{(1+k)^t} \tag{3-5}$$

因为 $k>0$，按照数学中无穷级数的性质，可知：

$$\sum_{t=1}^{\infty} \frac{1}{(1+k)^t} = \frac{1}{k}$$

因此，零增长模型公式为

$$V = \frac{D_0}{k} \tag{3-6}$$

式中　V ——股票的内在价值；

　　　D_0 ——未来每期支付的每股股息；

　　　k ——到期收益率。

【例 3-3】　假定某公司在未来每期支付的每股股息为 8 元，必要收益率为 10%，运用零

增长模型，可知该公司股票的价值为 80 元；而当时股票价格为 65 元，每股股票净现值为 15 元。这说明该股股票被低估 15 元，因此可以购买该种股票。

2. 内部收益率

零增长模型也可用于计算投资于零增长证券的内部收益率。用证券的当前价格 P 代替 V，用 k^* 替换 k，零增长模型可变形为

$$P = \sum_{t=1}^{\infty} \frac{D_0}{(1+k^*)^t} = \frac{D_0}{k^*}$$ （3-7）

进行转换，可得

$$k^* = \frac{D_0}{P} \times 100\%$$ （3-8）

利用这一公式计算［例 3-3］中公司股票的内部收益率，其结果是

$$k^* = 8 \div 65 \times 100\% = 12.31\%$$

由于该股票的内部收益率大于其必要收益率 10%，表明该公司股票价格被低估了。

3. 应用

零增长模型的应用似乎受到相当的限制，毕竟假定对某一种股票永远支付固定的股息是不合理的，但在特定的情况下，对于决定普通股票的价值仍然是有用的。在决定优先股的内在价值时这种模型相当有用，因为大多数优先股支付的股息是固定的。

3.2.3 不变增长模型

1. 公式

不变增长模型可以分为两种形式：一种是股息按照不变的增长率增长；另一种是股息以固定不变的绝对值增长。相比之下，前者比后者更为常见。因此，我们主要对股息按照不变增长率增长这种情况进行介绍。

如果我们假设股息永远按不变的增长率增长，就可以建立不变增长模型。假设时期 t 的股息为

$$D_t = D_{t-1}(1+g) = D_0(1+g)^t$$

将 $D_t = D_0(1+g)^t$ 代入现金流贴现模型式（3-1）中，可得

$$V = \sum_{t=1}^{\infty} \frac{D_0(1+g)^t}{(1+k)^t} = D_0 \sum_{t=1}^{\infty} \frac{(1+g)^t}{(1+k)^t}$$

运用数学中无穷级数的性质，如果 $k > g$，可得

$$\sum_{t=1}^{\infty} \frac{(1+g)^t}{(1+k)^t} = \frac{1+g}{k-g}$$

从而得出不变增长模型：

$$V = D_0 \frac{1+g}{k-g}$$ （3-9）

【例 3-4】 2012 年某公司支付每股股息为 1.80 元，预计在未来日子里该公司股票的股息按每年 5% 的速率增长。因此，预期下一年股息为 1.89 元。假定必要收益率为 11%，根据不变增长模型可知，该公司股票的价值为

$$1.80 \times (1+5\%) \div (11\%-5\%) = 31.50（元）$$

当前每股股票价格是 40 元，因此股票被高估 8.50 元，投资者应该出售该股票。

2. 内部收益率

利用不变增长模型同样可以用于求股票的内部收益率。首先，用股票的市场价格 P 代替 V；其次，用 k^* 替换 k，其结果是

$$P = D_0 \frac{1+g}{k^* - g}$$

经过变换，可得

$$k^* = \left(D_0 \frac{1+g}{P} + g \right) \times 100\% = \left(\frac{D_1}{P} + g \right) \times 100\%$$

用上述公式来计算例 3-4 公司股票的内部收益率，可得

$$k^* = \left[1.80 \times (1+0.05) \div 40 + 0.05 \right] \times 100\% = 9.73\%$$

由于该公司股票的内在收益率小于其必要收益率 11%，显示出该公司股票价格被高估。

3. 应用

零增长模型实际上是不变增长模型的一个特例。假定增长率 g 等于零，股息将永远按固定数量支付，这时不变增长模型就是零增长模型。

从这两种模型来看，虽然不变增长的假设比零增长的假设有较小的应用限制，但是在许多情况下仍然被认为是不现实的。但由于不变增长模型是多元增长模型的基础，因此这种模型是极为重要的。

3.2.4 可变增长模型

零增长模型和不变增长模型都对股息的增长率进行了一定的假设。事实上，股息的增长率是变化不定的，因此，零增长模型和不变增长模型并不能很好地在现实中对股票的价值进行评估。下面，我们主要对可变增长模型中的二元增长模型进行介绍。

1. 公式

二元增长模型假定在时间 L 以前，股息以一个不变的增长速度 g_1 增长；在时间 L 以后，股息以另一个不变的增长速度 g_2 增长。在此假定下，我们可建立二元可变增长模型：

$$\begin{aligned} V &= \sum_{t=1}^{L} D_0 \frac{(1+g_1)^t}{(1+k)^t} + \sum_{t=L+1}^{\infty} D_L \frac{(1+g_2)^{t-L}}{(1+k)^t} \\ &= \sum_{t=1}^{L} D_0 \frac{(1+g_1)^t}{(1+k)^t} + \frac{1}{(1+k)^L} \times \sum_{t=L+1}^{\infty} D_L \frac{(1+g_2)^{t-L}}{(1+k)^{t-L}} \quad (3\text{-}10) \\ &= \sum_{t=1}^{L} D_0 \frac{(1+g_1)^t}{(1+k)^t} + \frac{1}{(1+k)^L} \times \frac{D_{L+1}}{(k-g_2)} \end{aligned}$$

【例 3-5】 A 公司目前股息为每股 0.20 元，预期回报率为 16%，未来 5 年中超常态增长率为 20%，随后的增长率为 10%，代入公式（3-10）得

$$\begin{aligned} V &= \sum_{t=1}^{L} D_0 \frac{(1+g_1)^t}{(1+k)^t} + \frac{1}{(1+k)^L} \times \frac{D_{L+1}}{(k-g_2)} \\ &= \sum_{t=1}^{5} 0.20 \frac{(1+0.20)^t}{(1+0.16)^t} + \frac{1}{(1+0.16)^5} \times \frac{D_{L+1}}{(0.16-0.10)} \\ &= 1.11 + 4.34 \\ &= 5.45 \text{（元）} \end{aligned}$$

因此，A 公司股票的理论价值为 5.45 元。当市场价格高于 5.45 元时，投资者应该出售该股票；反之，若市场价格低于 5.45 元，则投资者应该买进该股票。

2. 内部收益率

在可变增长模型中，用股票的市场价格 P 代替 V，用 k^* 替换 k，同样可以计算出内部收益率 k^*。不过，由于可变增长模型相对较为复杂，不容易直接得出内部收益率，因此，主要采用试错法来计算 k^*。试错法的主要思路是，首先估计一个收益率水平 k_1^*，将其代入可变增长模型中。如果计算出在此收益率水平下股票的理论价值高于股票的市场价格，则认为估计的收益率水平低于实际的内部收益率 k^*。同理，如果计算出在此收益率水平下股票的理论价值低于股票的市场价格，则认为估计的收益率水平高于实际的内部收益率 k^*。这样，通过反复试错，所估计的收益率水平将逐步逼近实际的内部收益率水平。

3. 应用

从本质上来说，零增长模型和不变增长模型都可以看成是可变增长模型的特例。例如，在二元增长模型中，当两个阶段的股息增长率都为零时，二元增长模型就是零增长模型；当两个阶段的股息增长率相等且不为零时，二元增长模型就是不变增长模型。相对于零增长模型和不变增长模型而言，二元增长模型较为接近实际情况。然而，对于股票的增长形态，我们可以给予更细的分析，以更贴近实际情况。与二元增长模型相类似，我们还可以建立三元等多元增长模型，其原理、方法和应用方式与二元增长模型差不多，投资者可以根据自己的实际需要加以考虑。

3.3 股票投资的策略与技巧

3.3.1 股票投资的关键在于选股

世界上没有十分准确的预言。曾经有这样一个故事，一个学生问一位正在讲授股票价格分析方法的教授："老师，请您告诉我，购买哪只股票能够赚到钱呢？"教授笑着回答说："如果我能准确知道哪只股票赚钱，哪只股票赔钱，我早就到华尔街去了。"这个故事告诉我们，世界上没有哪个预言可以预测得十分准确。但是，对于股票投资者来讲，买进和卖出一定品种、一定数量的股票又是必须做出的抉择。因而，广大投资者在面对交易市场上令人眼花缭乱的众多股票，到底买哪种或哪几种好呢？这涉及的问题很多，其实股票投资的关键就在于解决买什么股票、如何买的问题。

相关链接 3-2

股神巴菲特以 100 美元起家，通过投资而成为拥有数百亿美元财富的世界级大富豪。纵观巴菲特 40 多年的股坛生涯，其选股共有 22 只，投资 61 亿美元，赢利 318 亿美元，平均每只股票的投资收益率高达 5.2 倍以上，创造了有史以来最为惊人的股坛神话。其实，巴菲特发迹的秘密就在于：选择好股票，然后长期拥有。

由此可以看出，从某种意义上说，股票投资的关键就在选择股票上，在于会挑选好企业的股票。如果我们想选择可以盈利的股票，首先要学会选择有盈利的上市公司，然后持有其股票。巴菲特曾说过，优秀企业的标准：业务清晰易懂，业绩持续优异，由能力非凡且为股东着想的管理层来经营的大公司。

1. 关注企业管理者的素质

企业的竞争其实就是人才的竞争，企业的发展，管理水平十分重要，特别是在企业迅速发展的时期，企业规模的急剧扩张，需要有高素质的管理者和良好的管理制度来规范企业的发展。管理者素质不高，企业管理水平跟不上企业发展的需要时，企业经营很容易偏离发展的轨道而陷入泥潭。

同样条件下，同样的企业，有一个优秀管理团队的企业可以使企业发展更快，利润增长更多。优秀的管理者和管理团队不仅可以让企业眼前发展迅速，也会创造企业文化，提高企业的竞争力，并且从战略高度为企业未来发展指引方向。我们买股票，就是买上市公司的未来。一个优秀的管理团队势必带出一个高成长性的上市公司。投资者可以从网络、报纸和一些财经周刊上了解上市公司的管理者的情况，或者从电视等媒体收看企业老总访谈。从对他们的访谈中了解这个企业的经营、领导者的素质。有可能的话最好实地考察这个企业的人事制度、决策机构。

2. 关注企业产品周期和新产品情况

了解一个企业的产品销售情况、研发支出和投入的比例，和同行业比较销售情况、新产品的开发程度和核心竞争力、日后产品的价格、这个产品的市场垄断程度等。此外，还要关注行业的生存前景。因为一项新的技术发明所推出的新产品可能成为现有产品的替代品，淘汰现有产品，进而使生产这类产品的行业或企业的生存受到威胁。例如，当市场引入 CD 机后，这一新的产品会使愈来愈多的人放弃使用录音机，而使录音机行业逐步萎缩。又例如，无限通信技术的快速发展和移动电话的普及，使传呼机生产和经营及无线传呼行业日益萎缩。

技术因素的另一面就是它能增强某一行业的竞争力和扩展发展空间。例如生物技术领域的一些成果在农作物育种方面的应用，可以直接提高农作物的产量和加工的增值幅度，进而提高整个农业的产出效率。民用航空技术就可促进（旅客）运输业的繁荣，进而带动旅游业收入的增加。

3. 关注企业的财务报表分析

企业的财务报表是我们得到上市公司信息的主要来源，很多股票投资者喜欢听一些小道消息，或者专家推荐的股票，而不去自己研究上市公司。上市公司的财务报表是公司的财务状况、经营业绩和发展趋势的综合反映，是投资者了解公司、决定投资行为的最全面、最可靠的第一手资料。

一个股份公司一旦成为上市公司，就必须遵守财务公开的原则，即定期公开自己的财务状况，提供有关财务资料，便于投资者查询。企业的财务报表主要包括：资产负债表、利润表、现金流量表、各种附表及附注说明。财务报表的各个组成部分是相互联系的，他们从不同的角度说明企业的财务状况、经营成果和现金流量情况。资产负债表主要反映企业的财务状况，利润表主要提供企业的经营成果，即盈利或亏损情况，而现金流量表则反映企业现金及现金等价物的来源、运用以及增减变动的原因等。

上市公司每年有四次业绩报告，分别包括季报、半年报、年报，其中年报由于概括了公司全年的经营情况，因此尤为重要。以下简单介绍一下年报的阅读方法。

（1）上市公司年报的基本信息。

上市公司年报主要包括九大块内容：

1）重要提示，包括董事会和董事的声明，如果有董事对年报内容的真实性、准确性、完整性存在异议，他必须另行做出声明；会计师事务所的审计意见，如果会计师事务所对公司财务报告出具了解释性说明、保留意见、拒绝表示意见或否定意见的审计报告，则投资者应引起警觉。

2）上市公司基本情况简介，公司股票代码、注册地址、联络方式等。

3）会计数据和财务指标摘要，这些数据主要代表了公司的总体经营状况，包括：主营业务收入、净利润、总资产、股东权益、每股收益、每股净资产、调整后的每股净资产、每股经营活动产生的现金流量净额、净资产收益率等。投资者可以对这些数据进行分析，以较快地判断出公司的基本情况。

4）公司治理结构、股本变动及股东情况，这部分信息主要表明公司的股东大会、董事会、监事会、经营管理机构及相互之间的运作是否规范，公司是否具有独立完整的业务及自主经营能力，是否充分考虑了中小股东的利益。

5）股本及股东特别是大股东的变动以及前 10 名股东之间的关联关系。

6）董事会报告，其主要内容包括公司报告期内的经营情况，主要控股公司及参股公司的经营情况及业绩，主要供应商和客户情况，经营中的问题与困难及解决方案，盈利预测与利润实现数差异的原因，公司的对外投资情况，公司的财务状况和经营成果以及新年度的经营计划，本次利润分配预案等。

7）监事会报告，投资者可以看到监事会是否履行了各项职权和义务，是否充分行使了对公司董事及高级管理人员的监督职能，是否维护了股东的合法权益等信息。

8）重要事项，这是十分重要的信息，包括公司的重大诉讼、仲裁事项；报告期内收购及出售资产、吸收合并事项、重大关联交易事项、公司重大合同及其履行情况、受中国证监会稽查、行政处罚、通报批评，证券交易所公开谴责的情形。

9）财务报告，主要是《资产负债表》《利润及利润分配表》、《现金流量表》以及会计报表附注。它提供给投资者的是公司一个会计年度的财务数据以及对重要数据的说明和计算依据等。

（2）解读公司财务状况的常用手段。

对公司财务状况的解读是上市公司年报分析的一个重要方面。在解读公司财务状况时可以用以下方法：

1）比较法，这是报表分析最基本、最普遍使用的方法。它可用于本公司历史数据的比较，找出变动趋势；它也可用于与本行业的其他上市公司进行比较，看公司在本行业的竞争力；它还可用于与本行业的总体指标比较，看公司在本行业中的地位，如将企业的销售收入与行业的总销售额比较，可以看出企业占有多大的市场份额。

2）比率法，通过对财务报表中的大量数据可以计算出很多有意义的比率，对这些比率进行分析可以了解企业经营管理各方面的情况。

3）因素分析法，又称连环替代法，它用来计算几个相互联系的因素对综合财务指标影响的程度。通过这种计算，可以衡量各因素项目对综合指标影响程度的大小。如净资产收益率，它可分解成销售净利率、资产周转率与权益乘数的乘积；通过两年的分解后数据对比可以找出影响企业净资产收益率增减变化的主要因素，通过对这一因素的持续性进一步分析，还可以预测企业下一年度的盈利状况。

（3）财务信息质量的判断。

财务信息质量直接影响到投资者对年报中反映出的财务状况的可信程度，年报中反映财务信息质量的内容主要在审计报告与会计报表附注中体现。

审计报告是注册会计师经过审计后对上市公司披露的财务信息质量起鉴证作用的一种书面报告。按审计意见的类型分，审计报告可分为无保留意见的审计报告、保留意见的审计报告、否定意见的审计报告和无法发表意见的审计报告。出具无保留意见的审计报告表示上市公司披露的财务报告在所有重大方面都遵循了会计准则，财务信息是基本可信的；出具保留意见的审计报告表明公司披露的财务信息整体上公允地反映了公司的财务状况，但还有一些重大的方面不尽人意。在这种情况下，注册会计师会在审计报告中通常以"除××的影响外"的字句加以说明，以示保留意见；出具否定意见或无法发表意见的审计报告时，表明上市公司提供的财务报告基本不可信，投资者如果仅以财务报表来分析上市公司的状况将存在很大的风险。

反映财务信息质量的另一个重要内容是会计报表的附注。首先是会计政策的选用，上市公司可以在遵循国家会计制度与会计准则条件下选择具体的会计政策。不同的会计政策下反映出的财务信息质量是不一样的，如在上年有一定通胀的情况下，上市公司对存货采用后进先出法比采用先进先出法核算出的盈利质量要高；其次是会计估计的变更（如坏账准备计提比率、固定资产折旧年限等），一般采用未来适用法，直接调整当期报表。如果不看会计报表附注可能不会发现这种变化对报表的影响。例如，某公司的会计附注说明："本次因会计估计变更影响本期利润增加 389 793 元，该影响数不采用追溯调整法。"这导致了公司的利润突增。在进行年度间趋势分析时需要考虑这方面的因素。另外，投资者还需关注会计报表附注中披露的或有事项。或有事项是企业在过去的交易中形成的，可能对企业未来产生有利或不利的不确定事项。在或有事项不满足确认条件下通常不反映在财务报表中，投资者也需要通过看会计报表附注来了解相关的信息。

（4）虚假年报的识别。

投资者通过解读年报做出投资决策的前提是假设年报信息都真实可靠，能反映公司的财务状况与经营成果。但遗憾的是无论在国内还是国外，这个前提假设有时值得怀疑。美国的安然事件、世通丑闻，中国的蓝田股份、银广夏、东方电子等造假事件无不让投资者感到触目惊心。如何才能识别虚假年报呢？

1）观测公司的营业利润及经营活动产生的现金流量。在利润表上作假比在现金流量表上作假要容易得多，前者通过虚开发票，虚构交易很容易完成。如果公司上下合谋，从原材料的购进到产品的销售出库各个环节单证手续齐全，即使注册会计师也很难审计出来；但现金流量表就不一样了，如果想虚增现金流量，一方面需要有外部资金进账，另一方面还需银行方面提供齐备的交易记录，但这两点通常是很难办到的。因此投资者可结合利润表中的营业利润与现金流量表中经营活动产生的净现金流来判断公司年报是否存在作假嫌疑。在分析时投资者可构造比率，用营业利润除以经营活动产生的现金流量，然后做趋势分析，如果比率在不断加大，则基本可以判断公司可能存在问题。这个比率也可以同行业比较，如果与行业平均水平相比相差太大，投资者也应引起警觉。

2）观测是否存在销售收入与营业利润大幅上升，同时存货大幅上升、存货周转率下降的现象。如果存在这种现象则有虚构销售或少结转成本的可能。

3）观测主营业务税金及附加与销售收入的关系。通常主营业务税金及附加与销售收入存在一个比较固定的比率关系，而且在同行业中这个比率也比较接近，如果这个比率波动太大或偏离行业水平太远，则公司的销售收入可能有问题。

4）结合公司的投资项目分析对外负债与财务费用的关系。资产负债率高的企业的利息支出通常比较高，但专门为建造固定资产而借入的资金发生的利息支出在满足一定条件下可以资本化，计入固定资产价值。如果公司对外负债很高，但财务费用少，在建工程（在会计报表附注中显示）金额也不多，则可能存在通过滥用利息资本化操纵利润的嫌疑。

5）关注无形资产。我国会计准则对无形资产的确认比较严格，自行开发取得的无形资产，只将取得时发生的费用确认为无形资产的价值，对于开发过程中的材料费、人工费等直接计入当期损益。因此，如果年报显示的自行开发的无形资产增加过多，则可能存在费用资本化的嫌疑。

另外如果公司的业绩与行业水平偏离太大，资产重组和关联交易频繁，会计政策与会计估计经常变动，经常出现会计差错更正，投资收益、营业外支出等波动较大等，投资者对其年报的真实性需提高警惕。上述方法可以用来识别可能造假的年报，但不是所有造假的年报都可以用这些方法来识别，因为会计造假的方法和高明的手段很多，不是穷尽，也无法穷尽。真正要杜绝或减少虚假会计报表只能靠制度建设，社会诚信等大环境的改善。

3.3.2　掌握股票买入的最佳时机

股市是高风险高收益的投资场所，可以说股市中风险无处不在，无时不有，而且也没有任何方法可以使这种风险完全避免。当然，作为投资者买股票主要是买未来，希望买到的股票未来会涨。投资股票有几个重要因素——价、量、时、空，时就是介入的时间，这是非常重要的。介入时间选得好，就算股票选得差一些，也会有赚，相反介入时机不好，即便选对了股票也不会涨，而且还会被套牢。所谓好的开始就是成功的一半，选择"买卖"点非常重要，在好的买进点介入，不仅不会套牢，而且可坐享被抬轿之乐。而如果在错误的时机买入股票，一定会惨遭损失。那么，投资者该如何把握股票的买入点呢？具体来说，可以根据以下几方面来确定股票的最佳买入点：

1. 根据消息面判断短线买入时机

当大市处于上升趋势初期出现利好消息，应及早介入；当大市处于上升趋势中期出现利好消息，应逢低买入；当大市处于上升趋势末期出现利好消息，就逢高出货；当大市处于跌势中期出现利好消息，短线可少量介入抢反弹。

2. 根据基本面判断买入时机

股市是国民经济的"晴雨表"。在国民经济持续增长的大好环境作用下，股市长期向好，大盘有决定性的反转行情，坚决择股介入。

长期投资一只个股，要看它的基本面情况，根据基本面，业绩属于持续稳定增长的态势，那完全可以大胆介入；如果个股有突发实质性的重大利好，也可择机介入。

3. 根据行业政策判断买入时机

根据国家对某行业的政策，以及行业特点、行业公司等情况，买入看好的上市公司，比如国家重点扶持的农业领域，在政策的影响下，农业类的具有代表性的上市公司就是买入的群体。

4. 根据趋势线判断短线买入时机

中期上升趋势中，股价回调不破上升趋势线又止跌回升时是买入时机；股价向上突破下降趋势线后回调至该趋势线上是买入时机；股价向上突破上升通道的上轨线是买入时机；股价向上突破水平趋势线时是买入时机。

5. 根据成交量判断短线买入时机

1）股价上升且成交量稳步放大时。底部量增，价格稳步盘升，主力吸足筹码后，配合大势稍加拉抬，投资者即会加入追涨行列，放量突破后既是一段飙涨期，所以第一批巨量长红宜大胆买进，可有收获。

2）缩量整理时。久跌后价稳量缩。在空头市场，媒体上都非常看坏后市，但一旦价格企稳，量也缩小时，可买入。

6. 根据 K 线形态确定买入时机

1）底部明显突破时为买入时机。比如：W 底、头肩底等，在股价突破颈线点为买点；在相对高位的时候，无论什么形态，也要小心为妙；另外，当确定为弧形底，形成 10% 的突破，为大胆买入时机。

2）低价区小十字星连续出现时。底部连续出现小十字星，表示股价已经止跌企稳，有主力介入痕迹，若有较长的下影线更好，说明多头位居有利地位，是买入的较好时机。重要的是：价格波动要趋于收敛，形态必须面临向上突破。

7. 根据移动平均线判断买入时机

1）上升趋势中股价回档不破 10 日均线是短线买入时机。上升趋势中，股价回档至 10 日均线附近时成交量明显萎缩，而再度上涨时成交量应放大，这样后市上涨的空间才会更大。

2）股价有效突破 60 日均线时是中线买入时机。当估计突破 60 日均线前，该股下跌的幅度越大、时间越长越好，一旦突破之后其反转的可能性也将越大。

当股价突破 60 日均线后，需满足其均线拐头上行的条件才可买入。若该股突破均线后其 60 日均线未能拐头上行，而是继续走下行趋势时，则表明此次突破只是反弹行情，投资者不宜买入。如果换手率高，30 日均线就是股价中期强弱的分界线。

8. 根据周线与日线的共振、二次金叉等几个现象寻找买点

1）周线与日线共振。周线反映的是股价的中期趋势，而日线反映的是股价的日常波动，若周线指标与日线指标同时发出买入信号，信号的可靠性便会大增。如周线 KDJ 与日线 KDJ 共振，常是一个较佳的买点。日线 KDJ 是一个敏感指标，变化快，随机性强，经常发生虚假的买、卖信号，使投资者无所适从。运用周线 KDJ 与日线 KDJ 共同金叉（从而出现"共振"），就可以过滤掉虚假的买入信号，找到高质量的买入信号。不过，在实际操作时往往会碰到这样的问题：由于日线 KDJ 的变化速度比周线 KDJ 快，当周线 KDJ 金叉时，日线 KDJ 已提前几天金叉，股价也上升了一段，买入成本已抬高。为此，激进型的投资者可在周线 K、J 两线勾头、将要形成金叉时提前买入，以求降低成本。

2）周线二次金叉。当股价经历了一段下跌后反弹起来突破 30 周线位时，我们称为"周线一次金叉"。不过，此时往往只是庄家在建仓而已，我们不应参与，而应保持观望。当股价再次突破 30 周线时，我们称为"周线二次金叉"，这意味着庄家洗盘结束，即将进入拉升期，后市将有较大的升幅。此时可密切注意该股的动向，一旦其日线系统发出买入信号，即可大胆跟进。

3.3.3 把握股票的卖出时机

买股票虽然不容易，但卖股票同样也是一门大学问。一个成功的投资者在懂得买股票的

基础上，也要懂得在最适当的时机卖出股票。一般，投资者的目的如果是既定的利润率，在市场给予的利润率达到一定的程度，而这个利润率在短期内进一步上升的可能性较小时，就是投资者卖出股票的时机。

1. 大盘行情形成大头部时，坚决清仓全部卖出

上证指数和深综合指数大幅上扬后，形成中期大头部时，是卖出股票的关键时刻。不少市场评论认为抛开指数炒个股，这种提法不科学。只关注个股走势是只见树木不见森林。根据历史统计数据显示：大盘形成大头部下跌，竟有 90%～95%以上的个股形成大头部下跌。大盘形成大底部时，有 80%～90%以上的个股形成大底部。大盘与个股的联动性相当强，少数个股在主力介入操控下逆势上扬，这仅仅是少数、个别现象。因此，大盘一旦形成大头部区，是果断分批卖出股票的关键时刻。

2. 大幅上升后，成交量大幅放大，是卖出股票的时候

当股价大幅上升之后，持股者普遍获利，一旦某天该股票大幅上扬过程中出现卖单很大、很多，特别是主动性抛盘很大，反映主力、大户纷纷抛售，这是卖出的强烈信号。尽管此时买入的投资者仍然很多，买盘很踊跃，迷惑了不少看盘经验差的投资者，有时甚至做出换庄的误判，其实主力是把筹码集中抛出，没有大主力愿在高价区来收集筹码，来实现少数投资者期盼的"换庄"目的。

成交量创下近数个月甚至数年的最大值，是主力卖出的有力信号，是投资者卖出的关键，没有主力拉抬的股票难以上扬，仅靠广大中小散户是很难推高股价的。上扬末期成交量创下天量，90%以上形成大头部区。

3. 股价大幅上扬后，除权日前后是卖股票的关键时机

上市公司年终或中期实施送配方案，股价大幅上扬后，股权登记日前后或除权日前后，往往形成冲高出货的行情，一旦该日抛售股票连续出现十几万股的市况，应果断卖出，反映主力出货，不宜久持该股。

4. 上升较大空间后，日 K 线出现十字星或长上影线的倒锤形阳线或阴线时，是卖出股票的时候

上升一段时间后，日 K 线出现十字星，反映买方与卖方力量相当，局面将由买方市场转为卖方市场，高位出现十字星犹如开车遇到十字路口的红灯，反映市场将发生转折。股价大幅上升后，出现带长上影线的倒锤形阴线，反映当日抛售者多，若当日成交量很大，更是见顶信号。许多个股形成高位十字星或倒锥形长上影阴线时，80%～90%的机会形成大头部，应果断卖出股票。

5. 该股票周 K 线上 6 周 RSI 值进入 80 以上时，应逢高分批卖出

买入某只股票，若该股票周 K 线 6 周 RSI 进入 80 以上时，几乎 90%构成大头部区，可逢高分批卖出，规避下跌的风险。

当然，在这里需要提醒投资者注意的是，以上所提及的每种方法都有一定程度的不完善之处，因此在使用时不可过于机械。此外，投资者需要特别注意的是期望在最高点卖出只是一种奢望，唯有保持平和的心态，见好就收才是正确的股票投资方法。

相关链接 3-3：何谓"羊群心理"？

在股票交易市场中，很多投资者存在一种盲目跟风心理，被人们称之为"羊群心理"。这

种心理往往存在于中小散户投资者身上。他们最大的心理特点是求利心切，怕吃亏。这种心理状态易被一些大机构利用，从而引起股价波动。

3.3.4 投资股票要善于舍弃

在股市里，几乎所有人都遭受过套牢之苦，哪怕当时有一万个理由支持你去买某只股票，但常常被市场中不是理由的理由使你美梦落空。处于股市的复杂环境下，一旦套牢，大多数人采取守仓之策，虽然守住不动总有解套之时，但若一年两年五年都解不了套，资金的快速流动和增值就是一句空话。不少投资者在精研各种技术图形，了解上市公司基本面后，投资成绩仍不理想，其原因很多，其中之一就是不会在恰当的时机舍弃，心中之结总也解不开。

股票投资成败往往系于取舍之间，不少投资者看似素质很高，但他们因为难以舍弃眼前的蝇头小利，而忽视了更加长远的目标。股市成功者往往只是一年抓住一两次被别的股民忽视的机遇，而机遇的获取，关键在于投资者是否能够在投资道路上进行果断的取舍。因而进入股票市场后，大多数投资者资金都不会闲置，很多投资者不是在这只股票上就是被套在另一只股票上。可见，学会化解心中之结，学会舍弃，有时比学会技术分析更重要。

相关链接 3-4

古希腊的佛里几亚国王葛第士以非常奇妙的方法，在战车的轭上打了一串结。他预言：谁能打开这个结，就可征服亚洲。一直到公元前 334 年，仍没有一个人能够成功地将绳结打开。这时，亚历山大率军入侵小亚细亚，他来到葛第士绳结前，不加考虑，便拔剑砍断了绳结。后来，他果然一举占领了比希腊大 50 倍的波斯帝国。亚历山大果断地剑砍绳结，说明他舍弃了传统的思维方式，在某个特定时期，你只有敢于舍弃，才有机会获取更长远的利益，即使难以遭受挫折，你也要选择最佳的失败方式。

3.3.5 规避股票投资风险的六大策略

因股票价格的变幻规律难以掌握，股票的风险就较难控制。为了规避风险，使股票投资的收益尽可能最大化，前人总结了一些股票投资的基本策略，本书将选其中六种加以介绍。

1. 固定投入法

"固定投入法"是一种摊低股票购买成本的投资方法。采用这种方法时，其关键是投资者不要理会股票价格的波动，在一定时期固定投入相同数量的资金，经过一段时间后，高价股与低价股就会互相搭配，使股票的购买成本维持在市场的平均水平。

例如，某投资者每个季度固定用 1 万元购买某种股票，一年后他所购买的股票情况见表 3-6：

表 3-6

季度	投资额（万元）	每股价格（元）	购买的数量
1	1	40	250
2	1	55	180
3	1	50	200
4	1	44	220

该股票在一年中的平均价格为 47.25 元，4 万元资金能买股票 840 股。由于采用"固定投入法"，使股票的平均成本降为 47.06 元，共买入股票 850 股，如果他用一年的总投资额 4 万元都在股票价格最高的二季度时买进股票，那就只能买到 730 股，自然比"固定投入法"的买入数量要少。如果他在股票价格最低的一季度时投入全部资金 4 万元购买股票，那能买到 1000 股，则要比"固定投入法"买入数量多。

"固定投入法"是一种比较稳健的投资方法，它对一些不愿冒太大风险，尤其一些初次涉入股票市场、不具备股票买卖经验的投资者比较适合。采用"固定投入法"，能使之较有效地避免由于股市行情不稳可能给他带来的较大风险，不至于损失过大；但如果有所收获的话，其收益也不会太高，一般只是平均水平。

2. 固定比例法

"固定比例法"是指投资者采用固定比例的投资组合，以减少股票投资风险的一种投资策略。这里的投资组合一般分为两个部分：一部分是保护性的，主要由价格不易波动、收益较为稳定的债券等构成；另一部分是风险性的，主要由价格变动频繁、收益变动较大的股票构成。两部分的比例是事先确定的，并且一经确定，就不再变动，采用固定的比例。但在确定比例之前，可以根据投资者的目标，变动每一部分在投资总额中的比例。如果投资者的目标偏重于价值增长，那么投资组合中风险性部分的比例就可大些。如果投资者的目标偏重于价值保值，那么投资组合中保护性部分的比例可大些。

例如，某投资者有现款 1 万元，按照"固定比例法"进行投资。首先他要根据自己的投资目标，为投资组合确定一个比例。假如该比例为保护性部分和风险性部分各占 50%。于是，他就得把其中的 5000 元投资股票，另外 5000 元投资债券，各占 50%。在其后，根据股票市值的变化，对投资组合进行修正，使两者之间始终保持既定的比例。假如股票价格上涨，使他购买的股票市值从 5000 元上升到 6000 元，那么，在投资组合中风险性部分就要大于保护性部分，破坏了原先各占 50% 的既定比例。这时就要进行修正，将升值的 1000 元按 50% 的比例进行分配，即卖出 500 元股票，再投资于债券，促使两部分的比例重新恢复到各占 50% 的水平。

"固定比例法"是建立在投资者既定目标的基础上的。如果投资者的目标发生变化，那么投资组合的比例也要相应变化。例如，投资者的价值增长的欲望加大，投资组合中的风险性部分的比例就要加大；反之，风险性部分的比例就要缩小。

3. 可变比例法

"可变比例法"是指投资者采用的投资组合的比例随股票价格涨跌而变化的一种投资策略。它的基础是一条股票的预期价格走势线。投资者可根据股票价格在预期价格走势上的变化，确定股票的买卖，从而使投资组合的比例发生变化。当股票价格高于预期价格，就卖出股票买进债券；反之，则买入股票并相应卖出债券。一般来讲，股票预期价格走势看涨时，投资组合中的风险性部分比例增大；股票预期价格走势看跌时，投资组合中的保护性部分比例增大。但无论哪一种情况，两部分的比例都是不断变化的。

例如，某投资者的现款 1 万元，按照"可变比例法"进行投资。最初股票与债券各占 50% 的比例，即 5000 元投资于股票，购入某种每股 50 元的股票 100 股，5000 元投资于债券。假如股票预期价格走势线是看涨的，并且预期每股每月上涨 5 元。投资者根据股票价格与预期价格的差额买入或卖出股票，并相应买卖债券。那么，当股票价格与预期价格一致时（即每月上涨 5 元），投资组合中的风险性部分的比例在第二个月就会从 50%上升到 52.4%，在第三个月从 52.4%升到 54.5%，当股票价格低于预期价格或高于预期价格时，则可以根据实际差价的分配百分比买入或卖出股票，从而也会使投资组合中的风险性部分的比例逐月加大。比如股票价格上涨到每股 61 元，较预期价格每股 55 元高出 6 元，这 6 元就是股票价格与预期价格之间的实际差价。如果实际差价的分配百分比仍然为各占 50%，那么投资者就要在每股股票中抽出 3 元，将总价值为 300 元的股票抛出，并买入同额债券，这样他的投资组合是股票 5800 元，债券 5300 元，风险性部分占 52.25%，保护性部分占 47.75%。这里实际差价的分配百分比可以根据投资者的需要和具体情况而确定。例如股票的预期价格走势线是看跌的，那么情况刚好相反，投资组合中的风险部分的比例会逐步减少。

因此，在使用"可变比例法"时预期价格走势至关重要。它的走势方向和走势幅度直接决定了投资组合中两部分的比例，以及比例的变动幅度。

4. 分段买高法

"分段买高法"是指投资者随着某种股票价格的上涨，分段逐步买进某种股票的投资策略。股票价格的波动很快，并且幅度较大，其预测是非常困难的，如果投资者用全部资金一次性买进某种股票，当股票价格确实上涨时，他能赚取较大的价差；但若预测失误，股票价格不涨反跌，他就要蒙受较大的损失。

由于股票市场风险较大，投资者不宜将所有的资金一次投入，而要根据股票的实际成长情况，将资金分段逐步投入市场。这样一旦预测失误，股票价格出现下跌，他可以立即停止投入，以减少风险。

例如，某投资者估计某种在 50 元价位的股票会上涨。但又不敢贸然跟进，怕万一预测失误而造成损失。因而不愿将 10 万元现款一次全部购进该种股票，就采用"分段买高法"投资策略。先用 25 000 元买进 500 股，等价格上涨为 55 元时再买进第二批；再上涨到每股 60 元时，买进第三批。

在这个过程中，一旦股票价格出现下跌，他一方面可以立即停止投入，另一方面可以根据获利情况抛出手中的股票，以补偿或部分补偿价格下跌带来的损失。假如投资者买进第三批股票后，价格出现下跌，这时投资者应停止投入，不再购买第四批；同时还要根据股票价格下跌幅度来决定是否出售已购股票。这样，第三批股票上的损失可以用第一批股票上的盈利来弥补，保证 10 万元本金不受损失。当然，投资者也可以根据股票下跌幅度，分批出售股票。

5. 分段买低法

"分段买低法"是指股民随着某种股票价格的下跌，分段逐步买进该种股票的投资策略。按照一般人的心理习惯，股票价格下跌就应该赶快买进股票，待价格回升时，再抛出赚取价差。其实问题并没有这么简单，股票价格下跌是相对的，因为一般说讲的股票价格下跌是以现有价格为基数的，如果某种股票的现有价格已经太高，即使开始下跌，不下跌到一定幅度，其价格仍然是偏高的。这时有人贸然大量买入，很可能会遭受重大损失。因此，在股票价格下跌时购买股票，投资者也要承担相当风险。一是股票价格可能继续下跌；二是股票价格即使回升，其回升幅度也难以预料。投资者为了减少这种风险，就不宜在股票价格下跌时将全部资金一次投入，而应根据股票价格下跌的情况分段逐步买入。

例如，某种每股 50 元的股票，其价格逐步上涨，当上升到每股 60 元时，开始回跌，假如跌到每股 55 元，这时可能继续下跌，也有可能重新回升。由于原先上涨幅度较大，使得继续下跌可能性要大于重新回升的可能性。如果投资者在下跌时将所有的资金 10 万元投入该股票，那么他很可能会因股票价格继续下跌而遭受较大的损失。投资者只有在股票价格重新回升，并超过每股 55 元时，才有获利的可能。如果投资者采用"分段买低法"逐步买入该种股票，就能通过出售股票来补偿，或部分补偿遭受的损失，以减少风险。当股票价格跌到每股 55 元时，投资者先买进第一批 500 股该种股票，待股价跌到每股 50 元时，买进第二批，再跌到每股 45 元时，买进第三批，这时，如果股票价格重新回升，当上升到每股 50 元时，投资者就可以用第三批股票来抵消买进第一批股票的损失。如果股票价格继续下跌，那么也能减少投资者的损失。如果股票价格重新回升到最初的每股 60 元时，那么投资者就能获得巨大收益。

"分段买低法"比较适用于那些市场价格高于其内在价值的股票。如果股票的市场价格低于其内在价值，对于长线投资者来说，可以一次完成投资，不必分段逐步投入。

6. 相对有利法

"相对有利法"是指在股市投资中，只有投资者的收益达到预期的获利目标时，就立即变现的投资策略。股票价格的高低是相对的，不存在绝对的高价和绝对的低价。此时是高价，彼时却可能是低价；此时是低价，而彼时则有可能是高价。所以，在股票投资过程中务必要坚持自己的预期目标，即"相对有利"的标准。因为在股票投资活动中，一般投资者很难达到最低价买进、最高价卖出的要求，主要达到了预期获利目标，就应该立即出手，不要过于贪心。至于预期的获利目标则可根据各种因素，由投资者预先确定。

例如，某投资者有现款 10 万元，买进了 2000 股某种每股 50 元的股票。如果确定预期获利目标为 10%，那么当该股票价格上升到每股 55 元时，投资者就应该立即出售全部股票，获净利 10 000 元，正好为其本金的 10%，如果其确定的获利目标为 20%，那么必须等到股票价格上升到每股 60 元时，才能卖掉股票。很显然，"相对有利法"虽然比较稳健，可以防止因股价下跌而带来的损失，但也有两个不足之处：一是股票出售后，如果股票价格继续上涨，那么投资者就失去了获取更大收益的机会；二是如果股票价格变化较平稳，长期达不到预期获利目标，那么投资者的资金就会长期搁置而得不到收益。投资者除了事先确定预期获利目标外，还可相应确定预期的损失目标，这就是止损线，只要股票价格变化已达到预期损失目标，投资者就立即将股票出售，防止损失进一步扩大。

实践思考题

1. 股票的类型如何划分？
2. 普通股股东享有哪些权利？
3. 优先股股票的基本特征有哪些？
4. 股票投资价值分析有哪几种模型？
5. 股票投资如何选股？
6. 规避股票投资风险有哪些策略？
7. 我国新股发行制度是否存在问题？如何进行改革？
8. 如何保护中小投资者利益？

案 例 分 析

浙江世宝爆炒反思：IPO 改革路在何方

低发行价、低发行市盈率、低募资规模的"三低怪胎"——浙江世宝，再次引爆了市场炒作新股的热情。这又给了新股发行改革一记重重的耳光。而真正受到伤害的却是那些被套牢的股民……

在"瘦身"发行下，浙江世宝在上市第一天创下沪深两市多项纪录——发行日机构抢筹超额认购 714 倍、开盘 4 秒钟便遭遇停牌……11 月 5 日，浙江世宝爆炒之战终于偃旗息鼓，并于尾盘跌停。但浙江世宝实际配股资金不足计划的 50%、实际募集资金仅 2870 万元的公司为何还能够成功上市？背后新股定价所反映的诸多问题值得市场反思。

"三低怪胎"创多项纪录

11 月 2 日，浙江世宝在深交所挂牌上市，由于该股是发行价格最低、流通盘最小的小盘股，所以上市首日引起了投资者的极大关注。深交所的风险警示没有浇灭投资者的炒新热情，11 月 2 日一开盘，浙江世宝高开 505.43%，报 15.62 元。早盘仅交易 4 秒钟，就因换手率超过 50% 而被停牌，午后复牌后又因股价涨幅超过 10%，而第三度被临时停牌，全天整整的交易时间不足 15 分钟，但收盘时浙江世宝却报收 18.75 元，大涨 626.7%，换手率高达 87.10%，创下新股上市首日最大涨幅等多项纪录！

11 月 5 日是浙江世宝上市的第二个交易日，尽管早盘浙江世宝股价还略有挣扎，但临近收盘时，9428 手的大卖单将浙江世宝死死打在跌停板上。龙虎榜数据显示，买卖浙江世宝的资金依旧是游资，前五大买入席位中，国信证券股份有限公司深圳泰然九路证券营业部赫然在列，大笔买入 1458 万元，而在卖出席位上，中原证券股份有限公司驻马店解放路证券营业部、中银国际证券有限责任公司武汉武珞路证券营业部则是第一、二大卖出营业部。

申银万国分析师钱红兵在接受记者采访时表示："市场对浙江世宝的投机行为是 A 股与 H 股的巨大差距造成的，再加上该股流通小，因此特别容易吸引资金的关注。"在钱红兵看来，未来浙江世宝股价的跌幅将十分惨烈。"一是机构投资者肯定是会参与的，游资爆炒的结果是估值的回归；二是目前浙江世宝的估值水平已经高出很多倍，这意味着现在有新资金买入、参与炒作的可能性很小。"

武汉科技大学金融证券研究所所长董登新在接受记者采访时表示："从理论上讲，浙江世宝对比 H 股定价没有大问题，但 A、H 股其实是两个不同的市场，H 股是以机构为主导、国际化、市场化的成熟市场，但 A 股市场是以散户为主导的市场，投机气氛浓厚。"

知名财经学者贺宛男认为，浙江世宝的 IPO 是一起极端失败的案例，即配股公司的实际配股资金不足计划的 50%，因此浙江世宝扣除保荐费等费用后此次上市发行根本不赚钱。但就是发行募资仅 5%，却出现了上市爆炒 6 倍多的怪事，这不得不让市场反思目前新股发行定价的诸多缺失。

新股爆炒为何永无休止

自 2009 年新股发行改革以来，"市场化"的发行制度备受市场口诛笔伐，新股的"三高"现象不仅形成资源的浪费，让投资者饱受新股破发、业绩变脸之苦，更重要的是新股"三高"

背后所隐藏的制度监管缺失一直没有在法律上得到完善。

在 A 股市场低迷的背景下，证监会对浙江世宝进行窗口制度，行政化地干预了浙江世宝的发行价，导致浙江世宝成为一个发行价仅 2.58 元、发行市盈率仅 7.17 倍、募资规模仅 2870 万元的"三低"怪胎，"三低"怪胎却得到了资金疯狂的爆炒。

董登新告诉记者："浙江世宝被爆炒说明退市制度还没有发挥功效，但按照最新的退市制度，沪深两市退市要等到 2015 年，这意味着在这之前市场中的垃圾股没有得到约束，而垃圾股估值的高企扭曲了新股的定价。只有垃圾股大面积跌至 1 元甚至更低时，市场才会有警惕心，新股的三高现象才会得到抑制。"

除了退市制度能够纠正新股高企的定价现象外，董登新还认为："证监会在发行新股时，不要一家一家的发行，可以采取一个季度的批量发行，这样也可以有效的约束新股的炒作，降低单一个股被爆炒的概率，平衡新股上市时的疯狂。"

市场资深人士黄湘源在接受记者采访时则表示："浙江世宝此次的低价发行是行政干预造成的，事实证明这类行政干预均会导致不同程度的新股爆炒，因此这不符合市场规律，人为地扩大了一、二级市场的价格。但是 2009 年以来执行的'市场化'发行也不是真正的市场化，与公司站在一条利益链上的保荐商、机构炒高了新股大价格，助长了上市公司圈钱的行为，几年下来，投资者饱受上市公司首日破发、业绩变脸、股价天折的苦果。因此证监会作为直接的监管机构，目前亟须做好上市公司信息披露，用法律、法规纠正上市公司的失信行为，只有这样新股才能真正地市场化。""此外，目前证监会对上市公司 IPO 规定了许多条框，特别是必须三年连续盈利的规定，让诸多公司均存在业绩造假等风险，而公司一上市就业绩破发的现象也是屡屡发生，因此上市前机构对新股的估值定价显然并不合理，也是造成目前'市场化'发行制度下三高现象的原因之一。"黄湘源表示，最后，黄湘源呼吁证监会要把好信息披露关，让上市公司的信息披露更透明，投资者能多从渠道了解上市公司，这样才是保护投资者利益、保护 A 股健康发展的关键。

实训课堂

登录深圳证券交易所网站，在公告与提示栏中点击上市公司公告，输入当升科技（300073）、荃银高科（300087）、恒信移动（300081）的股票代码，查阅这三家创业板公司上市以来的业绩报告，分析这三家公司业绩波动的主要原因。

项目4 债 券 理 财

引 言

债券的历史比股票悠久，其中最早的债券形式是在奴隶制时代产生的公债券。据文献记载，希腊和罗马在公元前 4 世纪就开始出现国家向商人、高利贷者和寺院借债的情况。进入封建社会之后，公债得到进一步的发展，许多封建主、帝王和共和国每当遇到财政困难、特别是发生战争时便发行公债。12 世纪末期，在当时经济最发达的意大利城市佛罗伦萨，政府曾向金融业者募集公债。其后热那亚、威尼斯等城市相继仿效。

15 世纪末、16 世纪初，美洲新大陆被发现，欧洲和印度之间的航路开通，贸易进一步扩大。为争夺海外市场而进行的战争使得荷兰、英国等竞相发行公债，筹措资金。在 1600 年设立的东印度公司，是历史上最古老的股份公司，它除了发行股票之外，还发行短期债券，并进行买卖交易。美国在独立战争时期，也曾发行多种中期债券和临时债券，这些债券的发行和交易便形成了美国最初的证券市场。19 世纪 30 年代后，美国各州大量发行洲际债券。

19 世纪 40~50 年代由政府担保的铁路债券迅速增长，有力地推动了美国的铁路建设。19 世纪末到 20 世纪，欧美资本主义各国相继进入垄断阶段，为确保原料来源和产品市场，建立和巩固殖民统治，加速资本的积聚和集中，股份公司发行大量的公司债，并不断创造出新的债券种类，这样就组建形成了今天多品种、多样化的债券体系。

【知识目标】通过本章的学习，了解债券投资有关的概念和基础知识，熟悉债券收益率的计算，掌握债券投资风险的种类及风险规避方法，掌握债券投资分析的主要策略。

【技能目标】能够初步看懂上市公司财务报表；能够计算债券的投资价值；掌握债券四种收益率的计算。

4.1　债券理财基础知识

4.1.1　债券的定义、票面要素和特征

1. 债券的定义

债券是政府、金融机构、工商企业等直接向社会借债筹措资金时，向投资者发行，承诺按一定利率支付利息并按约定条件偿还本金的债权债务凭证。债券的本质是债的证明书。债券购买者与发行者之间是一种债权债务关系，债券发行人即债务人，投资者（债券持有人）即债权人。债券所规定的资金借贷双方的权责关系主要有：第一，所借贷货币资金的数额；第二，借贷的时间；第三，在借贷时间内的资金成本或应有的补偿（即债券的利息）。

债券有以下基本性质：

（1）债券属于有价证券。首先，债券反映和代表一定的价值。债券本身有一定的面值，通常它是债券投资者投入资金的量化表现；另外，持有债券可按期取得利息，利息也是债券

投资者收益的价值表现。其次，债券与其代表的权利联系在一起，拥有债券就拥有了债券所代表的权利，转让债券也就将债券代表的权利一并转移。

（2）债券是一种虚拟资本。债券尽管有面值，代表了一定的财产价值，但它也只是一种虚拟资本，而非真实资本。因为债券的本质是证明债权债务关系的证书，在债权债务关系建立时所投入的资金已被债务人占用，债券是实际运用的真实资本的证书。债券的流动并不意味着它所代表的实际资本也同样流动，债券独立于实际资本之外。

（3）债券是债权的表现。债券代表债券投资者的权利，这种权利不是直接支配财产权，也不以资产所有权表现，而是一种债权。拥有债券的人是债权人，债权人不同于公司股东，是公司的外部利益相关者。

2. 债券的票面要素

债券作为证明债权债务关系的凭证，一般以有一定格式的票面形式来表现。通常，债券票面上有四个基本要素。

（1）债券的票面价值。

债券的票面价值是债券票面标明的货币价值，是债券发行人承诺在债券到期日偿还给债券持有人的金额。在债券的票面价值中，首先要规定票面价值的币种，即以哪种货币作为债券价值的计量标准。确定币种主要考虑债券的发行对象，此外还应考虑债券发行者本身对币种的需要。其次要规定债券的票面金额。票面金额大小不同，可以适应不同的投资对象，同时也会产生不同的发行成本。票面金额定得较小，有利于小额投资者购买，持有者分布面广，但债券本身的印刷及发行工作量大，费用可能较高；票面金额定得较大，有利于少数大额投资者认购，且印刷费用等也会相应减少，但使小额投资者无法参与。因此，债券票面金额的确定也要根据债券的发行对象、市场资金供给情况及债券发行费用等因素综合考虑。

（2）债券的到期期限。

债券的到期期限是指债券从发行之日起至偿债本息之日止的时间，也是债券发行人承诺履行合同义务的全部时间。各种债券有不同的偿还期限，通常有短期债券、中期债券和长期债券之分，短期几个月，长则几十年。发行人在确定债券期限时，要考虑多种因素的影响，主要有：

1）资金使用方向。债务人借入资金可能是为了弥补临时性资金周转短缺，也可能是为了满足对长期资金的需求。在前者情况下可以发行短期债券，在后者情况下可以发行中长期债券。这样安排的好处是既能保证发行人的资金需要，又不因占用资金时间过长而增加利息负担。

2）市场利率变化。债券偿还期限的确定应根据对市场利率的预期，相应选择有助于减少发行者筹资成本的期限。一般来说，当未来市场利率趋于下降时，应选择发行期限较短的债券，可以避免市场利率下跌后仍须支付较高的利息；而当市场利率趋于上升时，应选择发行期限较长的债券，这样能在市场利率趋高的情况下保持较低的利息负担。

3）债券的变现能力。这个因素与债券流通市场发育程度有关。如果流通市场发达，债券容易变现，长期债券较能被投资者接受。如果流通市场不发达，投资者买了长期债券而又急需资金时不易变现，长期债券的销售就可能不如短期债券。

（3）债券的票面利率。

债券票面利率也称名义利率，是债券年利息与债券票面价值的比率，通常用百分数表示。

利率是债券票面要素中不可缺少的内容。在实际经济生活中，债券票面利率有多种形式，如单利、复利和贴现利率等。债券票面利率也受很多因素影响，主要有：

1）借贷资金市场利率水平。市场利率较高时，债券的票面利率也相应较高，否则，投资者会选择其他金融资产投资而舍弃债券；反之，市场利率较低时，债券的票面利率也相应较低。

2）筹资者的资信。如果债券发行人的资信状况好，债券信用等级高，投资者风险小，债券票面利率可以定得比其他条件相同的债券低一些；如果债券发行人的资信状况差，债券信用等级低，投资者的风险大，债券票面利率就需要定得高一些。此时的利率差异反映了信用风险的大小，高利率是对高风险的补偿。

3）债券期限长短。一般来说，期限较长的债券流动性差，风险相对较大，票面利率应该定得高一些；而期限较短的债券流动性强，风险相对较小，票面利率就可以定得低一些。但是，债券票面利率与期限的关系较复杂，它们还受其他因素的影响，所以有时也会出现短期债券票面利率高而长期债券票面利率低的现象。

（4）债券发行者名称。

这个要素指明了该债券的债务主体，既明确了债券发行人应履行对债权人偿还本息的义务，也为债权人到期追索本金和利息提供了依据。

需要说明的是，以上四个要素虽然是债券票面的基本要素，但它们并非一定在债券票面上印制出来。在许多情况下，债券发行者是以公布条例或公告形式向社会公开宣布某债券的期限与利率，只要发行人具备良好的信誉，投资者也会认可接受。

3. **债券的特征**

债券作为一种重要的融资手段和金融工具，具有如下特征：

（1）偿还性。偿还性是指债券有规定的偿还期限，债务人必须按期向债权人支付利息和偿还本金。债券的偿还性使资金筹措者不能无限期地占用债券购买者的资金。换言之，他们之间的借贷经济关系将随偿还期结束，还本付息手续完毕而不复存在。这个特征与股票的永久性有很大的区别。

（2）流动性。流动性是指债券持有人可按需要和市场的实际状况，灵活地转让债券，以提前收回本金和实现投资收益。流动性首先取决于市场为转让所提供的便利程度；其次取决于债券在迅速转变为货币时，是否在以货币计算的价值上蒙受损失。

（3）安全性。安全性是指债券持有人的收益相对稳定，不随发行者经营收益的变动而变动，并且可按期收回本金。一般来说，具有高度流动性的债券同时也是较安全的，因为它不仅可以迅速地转换为货币，而且还可以按一个较稳定的价格转换。债券不能收回投资的风险有两种情况：

1）债务人不履行债务，即债务人不能按时足额按约定的利率支付利息或者偿还本金。不同的债务人不履行债务的风险程度是不一样的，一般政府债券不履行债务的风险最低。

2）流通市场风险，即债券在市场上转让时因价格下跌而承受损失。许多因素会影响债券的转让价格，其中较重要的是市场利率水平。

（4）收益性。收益性是指债券能为投资者带来一定的收入，即债券投资的报酬。在实际经济活动中，债券收益可以表现为三种形式：一是利息收入，即债权人在持有债券期间按约定的条件分期、分次取得利息或者到期一次取得利息。二是资本损益，即债权人到期收回的本金与买入债券或中途卖出债券与买入债券之间的价差收入。从理论上说，如果市场利率在持有债券期间一直不变，这一价差就是自买入债券或是自上次付息至卖出债券这段时间的利息收益表现形式。但是，由于市场利率会不断变化，债券在市场上的转让价格将随市场利率的升降而上下波动。债券持有者能否获得转让价差，转让价差的多少，要视市场情况而定。三是再投资收益，即投资债券所获现金流量再投资的利息收入。再投资收益主要受市场收益率变化的影响。

债券的偿还性、流动性、安全性与收益性之间存在着一定的矛盾。一般来讲，一种债券难以同时满足上述的四个特征。如果债券的流动性强，安全性就强，人们便会争相购买，于是该种债券的价格就上升，收益率下降；反之，如果某种债券的流动性差，安全性低，那么购买的人就少，债券的价格就低，其收益率就高。对于投资者来说，可以根据自己的财务状况和投资目的来对债券进行合理的选择和组合。

4.1.2　债券的分类

债券是一种重要的筹资工具，由于它的发行不受发行单位经济性质的限制，以及适应债券投资者的需要，因此，可以从不同角度分类。

1. 按发行主体分类

根据发行主体的不同，债券可以分为政府债券、金融债券和公司债券三大类。

1）政府债券。政府债券的发行主体是政府。中央政府发行的债券称国债，其主要用途是解决由政府投资的公共设施或重点建设项目的资金需要和弥补国家财政赤字。

2）金融债券。金融债券的发行主体是银行或非银行金融机构。金融机构一般有雄厚的资金实力，信用度较高，因此，金融债券往往也有良好的信誉。银行和非银行金融机构是社会信用的中介，它们的资金来源主要靠吸收公众存款和金融业务收入。它们发行债券的目的主要有：筹资用于某种特殊用途；改变本身的资产负债结构。对于金融机构来说，吸收存款和发行债券都是它的资金来源，构成了它的负债。存款的主动权在存款人，金融机构只能通过提供服务条件来吸引存款，而不能完全控制存款，是被动负债；发行债券则是金融机构的主动负债，金融机构有更大的主动权和灵活性。金融债券的到期期限以中期债券较为多见。

3）公司债券。公司债券是公司依照法定程序发行、约定在一定期限还本付息的有价证券。公司债券的发行主体是股份公司，但有些国家也允许非股份制企业发行债券，所以，归类时，可将公司债券和企业发行的债券合在一起，称为"公司（企业）债券"。公司发行债券的目的主要是为了满足经营需要。由于公司的情况千差万别，有些经营有方、实力雄厚、信誉高，也有一些经营较差，甚至可能处于倒闭的边缘，因此，公司债券的风险性相对于政府债券和金融债券要大一些。公司债券有中长期的，也有短期的，视公司的需要而定。

2. 按付息方式分类

根据债券发行条款中是否规定在约定期限向债券持有人支付利息，债券可以分为贴现债券、附息债券、息票累积债券三类。

1）贴现债券。贴现债券又称"贴水债券"，是指在票面上不规定利率，发行时按某一折扣率，以低于票面金额的价格发行，发行价与票面金额之间的差额相当于预先支付的利息，到期时按面额偿还的债券。

2）附息债券。附息债券的合约中明确规定，在债券存续期内，对持有人定期支付利息（通常每半年或每年支付一次）。按照计息方式的不同，这类债券还可细分为固定利率债券和浮动利率债券两大类。固定利率债券是在债券存续期内票面利率不变的债券。浮动利率债券是在票面利率的基础上参照预先确定的某一基准利率予以定期调整的债券。有些附息债券可以根据合约条款推迟支付定期利率，故称缓息债券。

3）息票累积债券。与附息债券相似，这类债券也规定了票面利率，但是，债券持有人必须在债券到期时一次性获得本息，存续期间没有利息支付。

3. 按募集方式分类

根据募集方式的不同，债券可分为公募债券和私募债券两种。

1）公募债券。公募债券是指发行人向不特定的社会公众投资者公开发行的债券。公募债券的发行量大，持有人数众多，可以在公开的证券市场上市交易，流动性好。

2）私募债券。私募债券是指向特定的投资者发行的债券。私募债券的发行对象一般是特定的机构投资者。2011 年 4 月 29 日，中国银行间市场交易商协会制定的《银行间债券市场非金融企业债务融资工具非公开定向发行规则》正式发布实施，我国非金融企业已可以发行私募债券。

4. 按担保性质分类

1）有担保债券。有担保债券是指以抵押财产为担保发行的债券。按担保品不同，分为抵押债券、质押债券和保证债券。抵押债券以不动产作为担保，又称不动产抵押债券，是指以土地、房屋等不动产作抵押品而发行的一种债券。若债券到期不能偿还，持券人可依法处理抵押品受偿。质押债券以动产或权利作担保，通常以股票、债券或其他证券为担保。发行人主要是控股公司，用作质押的证券可以是它持有的子公司的股票或债券、其他公司的股票或债券，也可以是公司自身的股票或债券。质押的债券一般应以信托形式过户给独立的中介机构，在约定的条件下，中介机构代全体债权人行使对质押证券的处置权。保证债券以第三人作为担保，担保人或担保全部本息，或仅担保利息。担保人一般是发行人以外的其他人，如政府、信誉好的银行或举债公司的母公司等。一般公司债券大多为担保债券。

2）无担保债券。无担保债券也称信用债券，仅凭发行人的信用而发行，不提供任何抵押品或担保人而发行的债券。由于无抵押担保，所以债券的发行主体须具有较好的声誉，并且必须遵守一系列的规定和限制，以提高债券的可靠性。国债、金融债券、信用良好的公司发行的公司债券，大多为信用债券。

5. 按债券形态分类

债券有不同的形式。根据债券券面形态的不同，债券可以分为实物债券、凭证式债券和记账式债券。

1）实物债券。实物债券是一种具有标准格式的实物券面的债券。在标准格式的债券券面上，一般印有债券面额、债券利率、债券期限、债券发行人全称、还本付息方式等各种债券票面要素。无记名国债就属于这种实物债券，它以实物券的形式记录债权、面值等，不记名，不挂失，可上市流通。实物债券是一般意义上的债券，很多国家通过法律或者法规对实物债券的格式予以明确规定。

2）凭证式债券。凭证式债券的形式是债权人认购债券的一种收款凭证，而不是债券发行人制定的标准格式的债券。我国 1994 年开始发行凭证式国债。我国的凭证式国债通过各银行储蓄网点和财政部门国债服务部面向社会发行，券面上不印制票面金额，而是根据认购者的认购额填写实际的缴款金额，是一种国家储蓄债，可记名、挂失，以凭证式国债收款凭证记录债权，不能上市流通，从购买之日起计息。

3）记账式债券。记账式债券是没有实物形态的票券，利用证券账户通过电脑系统完成债券发行、交易及兑付的全过程。我国1994年开始发行记账式国债。目前，上海证券交易所和深圳证券交易所已为证券投资者建立了电子证券账户，发行人可以利用证券交易所的交易系统来发行债券。投资者进行记账式债券买卖，必须在证券交易所设立账户。记账式国债可以记名、挂失，安全性较高，同时由于记账式债券的发行和交易均无纸化，所以发行时间短，发行效率高，交易手续简便，成本低，交易安全。

4.1.3 债券与股票的比较

1. 债券与股票的相同点

（1）债券与股票都属于有价证券。

尽管债券和股票有各自的特点，但它们都属于有价证券。债券和股票作为有价证券体系中的一员，是虚拟资本，它们本身无价值，但又都是真实资本的代表。持有债券和股票，都有可能获取一定的收益，并能行使各自的权利和流通转让。债券和股票都在证券市场上交易，是各国证券市场的两大支柱类交易工具。

（2）债券与股票都是筹措资金的手段。

债券和股票都是有关经济主体为筹资需要而发行的有价证券。经济主体在社会经济活动中必然会产生对资金的需求，从资金融通角度看，债券和股票都是筹资手段。与向银行贷款间接融资相比，发行债券和股票筹资的数额大，时间长，成本低，且不受贷款银行的条件限制。

（3）债券与股票收益率相互影响。

从单个债券和股票看，它们的收益率经常会发生差异，而且有时差距还很大。但是，总体而言，如果市场是有效的，则债券的平均收益率和股票的平均收益率会大体保持相对稳定的关系，其差异反映了两者风险程度的差别。这是因为，在市场规律的作用下，证券市场上一种融资手段收益率的变动，会引起另一种融资手段收益率发生同向变动。

2. 债券与股票的区别

（1）权利不同。债券是债权凭证，债券持有者与债券发行人之间的经济关系是债权债务关系，债券持有者可按期获取利息及到期收回本金，无权参与公司的经营决策。股票则不同，股票是所有权凭证，股票所有者是发行股票公司的股东，股东一般拥有表决权，可以通过参加股东大会选举董事，参与公司重大事项的审议和表决，行使对公司的经营决策权和监督权。

（2）目的不同。发行债券是公司追加资金的需要，它属于公司的负债，不是资本金；发行股票则是股份公司创立和增加资本的需要，筹措的资金列入公司资本。发行债券的经济主体很多，中央政府、地方政府、金融机构、公司企业等一般都可以发行债券，但能发行股票的经济主体只有股份有限公司。

（3）期限不同。债券一般有规定的偿还期，期满时债务人必须按时归还本金，因此，债券是一种有期证券。股票通常是无须偿还的，一旦投资入股，股东便不能从股份公司抽回本金，因此，股票是一种无期证券，或称"永久证券"。但是，股票持有者可以通过市场转让收回投资资金。

（4）收益不同。债券通常有规定的票面利率，可获得固定的利息。股票的股息红利不固定，一般视公司经营情况而定。

（5）风险不同。股票风险较大，债券风险相对较小。这是因为：第一，债券利息是公司的固定支出，属于费用范围；股票的股息红利是公司利润的一部分，公司有盈利才能支付，而且支付顺序列在债券利息支付和纳税之后。第二，倘若公司破产，清理资产有余额偿还时，债券偿付在前，股票偿付在后。第三，在二级市场上，债券因其利率固定、期限固定，市场价格也较稳定；而股票无固定期限和利率，受各种宏观因素和微观因素的影响，市场价格波动频繁，涨跌幅度较大。

4.2　主要债券工具的介绍

4.2.1　国债

1. 国债的定义

国债是由国家发行的债券，是中央政府为筹集财政资金而发行的一种政府债券，是中央政府向投资者出具的、承诺在一定时期支付利息和到期偿还本金的债权债务凭证。由于国债的发行主体是国家，所以它具有最高的信用度，被公认为是最安全的投资工具。

2. 国债的特征

国债作为债券体系中的一个重要品种，与其他债券相比，有以下四个方面的特点。

（1）安全性高。在各类债券中，国债的信用等级通常被认为是最高的。国债是以国家信用作保证的，政府是国家权力机构，具有稳定的税收来源，因此，国债一般不存在还本付息的违约风险，素有"金边债券"的美誉。投资者购买国债，是一种较安全的投资选择。

（2）流动性强。国债是一国政府的债务，它的发行量一般都非常大，同时，国债的信用好，竞争力强，市场属性好，所以，许多国家国债的二级市场十分发达，一般不仅允许在证券交易所上市交易，还允许在场外市场进行买卖。发达的二级市场为政府债券的转让提供了方便，使其流通性大大增强。

（3）收益稳定。投资者购买国债可以得到一定的利息。国债的付息由政府保证，其信用度最高，风险最小，对于投资者来说，投资国债的收益是比较稳定的。此外，因国债的本息大多数固定且有保障，所以交易价格一般不会出现大的波动，二级市场的交易双方均能得到相对稳定的收益。

（4）免税待遇。大多数国家规定对于购买国债所获得的收益，可以享受税收上的免税待遇，不必缴纳利息税。《中华人民共和国个人所得税法》规定，个人投资的公司债券利息、股息、红利所得应纳个人所得税，但国债和国家发行的金融债券的利息收入可免纳个人所得税。因此，在国债和其他证券名义收益率相等的情况下，如果考虑税收因素，持有国债的投资者可以获得更多的实际投资收益。

3. 国债的种类

国债按不同的分类标准，可分为不同的类别。

（1）按国债偿还期限划分。国债的偿还期限是国债的存续时间，以此为标准，习惯上把国债分为短期国债、中期国债和长期国债。

1）短期国债，一般指偿还期限为 1 年或 1 年以内的国债，具有周期短及流动性强的特点，在货币市场上占有重要地位。政府发行短期国债，一般是为满足国库暂时的入不敷出之需。在国际市场上，短期国债的常见形式是国库券，它是由政府发行用于弥补临时收支差额的一种债券。我国 20 世纪 80 年代以来也曾使用"国库券"的名称，但它与发达国家所指的短期国债不同，偿还期限大多超过 1 年。

2）中期国债，是指偿还期限在 1 年以上、10 年以下的国债。政府发行中期国债筹集的资金或用于弥补赤字，或用于投资，不再用于临时周转。

3）长期国债，是指偿还期限在 10 年或 10 年以上的国债。长期国债由于期限长，政府短期内无偿还的负担，而且可以较长时间占用国债认购者的资金，所以常被用作政府投资的资金来源。长期国债在资本市场上有着重要地位。

（2）按资金用途划分。政府通过国债筹集的资金可用于各项开支。根据举借债务对筹集资金使用方向的规定，国债可以分为赤字国债、建设国债、战争国债和特种国债。

1）赤字国债，是指用于弥补政府预算赤字的国债。政府收支不平衡是一种经常可能出现的现象，如果支出大于收入，便产生赤字。弥补赤字的手段有多种，除了举借国债外，还有增加税收、向中央银行借款、动用历年结余等。增加税收会加重社会负担，易引起人们的反对，而且增税还必须通过一定的法律程序，不适合作为政府临时增加收入的主要手段；向中央银行借款有可能增加货币供应量，导致通货膨胀；动用历年结余须视政府过去的年度收支情况，若无结余，此手段也无法动用。因此，发行国债常被政府用作弥补赤字的主要方式。

2）建设国债，是指发债筹措的资金用于建设项目的国债。政府的职能有多种，它在社会经济中往往要承担一些大型基础性项目和公共设施的投资，如修建铁路和公路，这些项目耗资十分巨大，因此，常由政府通过举借债务筹集专项资金来建设。

3）战争国债，专指用于弥补战争费用的国债。战争时期，军费开支庞大，在用其他方法已无法再筹集到资金的时候，政府就可能以发行国债来弥补。

特种国债是指政府为了实施某种特殊政策而发行的国债。随着政府职能的扩大，政府有时为了某些特殊的社会目的而需要大量资金，为此也有可能举债国债。

（3）按国债的付息方式划分。按国债的付息方式分为附息式国债和贴现式国债。

1）附息式国债，是指债券发行时明确规定，在债券存续期内，对持有人定期支付利息（通常每半年或每年支付一次）。

2）贴现式国债，是指在票面上不规定利率，发行时按某一折扣率，以低于票面金额的价格发行，发行价与票面金额之差额相当于预先支付的利息，到期时按面额偿还本息的国债。通常，期限在 1 年以下（含 1 年）的国债为贴现式国债，期限在 1 年以上的国债为附息式国债。

4. 国债的功能

在债务规模和制度合理有效的前提下，国债的功能主要有以下三个方面：

（1）弥补财政赤字，平衡预算的财政性功能。

这是国债最基本、最直观的功能，即财政收支的差额，采取发行国债的方式来弥补。发行国债是在既定收入分配下的融通性财力调整，在增加预算收入的同时，并不改变既定的收入分配格局，企业和个人的即期利益不会因为认购国债而减少。一般情况下各国政府偏向于以借债筹资作为弥补财政赤字、平衡预算的手段。

（2）宏观经济的调控功能。

国债对经济的调控功能主要通过两个层次来实现：一是政府在初级市场发售新的国债；二是中央银行通过公开市场业务操作对国债，特别是短期国债进行买卖。如果国债规模过小，央行在公开市场上的操作对货币供应量的控制能力就非常有限，不足以使利率水平的变化达到央行的要求；如果国债品种单一，持有者结构不合理，中小投资者持有国债比例过大，公开市场操作就很难进行。

（3）资产组合的金融功能。

一方面，国债是一种政府债券，具有一般证券的共性特征；另一方面，国债又是最具有投资价值的金融资产和证券品种。因此，从金融投资的角度考虑，国债对投资者具有非常强的吸引力，是实现资产经营和组合、提高资产流动性、增加投资收益的最重要的品种，是企业、个人和各类机构投资者资产经营和组合中的热门选择。随着国债证券化和市场化程度的加深，这一金融功能将充分得到显露和发挥。

5. 国债的发行价格

国债的发行价格是指债券初始发行时的销售价格，它不一定等于票面价格。按照发行价格和债券面值的数量关系，国债发行价格分为三种：平价、溢价和折价。平价，是等于债券票面额的发行价格。溢价，是高于债券票面额的发行价格。平价和溢价一般不为投资者所欢迎，特别是溢价，具有贵买贱卖的直观特征，难以被投资人接受。但溢价发行可增加当期的财政收入，相对减轻未来的财政负担。折价，也称贴水价或贴现价，是低于债券票面额的发行价格。从市场发行的角度考虑，贴水发行最有吸引力。但贴水发行减少了当期所筹集的财政资金，相对地增加了未来的偿债负担。

相关链接

国债招标方式通常有两种：荷兰式招标和美国式招标。我国记账式国债招标方式以往较多采用的是荷兰式招标。2003 年记账式第一期国债发行招标规则出现重大调整，记账式国债招标方式在原先单一的荷兰式招标的基础上增添美国式招标方式。风险由市场成员各自承担，迫使国债承销团成员的行为更趋于理性。

荷兰式招标（单一价格招标）：在标的为利率时，最高中标利率为当期国债的票面利率；在标的为利差时，最高中标利差为当期国债的基本利差；在标的为价格时，最低中标价格为当期国债的承销价格。

美国式招标（多种价格招标）：在标的为利率时，全场加权平均中标利率为当期国债的票面利率，各中标机构依各自及全场加权平均中标利率折算承销价格；在标的为价格时，各中标机构按各自加权平均价格承销当期国债。

举例来说，财政部要发 200 亿国债，利率上限为 3%。采用荷兰式招标也就是利率招标，即谁的利率低谁就中标。投标后利率由低到高，到 200 亿发行量止，即是中标利率。实践中，荷兰式招标往往容易造成恶性竞争。而美国式招标是由承销团自行投标，然后按照 200 亿的发行量，计算出加权平均利率，如果中标者的投标利率低于中标利率，承销团在购买国债时需补足利率价差。

记账式国债招标方式的市场化将使我国国债发行市场趋于理性，国债发行利率将进一步贴近市场的变化。

4.2.2　金融债券

1. 金融债券的定义

金融债券是指银行及非银行金融机构依照法定程序发行并约定在一定期限内还本付息的

有价证券。20世纪60年代以前，只有投资银行、投资公司之类的金融机构才发行金融债券，因为这些机构一般不吸收存款，或者只吸收少量的长期存款，发行金融债券成为其筹措资金来源的重要手段。而商业银行等金融机构，因能吸收存款，有稳定的资金来源，一般不允许发行金融债券。60年代以后，商业银行等金融机构为改变资产负债结构或用于某种特定用途，纷纷加入发行金融债券的行列，从而打破了金融债券的发行格局。

2. 我国金融债券的种类

我国金融债券的发行始于北洋政府时期，后来，国民党政府时期也曾多次发行过金融公债、金融长期公债和金融短期公债。新中国成立之后的金融债券发行始于1982年。近年来，我国金融债券市场发展较快，金融债券品种不断增加，主要有以下几种。

（1）政策性金融债券。

政策性金融债券是政策性银行在银行间债券市场发行的金融债券。我国的政策性银行包括国家开发银行、中国进出口银行、中国农业发展银行。按规定，政策性银行按年向中国人民银行报送金融债券发行申请，经核准后便可发行。1999年以后，我国金融债券的发行主体集中于政策性银行，其中，以国家开发银行为主。国家开发银行在银行间债券市场是仅次于财政部的第二发债主体，发行金融债券已成为它筹措资金的主要方式，同时，对政策性金融债券的发行也进行了发行方式和债券品种的探索性改革。2010年，国家开发银行及政策性银行共发行债券13 193亿元，并发行5亿美元外币债券。2011年国家开发银行及政策性银行共发行政策性金融债19 973亿元。

2007年6月，中国人民银行、国家发展和改革委员会发布《境内金融机构赴香港特别行政区发行人民币债券管理暂行办法》，境内政策性银行和商业银行经批准可在香港发行人民币债券。

（2）商业银行债券。

符合条件的商业银行可以向中国人民银行申请发行金融债券。商业银行债券有普通债券、次级债券、混合资本债券和小微企业专项金融债券。2010年，我国发行银行次级债券、混合资本债券920亿元，银行普通债券10亿元。2011年发行商业银行次级债、混合资本债3169亿元，银行普通债券350亿元。

1）商业银行普通债券。这是指商业银行发行的信用债券。

2）商业银行次级债券。次级债券是指由商业银行发行的，固定期限不低于5年（含5年），除非银行倒闭或清算不用于弥补银行日常经营损失，且该项债务的索偿权排在存款和其他负债之后的商业银行的长期债务。次级定期债务的募集方式是商业银行向具有企业法人资格的目标债权人定向募集。由于是以私募方式发行，次级定期债务的发行规模和流动性都受到限制。

3）混合资本债券。混合资本债券是一种混合资本工具，同时兼有股本性质和债务性质，但比普通股票和债券更加复杂。中国银监会借鉴其他国家对混合资本工具的有关规定，严格遵照《巴塞尔协议》要求的原则特征，选择以银行间市场发行的债券作为我国混合资本工具的主要形式，并由此命名我国的混合资本工具为混合资本债券。我国的混合资本债券是指商业银行为补充附属资本发行的、清偿顺序位于股权资本之前但列在一般债务和次级债务之后、期限在15年以上、发行之日起10年内不可赎回的债券。

4）小微企业专项金融债券。为解决小企业融资方面的突出问题，不断优化小企业融资环境，促进小企业金融业务可持续发展，2011 年 5 月中国银监会发布了两项通知，通知就关于支持商业银行发行专项用于小型微型企业贷款的金融债作出规定。通知指出，对于小企业贷款余额占企业贷款余额达到一定比例的商业银行，在满足相关法律法规和审慎监管要求的条件下，优先支持其发行专项用于小企业贷款的金融债，同时严格监控所募集资金的流向。允许商业银行金融债券所对应的单户 500 万元（含）以下的小微企业贷款不纳入存贷比考核范围。申请发行小型微型企业贷款专项金融债的商业银行应出具书面承诺，承诺将发行金融债所筹集的资金全部用于发放小型微型企业贷款。银监会对商业银行申请发行小型微型企业贷款专项金融债进行审批。各级监管机构应严格监管发债募集资金的流向，确保资金全部用于发放小型微型企业贷款。2011 年 11 月，首单小微企业专项金融债券获准发行。

（3）证券公司债券和债务。

证券公司债券包括普通债券、短期融资债券和次级债务。

1）普通债券。证券公司普通债券是指证券公司依法发行的、约定在一定期限内还本付息的有价证券。证券公司普通债券不包括证券公司发行的可转换债券和次级债券。证券公司债券可以向社会公开发行，也可以向合格投资者定向发行。中国证监会依法对证券公司债券的发行和转让行为进行监督管理。

2）短期融资券。证券公司短期融资券是指证券公司以短期融资为目的，在银行间债券市场发行的约定在一定期限内还本付息的金融债券。

3）次级债券。2010 年 9 月 1 日，中国证监会发布《证券公司借入次级债务规定》。规定所称次级债务，是指证券公司经批准向股东或其他符合条件的机构投资者定向借入的清偿顺序在普通债务之后，先于证券公司股权资本的债务。

（4）保险公司次级债务。

2011 年 10 月 6 日，中国保监会发布了《保险公司次级定期债务管理办法》。保险公司次级债是指保险公司为了弥补临时性或者阶段性资本不足，经批准募集、期限在五年以上（含五年），且本金和利息的清偿顺序列于保单责任和其他负债之后、先于保险公司股权资本的保险公司债务。

（5）财务公司债券。

2007 年 7 月，中国银监会下发《企业集团财务公司发行金融债券有关问题的通知》，明确规定企业集团财务公司发行债券的条件和程序，并允许财务公司在银行间债券市场发行财务公司债券。通知规定，财务公司发行金融债券应当经银监会批准，由财务公司的母公司或其他有担保能力的成员单位提供相应担保。财务公司发行金融债券可在银行间债券市场公开发行或定向发行，可采取一次足额发行或限额内分期发行的方式并由符合条件的金融机构承销。金融债券发行结束后，经中国人民银行批准，可以在银行间债券市场进行流通转让。

（6）金融租赁公司和汽车金融公司的金融债券。

2009 年 8 月中国人民银行和中国银行业监督管理委员会发布公告，对金融租赁公司和汽车金融公司发行金融债券进行规范。符合条件的金融租赁公司和汽车金融公司可以在银行间债券市场发行和交易金融债券。中国人民银行和中国银行业监督管理委员会依法对金融租赁公司和汽车金融公司金融债券的发行进行监督管理。中国人民银行对金融租赁公司和汽车金融公司在银行间债券市场发行和交易金融债券进行监督管理；中国银行业监督管理委员会对金融租赁公司和汽车金融公司发行金融债券的资格进行审查。

（7）资产支持证券。

资产支持证券是指由银行业金融机构作为发起机构，将信贷资产信托给受托机构，由受托机构发行的、以该财产所产生的现金支付其收益的受益证券。

4.2.3 公司债券

1. 公司债券的定义

公司债券是公司依照法定程序发行的、约定在一定期限还本付息的有价证券。公司债券是债券体系中的重要品种，它反映发行债券的公司和债券投资者之间的债权债务关系。

2. 公司债券的类型

各国在实践中曾创造出许多种类的公司债券，这里选择几个品种进行介绍。

（1）信用公司债券。

信用公司债券是一种不以公司任何资产作担保而发行的债券，属于无担保证券范畴。一般来说，政府债务无须提供担保，因为政府掌握国家资源，可以征税，所以政府债券安全性最高。金融债券大多数也可免除担保，因为金融机构作为信用机构，本身就具有较高的信用。公司债券不同，一般公司的信用状况要比政府和金融机构差，所以，大多数公司发行债券被要求提供某种形式的担保。但少数大公司经营良好，信誉卓著，也发行信用公司债券。信用公司债券的发行人实际上是将公司信誉作为担保。为了保护投资者的利益，可要求信用公司债券附有某些限制性条款，如公司债券不得随意增加资金用途、债券未清偿之前股东的分红要有限制等。

（2）不动产抵押公司债券。

不动产抵押公司债券是以公司的不动产（如房屋、土地等）作抵押而发行的债券，是抵押债券的一种。公司以这种财产的房契或地契作抵押，如果发生了公司不能偿还债务的情况，抵押的财产将被出售，所得款项用来偿还债务。另外，用作抵押的财产价值不一定与发生的债务额相等，当某抵押品价值很大时，可以分作若干次抵押，这样就有第一抵押债券、第二抵押债券之分。在处理抵押品偿债时，要按顺序依次偿还优先一级的抵押债券。

（3）保证公司债券。

保证公司债券是公司发行的由第三者作为还本付息担保人的债券，是担保证券的一种。担保人是发行人以外的其他人（或被称为"第三者"），如政府、信誉好的银行或举债公司的母公司等。一般来说，投资者比较愿意购买保证公司债券，因为一旦公司到期不能偿还债务，担保人将负清偿之责。实践中，保证行为常见于母子公司之间，如由母公司对子公司发行的公司债券予以保证。

（4）收益公司债券。

收益公司债券是一种具有特殊性质的债券，它与一般债券相似，有固定到期日，清偿时债权排列顺序先于股票。但另一方面，它又与一般债券不同，其利息只在公司有盈利时才支付，即发行公司的利润扣除各项固定支出后的余额用作债券利息的来源。如果余额不足支付，未付利息可以累加，待公司收益增加后再补发。所有应付利息付清后，公司才可对股东分红。

（5）可转换公司债券。

可转换公司债券是指发行人依照法定程序发行、在一定期限内依据约定的条件可以转换成股份的公司债券。可转换公司债券兼有债权投资和股权投资的双重优势。可转换公司债券与一般的债券一样，在转换前投资者可以定期得到利息收入，但此时不具有股东的权利；当发行公司的经营业绩取得显著增长时，可转换公司债券的持有人可以在约定期限内，按预定的转换价格转换成公司的股份，以分享公司业绩增长带来的收益。

（6）附认股权证的公司债券。

附认股权证的公司债券是公司发行的一种附有认购该公司股票权利的债券。这种债券的购买者可以按预先规定的条件在公司发行股票时享有优先购买权。预先规定的条件主要是指股票的购买价格、认购比例和认购期间。按照附新股认股权和债券本身能否分开划分，这种债券有两种类型：一种是可分离型，即债券与认股权可以分离，可独立转让，即可分离交易的附认股权证的公司债券；另一种是非分离型，即不能把认股权从债券上分离，认股权不能成立独立买卖的对象。

（7）可交换债券。

可交换债券是指上市公司的股东依法发行，在一定期限内依据约定的条件可以交换成该股东所持有的上市公司股份的公司债券。可交换债券与可转换债券的相同之处是发行要素相似，也包括票面利率、期限、换股价格和换股比率、换股期限等；不同之处是发行主体不同。对投资者来说与持有标的上市公司的可转换债券相同，投资价值与上市公司价值相关，在约定期限内可以以约定的价格交换为标的股票。

4.3 债券的投资收益分析

4.3.1 债券的价格及其决定因素

1. 债券的价值及估值模型

债券的价值，也就是债券的理论价格，是未来各期债券的利息收入与期满后出售（或兑付）债券所得收入的复利现值之和。

根据现金流贴现的基本原理，债券理论价格的计算公式为

$$P = \sum_{t=1}^{T} \frac{C_t}{(1+y_t)^t} \tag{4-1}$$

式中　P——债券价值；

　　　T——债券距到期日时间长短（通常按年计算）；

　　　t——现金流到达的时间；

　　　C——现金流金额；

　　　y——贴现率（通常为年利率）。

（1）零息债券。

零息债券不计利息，折价发行，到期还本，通常 1 年期以内的债券为零息债券。其定价公式为

$$P = \frac{FV}{(1+y_T)^T} \tag{4-2}$$

式中，FV 为零息债券的面值。

【例 4-1】 2012 年 1 月 1 日，中国人民银行发行 1 年期中央银行票据，每张面值为 100 元人民币，年贴现率为 4%。则理论价格为

$$\text{理论价格}(P)=\frac{100}{(1+4\%)^1}=96.15(\text{元})$$

【例 4-2】 2012 年 6 月 30 日，上例所涉中央银行票据年贴现率变为 3.5%，则其理论价格为

$$\text{理论价格}(P)=\frac{100}{(1+3.5\%)^{0.5}}=98.29(\text{元})$$

（2）附息债券。

附息债券定价可以视为一组零息债券的组合。例如，一只年息 5%、面值 100 元、每年付息 1 次的 2 年期债券，可以分拆为：

面值 5 元的 1 年期零息债券+面值为 105 元的 2 年期零息债券

因此，可以用零息债券定价公式［式（4-2）］分别为其中每只债券定价，加总后即为附息债券的理论价格。也可以直接套用公式［式（4-1）］进行定价。

【例 4-3】 2012 年 3 月 31 日，财政部发行的某期国债距到期日还有 3 年，面值 100 元，票面利率年息 3.75%，每年付息 1 次，下次付息日在 1 年以后。1 年期、2 年期、3 年期贴现率分别为 4%、4.5%、5%。该债券理论价格（P）为

$$\text{理论价格}(P)=\frac{3.75}{(1+4\%)^1}+\frac{3.75}{(1+4.5\%)^2}+\frac{103.75}{(1+5\%)^3}=96.66(\text{元})$$

（3）累息债券。

与附息债券不同的是，累息债券也有票面利率，但是规定到期一次性还本付息。可将其视为面值等于到期还本付息额的零息债券，并按零息债券定价公式定价。

【例 4-4】 2012 年 3 月 31 日，财政部发行的 3 年期国债，面值 100 元，票面利率年息 3.75%，按单利计息，到期利随本清。3 年期贴现率 5%。计算如下：

$$\text{到期还本付息}=100\times(1+3\times3.75\%)=111.25(\text{元})$$

$$\text{理论价格}(P)=\frac{111.25}{(1+5\%)^3}=96.10(\text{元})$$

2. 债券的价格与价值

前面我们分析了债券的价值，也就是债券理论上的价格。但是在实际中，不论债券在一级市场上的发行，还是在二级市场上的转让，只要存在交易，都有一个实际交易的价格，这个价格主要是由供求关系决定的，同时受利率等因素的影响。债券实际交易的价格并不一定等于它的价值（理论价格），而是围绕着价值上下波动。企业通过发行债券形式从资本市场上筹集资金，必须知道它是如何定价的。如果定价偏低，企业会因此遭受损失；如果定价过高，会导致发行失败。对于债券投资者来说，债券的估值也具有重要意义，债券的价值体现了债券投资人要求的报酬。如果债券的交易价格低于债券的价值，说明债券价值被低估了；如果债券的价格高于债券的价值，说明债券的价值被高估了。

债券发行可以分为平价发行、溢价发行和折价发行三种方式。通过债券估值模型，我们可以计算出债券理论上的发行价格：

$$\text{债券发行价格}=\frac{\text{票面金额}}{(1+\text{市场利率})^n}+\sum_{t=1}^{n}\frac{\text{票面金额}\times\text{票面利率}}{(1+\text{市场利率})^t} \tag{4-3}$$

从公式中可以看出，债券发行价格主要受债券期限、票面利率和债券发行时市场利率的

影响，然而，在实际中，债券发行价格的确定还要考虑政治经济等多种现实因素。

债券的市场价格是投资者在债券二级市场买卖债券的价格，债券的市场价格主要是由供求关系决定的，受市场利率、付息次数和到期年数等因素的影响。同样道理，根据前面的债券估值模型，可以计算出流通中的债券价值。

下面通过一个例子来说明债券的价值与价格之间的关系以及对于投资者和债券发行人的重要意义。

【例 4-5】 某公司发行面值为 1000 元、票面利率为 10%、期限为 5 年的债券，每年付息一次。下面计算当债券发行时，市场利率分别为 8%、10%、12% 时的债券价值。

（1）当资金市场上的利率为 8% 时，债券的价值为

$$P = \sum_{t=1}^{5} \frac{10}{(1+8\%)^t} + \frac{1000}{(1+8\%)^5} = 1079.87（元）$$

当债券发行时的市场利率为 8% 时，对于债券发行人来说，应采取溢价发行，这样才能使得其实际付出的筹资成本与市场利率持平。因为若平价发行或折价发行，发行人将支付 10% 甚至更高的筹资成本，高于 8% 的市场利率，企业就会因此遭受损失。对于投资者来说，按照 1079.87 元的价格购买此债券，到期时实际获得的收益率为 8% 而不是 10%。

（2）当资金市场上的利率为 10% 时，债券的价值为

$$P = \sum_{t=1}^{5} \frac{10}{(1+10\%)^t} + \frac{1000}{(1+10\%)^5} = 1000（元）$$

发行人可采取平价发行的方式，支付和市场利率相同的筹资成本。若采取溢价发行，则其支付的实际筹资成本低于 10%，投资者实际获得的收益率也将低于 10%。若折价发行，发行人将支付高于 10% 的实际筹资成本，投资者将获得超过市场利率 10% 的收益。

（3）当资金市场上的利率为 12% 时，债券的价值为

$$P = \sum_{t=1}^{5} \frac{10}{(1+12\%)^t} + \frac{1000}{(1+12\%)^5} = 927.88（元）$$

发行人可采取折价发行的方式，而对于投资者来说，只有按照不高于 927.88 元的价格购买债券并持有至到期才可以获得不低于市场利率 12% 的收益。

3. 影响债券价格的主要因素

债券市场价格是随着债券市场的供需状况不断变化的，因此，市场的供求关系对债券价格的变动有着直接影响。当市场上的债券供过于求时，债券价格必然下跌；反之，债券价格则上涨。此外，影响债券价格变动的因素，还有以下几个方面：

（1）国家的货币政策。

当中央银行判断经济过热时，就会采取紧缩的货币政策，通过公开向商业银行等金融机构卖出债券（主要是短期国债），使市场上的债券增多，债券价格就会下降；当中央银行判断经济萎缩时，就会采取宽松的货币政策，通过公开向商业银行等金融机构买入债券，使市场上的债券减少，债券价格就会上涨。

（2）市场利率。

债券的市场价格与市场利率呈反方向变动，若市场利率上升，债券价格就下跌；若市场利率下降，债券价格就上升。这是因为市场利率上升，超过债券利率时，投资者宁愿选择利

率相对较高、收益较多的其他金融产品，债券需求降低，出现债券的供大于求，债券价格趋跌；反之，若市场利率低于债券利率，促使人们看好债券投资，债券价格就会上涨。不过需要指出的是，债券价格行市主要还不是受现实利率水平高低的影响，更重要的是产生对利率将来变化的预期之中。当人们预期市场利率提高时，就会先行抛售债券，导致债券价格下跌；当人们预期市场利率将降低时，就会抢先购入债券，导致债券价格上升。

（3）物价。

物价对债券行市的影响从三个方面起作用：其一，当物价上涨的速度较快时，人们出于保值的考虑，纷纷将资金投资于房地产或其他可以保值的物品，债券购买的需求减弱，从而会引起债券价格的下跌；其二，当物价急剧上升时，中央银行会采取提高官定利率等金融控制措施，平抑物价，促成整个金融市场利率水平的提高，债券利率也应提高，债券交易价格会随之下降；其三，当物价变动平稳时，中央银行可能会放宽金融政策，促成金融市场利率水平的下降，债券利率也会下降，债券价格随之提高。

（4）国际利率水平。

随着债券市场的不断开放，国内外资金的交流愈加活跃，国际利率水平的高低也对债券行市产生影响。当国际利率上涨，尤其是经济发达国家利率上升与国内利率差距拉大时，本国投资者为了有效地使用资金，便会积极向利率高的国家的债券投资，其结果会导致国内的债券供过于求，给债券行市带来消极影响；反之，本国和外国的利率差距缩小时，外国投资者向本国债券的投资增加，引起本国市场对债券需求的增加，债券价格上涨。

（5）新发债券的发行量。

新发债券会增加流通市场的供给，若需求减少的话，会使债券行市承受压力。因此，当新债券的发行量适中，发行条件优越，那么新债券就会顺利地被吸收，成为行市的有利因素；相反，当发行量过大，且发行条件不利时，则会出现债券滞销的现象，而对行市带来不利影响。

（6）投机操纵。

在债券交易中进行人为的投机操纵，会造成债券行情的较大变动。特别是在证券市场发展初期的国家，由于市场规模较小，人们对于债券投资还缺乏正确的认识，加之法规不够健全，因而使一些实力雄厚的投机者有机可乘，以哄抬或压低价格的方式造成债券市场供求关系的变化，影响债券价格的涨跌。

4.3.2 衡量债券收益水平的指标及其计算

1. 债券投资收益的来源

债券的投资收益来自两个方面：一是债券的利息收益，这是债券发行时就决定的，除了保值贴补债券和浮动利率债券，债券的利息收入不会改变，投资者在购买债券前就可得知；二是资本损益。

（1）利息收益。

债券的利息收益取决于债券的票面利率和付息方式。债券的票面利率是指一年的利息占票面金额的比率。票面利率的高低直接影响着债券发行人的筹资成本和投资者的投资收益，一般是债券发行人根据债券自身的性质和对市场条件的分析决定的。通常，首先要考虑投资者的接受程度，发行人往往参照了其他详细条件债券的利率水平后，在多数投资者能够接受的限度内，以最低利率来发行债券。其次，债的信用级别是影响债券票面利率的重要因素。再次，利息的支付和计息方式也是决定票面利率要考虑的因素。最后，要考虑证券主管部门的管理和指导。一旦债券的票面利率被确定后，在债券的有效期内，无论市场上发生什么变化，发行人都必须按确定的票面利率向债券持有人支付利息。

（2）资本损益。

债券投资的资本损益是指债券买入价与卖出价或买入价与到期偿还额之间的差额。当卖出价或偿还额大于买入价时，是资本收益；当卖出价或偿还额小于买入价时，是资本损失。投资者可以在债券到期时，将持有的债券兑现或利用债券市场上价格的变化低买高卖，从中取得资本收益，当然，也有可能遭受资本损失。

2. 债券收益率的测定

人们投资债券时，最关心的就是债券收益有多少。为了准确衡量债券收益，一般使用债券收益率这个指标。债券的收益率是指一定时期（通常为一年）内债券投资产生的收益额与投资本金的比率。通常用年收益率来表示。出于不同的用途，债券收益率计算方式种类繁多，以下主要介绍债券的当期收益率、到期收益率、持有期收益率和赎回期收益率的计算。

（1）当期收益率。

当期收益率是债券的年利息收入与买入债券的实际价格的比率。其计算公式为

$$Y = \frac{C}{P} \times 100\% \tag{4-4}$$

式中　　Y——当期收益率；

　　C——每年利息收益；

　　P——债券价格。

【例 4-6】假定某投资者以 940 元的价格购买了面额为 1000 元，票面利率为 10%、剩余期限为 6 年的债券，那么该投资者的当期收益率（Y）为

$$Y = 1000 \times 10\% \div 940 \times 100\% = 11\%$$

当期收益率衡量的是债券年利息收益占购买价格的百分比，反映每单位投资能够获得的债券年利息收益，但不反映每单位投资的资本损益。当期收益率的优点在于简便易算，可以用于期限和发行人均较为接近的债券之间进行比较。其缺点：一是零息债券无法计算当期收益；二是不同期限附息债券之间，不能仅仅因为当期收益高低而判断优劣。

（2）到期收益率。

债券的到期收益率是使债券未来现金流现值等于当前价格所用的相同的贴现率，也称内部报酬率。其计算公式为

$$P = \sum_{t=1}^{T} \frac{C_t}{(1+y)^t} \tag{4-5}$$

式中　　P——债券价格；

　　C_t——现金流金额；

　　y——到期收益率；

　　T——债券期限（期数）；

　　t——现金流到达时间（期）。

式（4-5）是一个关于 y 的高次方程，可以用插值法求出它的值。

如果债券每年付息 1 次，每次付息金额为 C，债券面值为 F，则式（4-5）可以写为

$$P = \sum_{t=1}^{T} \frac{C}{(1+y)^t} + \frac{F}{(1+y)^T} \tag{4-6}$$

【例 4-7】 某剩余期限为 5 年的国债，票面利率 8%，面值 100 元，每年付息 1 次，当前市场价格为 102 元，则其到期收益率满足：

$$102 = \frac{8}{1+y} + \frac{8}{(1+y)^2} + \frac{8}{(1+y)^3} + \frac{8}{(1+y)^4} + \frac{108}{(1+y)^5}$$

这是一个关于到期收益率 y 的一元五次方程，插值法计算得到：

$$y = 7.5056\%$$

（3）持有期收益率。

持有期收益率是指买入债券到卖出债券期间所获得的年平均收益，它与到期收益率的区别仅仅在于末笔现金流是卖出价格而非债券到期偿还金额。计算公式为

$$P = \sum_{t=1}^{T} \frac{C}{(1+y_h)^t} + \frac{P_T}{(1+y_h)^T} \tag{4-7}$$

式中　P——债券买入时价格；

　　　P_T——债券卖出时价格；

　　　y_h——持有期收益率；

　　　C——债券每期付息金额；

　　　T——债券期限（期数）；

　　　t——现金流到达时间。

【例 4-8】 某投资者按 100 元价格平价购买了年息 8%、每年付息一次的债券，持有 2 年后按 106 元价格卖出，该投资者持有期收益率计算为

$$100 = \frac{8}{(1+y_h)} + \frac{8+106}{(1+y_h)^2} \Leftrightarrow y_h = 10.85\%$$

（4）赎回期收益率。

可赎回债券是指允许发行人在债券到期以前按某一约定的价格赎回已发行的债券。通常在预期市场利率下降时，发行人会发行可赎回债券，以便未来用低利率成本发行的债券替代成本较高的已发债券。可赎回债券的约定赎回价格可以是发行价格、债券面值，也可以是某一指定价格或是与不同赎回时间对应的一组赎回价格。对于可赎回债券，需要计算赎回收益率和到期收益率。赎回收益率的计算与其他收益率相同，是计算使预期现金流量的现值等于债券价格的利率。通常以首次赎回收益率为代表。首次赎回收益率是累计到首次赎回日止，利息支付额与指定的赎回价格加总的现金流量的现值等于债券发行价格的利率。赎回收益率（y）可通过下面的公式用试错法获得：

$$P = \sum_{t=1}^{n} \frac{C}{(1+y)^t} + \frac{M}{(1+y)^n} \tag{4-8}$$

式中　P——发行价格；

　　　n——直到第一个赎回日的年数；

　　　M——赎回价格；

　　　C——每年利息收益。

【例 4-9】 某债券的票面价值为 1000 元，息票利率为 5%，期限为 4 年，现以 950 元的发行价向全社会公开发行，2 年后债券发行人以 1050 元的价格赎回，第一赎回日为付息日后的第一个交易日，则赎回收益率计算如下：

$$950 = \sum_{t=1}^{2} \frac{50}{(1+y)^t} + \frac{1050}{(1+y)^2}$$

用试错法计算，该债券的到期收益率 $y=10.25\%$。

4.4 债券投资风险与投资策略

4.4.1 债券的信用评级

进行债券信用评级的最主要原因是方便投资者进行债券投资决策。投资者购买债券是要承担一定风险的。如果发行者到期不能偿还本息，投资者就会蒙受损失。对广大投资者尤其是中小投资者来说，由于受到时间、知识和信息的限制，无法对众多债券进行分析和选择，因此需要专业机构对债券进行信用评级，以方便投资者决策。债券信用评级的另一个重要原因，是减少信誉高的发行人的筹资成本。一般来说，资信等级越高的债券，越容易得到投资者的信任，能够以较低的利率出售；而资信等级低的债券，风险较大，只能以较高的利率发行。

一般评级机构会根据债券的投资价值和偿债能力等指标对债券进行信用评级，由于它们占有详尽的资料，采用先进科学的分析技术，又有丰富的实践经验和大量专业人才，因此所做出的信用评级具有很高的权威性。穆迪、标准普尔、费奇和金融世界是美国四大私营证券评级机构，他们对各种债券进行的评级见表 4-1。

表 4-1

穆迪	标准普尔	费奇	金融世界	评 级 标 准
投资等级				
Aaa	AAA	AAA	A+	质量最高，风险最小
Aa	AA	AA	A	质量高，财务状况比上面略弱
A	A	A	A	财务能力较强，易受经济条件变化影响
Baa	BBB	BBB	B+	中间等级，当期财务状况较强，缺乏优异的投资特征
Ba	BB	BB	B	具有投资特征，当期尚能支付利息，但未来不确定
B	B	B	C+	较高投机性，对本利的偿还不确定
Caa-	CCC	CCC	C-D+	高度投机，违约可能性很大
Ca	CC	DDD	D	已经违约

4.4.2 债券的投资风险及防范

1. 债券的投资风险

任何投资都是有风险的，债券投资的风险是指债券预期收益变动的可能性及变动幅度，债券投资的风险是普遍存在的。目前，股票市场震荡，权衡风险和收益的平衡，很多投资者都把目光投向了相对稳定的债券。可是债券作为一种理财产品，它同样是有风险的，只是相对小一些而已。因此，正确评估债券投资风险，明确未来可能遭受的损失，是投资者在投资决策之前必须要做好的工作。具体来说，投资债券存在以下几方面的风险：

（1）购买力风险。

购买力风险是指由于通货膨胀而使货币购买力下降的风险。通货膨胀期间，投资者实际利率应该是票面利率扣除通货膨胀率。若债券利率为 10%，通货膨胀率为 8%，则实际的收益率只有 2%，购买力风险是债券投资中最常出现的一种风险。

（2）经营风险。

经营风险是指发行债券的单位管理与决策人员在其经营管理过程中发生失误，导致资产减少而使债券投资者遭受损失。因此投资者在选择债券时，一定要对发债公司进行调查，通过对其财务报表进行分析，了解其盈利能力和偿债能力、信誉等。

（3）违约风险。

违约风险是指发行债券的公司不能按时支付债券利息或偿还本金，而给债券投资者带来的损失。违约风险一般是由于发行债券的公司经营状况不佳或信誉不高带来的风险，所以在选择债券时，一定要仔细了解公司的情况，包括公司的经营状况和公司的以往债券支付情况，尽量避免投资经营状况不佳或信誉不好的公司债券。

（4）流动风险。

流动风险是指投资者在短期内无法以合理的价格卖掉债券的风险。市场上的债券种类繁多，所以也就有冷热债券之分。对于一些热销债券，其成交量周转率都会很大。相反，一些冷门债券，有可能很长时间都无人问津，根本无法成交，实际上是有行无市，流动性极差，变现能力极差。如果持券人非要变现，就只有大幅度折价，从而造成损失。

（5）再投资风险。

购买短期债券，而没有购买长期债券，会有再投资风险。例如，长期债券利率为 14%，短期债券利率为 13%，为减少利率风险而购买短期债券。但在短期债券到期收回现金时，如果利率降低到 10%，就不容易找到高于 10%的投资机会，还不如当期投资长期债券，仍可以获得 14%的收益，归根到底，再投资风险还是一个利率问题。

2. 债券投资风险的防范

债券投资的最大特点就是收益稳定、安全系数较高、又具有较强的流动性。稳定的投资者们往往放弃股票投资的高效益，摒弃银行储蓄的低利息，所图之处就在于此。因此，继收益性之后，安全性便成为债券投资者普遍关注的最重要问题。

债券作为债权债务关系的凭证，它与债权人和债务人同时相关，作为债务人的企业或公司与作为债权人的债券投资者就债权与债务关系是否稳定来说，起着相同的作用，任何一方都无法独立防范风险。企业或公司作为债券的发行者所采用的确保债券安全、维持企业或公司信誉的措施堪称预防措施，是防范风险的第一道防线。而对于投资者来说，正确选择债券、掌握好买卖时机将是风险防范的主要步骤。

（1）选择多品种分散投资。

这是降低债券投资风险的最简单办法。不同企业发行的不同债券，其风险性与收益性也各有差异，如果将全部资金都投在某一债券上，万一该企业出现问题，投资就会遭受损失。因此，有选择性地购买不同企业的各种不同名称的债券，可以使风险与收益多次排列组合，能够最大限度地减少风险或分散风险。

（2）注意做顺势投资。

对于小额投资者来说，谈不上操纵市场，只能跟随市场价格走势做买卖交易，即当价格上涨人们纷纷购买时买入；当价格下跌时人们纷纷抛出时抛出，这样可以获得大多数人所能够获得的平均市场收益。这种防范措施虽然简单，也能收到一定效益，但却有很多不尽人意之处。首先必须掌握跟随时间原则，这就是通常说的"赶前不赶后"。如果预计价格不会再涨了，而且有可能回落，那么尽管此时人们还在纷纷购买，也不要顺势投资，否则价格一旦回头，必将遭受众人一样的损失。

（3）中短期券种避风险。

尽管目前长期债券的收益率高于中短期债券，但如果自己不能持有长期债券到期，那这种对于未来利率走高的补偿也就不能享有了，所以，对于风险承受能力小的投资者，目前长期债券基本没有投资价值。相对来说，短期债券由于存续期短，受以后加息的不确定性因素的影响比较小，而且期限短，资金占用时间不长，再投资风险比较小。

（4）以不变应万变。

这也是防范风险的措施之一。在债券市场价格走势不明显、此起彼落时，在投资者买入卖出纷乱，价格走势不明显时，投资者无法做顺势投资选择，最好的做法便是以静制动，以不变应万变。因为在无法判断的情况下，做顺势投资，很容易盲目跟风，很可能买到停顿或回头的债券，结果疲于奔命，一无所获。此时以静制动，选择一些涨幅较小和尚未调整价位的债券买进并耐心持有，等待其价格上扬，是比较明智的做法。当然这要求投资者必须具备很深的修养和良好的投资知识与技巧。

（5）必须注意不健康的投资心理。

要防范风险还必须注意一些不健康的投资心得，如盲目跟风往往容易上当；贪多，往往容易错过有利的买卖时机；赌博心理，孤注一掷的结果往往会导致血本无归；嫌贵贪低，因贪图便宜易导致持有一堆蚀本货，最终不得不抛弃而一无所获。

总之，债券投资是一种风险投资，那么投资者在进行投资时，必须对各类风险有比较全面的认识，并对其加以测算和衡量，同时，采取多种方式规避风险，力求在一定的风险水平下使投资收益最大化。

4.4.3　债券投资的策略分析

1. 梯子型投资组合法

梯子型投资组合法，即像搭梯子一样。假定有从 1 年期到 5 年期的债券共 5 种，假设投资者有 5000 元本金，就每种都买 1000 元。当债券到期收回本金 1000 元后，再用它买进一种 5 年期债券。如此反复，投资者每年都有 1000 元的债券到期。这种方法的原则就是尽量不要在债券到期前卖出债券，这样就能不断地用到期的资金灵活地享受最新的高利率。即使利率下降，因为投资期限错开了，风险也不大。

2. 杠铃型投资组合法

杠铃型投资组合的投资模型两头大，中间细，集中将资金投资于短期和长期债券，不买入中期债券。买短期债券是为了保证债券的流动性，而持有长期债券是为了高收益。投资者也可以根据市场利率水平的变化而变更长、短期债券的持有比例。当市场利率水平上升时，可提高长期债券的持有比率；利率水平下降时，可降低长期债券的持有比例。

3. 国债抵押贷款投资法

国债是金边债券，发行结束即可上市，随时可以在二级市场上买卖。当投资者需要使用资金时，可以在市场上转让，也可以向银行申请抵押贷款。因此，投资者要合理地计算持有的收益、抵押的时间、回购的代价后再采取交易行为。投资者既可以以国债作抵押品向金融机构贷款，又可以通过国债回购方式贷得款项。相对直接变现而言，抵押贷款不转移债券的所有权，从而避免了承受债券价格波动的风险，因此抵押贷款是一种较为安全的运用方式。

4. 优化国债投资结构

目前，国债的品种非常丰富，基本满足了各层次的不同投资的需求，但同时也增加了投资者的选购难度。在不同市场环境下正确选择国债的品种，最主要的目的是分散投资风险，因此涉及投资债券的结构问题。

（1）当预测市场利率下降、债券市场行情上升时，应组成以长期债券为主的投资结构。例如，预测债券市场行情上升趋势缓慢，投资者对已形成的投资结构也不应轻易破坏，某些短期国债到期收回后，仍可按同等数额购入长期国债，获得复利的投资收益。

（2）当预测市场利率上升、债券市场行情下降时，则应组成以短期债券为主的投资结构，增加利滚利的机会，同时短期债券的兑付使投资者随时可以寻求新的投资机遇，此时是现金为王，有现金就有机会。

（3）当预测行情趋向平缓或行情明朗时，可做简单的等量购买，以求行情变动风险的平均化，并确保一定程度的经常性收益。当然，如果资金允许的话，应该长期持有一些短期债券，以避免利率波动带来损失。

实践思考题

1. 债券的票面要素包括哪些？
2. 债券的主要分类方法有哪些？
3. 债券价值的计算方法是什么？
4. 债券收益率的计算方法是什么？
5. 如何理解债券的信用评级？
6. 债券的投资风险有哪些？
7. 我国公司债的发展情况如何？
8. 公司债的主要特点有哪些？与股票的区别在哪？

案例分析

长江电力公司债案例分析

2007 年 9 月 24 日，长江电力公司（以下简称长电）债的顺利发行标志着公司债正式走进我国资本市场，极大地丰富了固定收益类投资工具，并为投资者提供了更加多样化的选择。公司债的推出，对于发展债权融资，促进资本市场均衡发展具有历史性的意义。

在目前资本市场上，固定收益类投资工具无论存量规模还是品种类别远远不能满足投资者日益增长的投资需要；而且，国内长期投资工具少、风险安全系数有限，一直是困扰机构投资者的难题。以中国人寿和中国平安两大保险公司为例，2006 年末，中国人寿债券类资产占投资资产的 52%，其中非企业债的占比为 90%；中国平安债券类资产占投资资产的 58%，其中非企业债的占比为 79%。而从一些发达国家的情况来看，公司债是保险公司债券组合中最大的券种。因而，公司债的发行也为机构投资者开拓了一条重要的投资渠道。

公司债是一种风险和收益均介于国债与股票之间的投资品种，适合有保值增值强烈需求，且又不愿意承担过大市场风险的投资者。在一些发达国家，公司债的个人投资者所占比例已达到了 20% 左右。在市场资金充裕，而股市风险日益积聚的今天，公司债的推出无疑将吸引大量稳健型投资者。

作为一种新的金融工具，公司债投资价值突出，具有多方面投资亮点。下面我们以长江电力公司债为例，剖析公司债的主要特点。

（1）公司质地优良：长电作为我国最大的水电类上市公司，业绩优良、收益稳定、现金流充沛，具有良好的偿债能力，公司评级和债券信用评级均为国内最高的 AAA 级。长电公司债具有准国债的特性，而其票面利息高于国债，对投资者有较大的吸引力。本期债券由建行提供全额担保，本息偿付有充分保障。银行的担保消除了保险机构投资本期债券的障碍，也增加了债券的流动性。

（2）市场化定价：以往企业债券发行利率由发行人和主承销商商定，且规定不得高于同期银行存款利率的 40%。本期长电债的票面利率由保荐人和发行人根据市场化询价结果协商确定，询价对象涵盖了交易所债券市场几乎所有类型的机构投资者，包括保险公司、社保基金、财务公司、基金公司、券商理财产品、信托投资公司、QFII 等，询价通过簿记建档的方式进行，询价市场化程度很高。票面利率比较真实地反映了市场对收益率的要求。

（3）设置了回售条款：本期公司债券规定，持有人有权在债券存续期间第 7 年付息日将其持有的债券全部或部分按面值回售给公司，实际上相当于在普通的 7 年期债券上附加了一个供投资者选择的条款。若 7 年后市场利率低于票面利率，则投资者可选择继续持有以获取较高收益，否则可选择回售。该条款为投资者提供了较大的操作空间，提升了债券的价值，其价值应高于普通的同资质的 7 年期债券。

（4）同时在交易所固定收益电子平台和竞价交易系统上市流通：固定收益电子平台采用报价交易和询价交易，比较适合机构投资者之间进行大宗债券交易，也符合国际上债券交易的通行做法。同时，电子平台的一级交易商可申请对长电债做市，将进一步提高长电债的流动性。而集中竞价交易系统具有实时、连续交易的特性，比较适合普通投资者参与债券交易。多种交易方式的有机结合，满足了不同投资者交易的偏好。

（5）多层面强化对债券持有人权益的保护：本期债券在国内首次引入了受托管理人和债券持有人会议强化对债券持有人权益的保护，华泰证券既是保荐人又是受托管理人，全程对发行人进行持续督导，保护债券持有人权益。另外，本期债券提供持续信息披露和跟踪评级安排。同时设定了多项偿债保障措施。长电债从多个层面强化了对债券持有人权益的保护。

随着公司债市场的成熟完善，目前限制公司债发展的类似于"保险机构不能投资于无担保企业债券"的政策将会逐步解除，未来公司债市场的投资主体将会大大丰富，包括商业银行等在内的金融机构可能都将逐步进入这一市场。未来公司债整体发行规模将逐步增加，公司债将逐步过渡到无担保的信用债券，其收益水平差异将逐步拉大，低信用等级的公司债将会有较高的收益率以覆盖其信用风险，而与此同时，债券价格的波动范围也将扩大。包括个人投资者在内的市场投资主体将面临一个广阔的投资空间。

实 训 课 堂

登录上交所和深交所网站，了解债券回购的相关行情及投资细节。

项 目 5　基 金 理 财

引 言

相信吉姆·罗杰斯（Jim Rogers）这个名字对于中国人来说并不陌生，一个在10年间赚到足够一生花用的财富的投资家，一个被股神巴菲特誉为对市场变化掌握无人能及的趋势家，一个两度环游世界的梦想家。

吉姆·罗杰斯21岁开始接触投资，之后进入华尔街工作，与索罗斯共创全球闻名的量子基金。1970年，该基金成长超过4000%，同期的标准普尔500股价指数才成长不到50%。吉姆·罗杰斯的投资智能已得到数字证明。

【知识目标】通过本章的学习，了解证券投资基金有关的概念和基础知识；熟悉基金投资存在的风险及规避方法；掌握基金买卖的投资策略和技巧。

【技能目标】能够初步把握对于基金公司和基金产品的选择。

5.1　基 金 理 财 基 础 知 识

5.1.1　证券投资基金的定义、基本特征与作用

1. 证券投资基金的定义

证券投资基金是指通过公开发售基金份额募集资金，由基金托管人托管，由基金管理人管理和运用资金，为基金份额持有人的利益，以资产组合方式进行证券投资的一种利益共享、风险共担的集合投资方式。

各国对投资基金的称谓有所不同，形式也有所不同，如美国的"共同基金"；英国及我国香港地区的"单位信托"；日本的"证券投资信托"等。尽管称谓不一，形式不同，其实质都是一样的，都是将众多分散的投资者的资金汇集起来，交由专家进行投资管理，然后按投资的份额分配收益。

2. 证券投资基金的基本特征

证券投资基金之所以在许多国家受到投资者的广泛欢迎，发展迅速，与证券投资基金本身的特点有关。作为一种现代化投资工具，证券投资基金所具备的特点是十分明显的。

（1）集合投资。基金的特点是将零散的资金汇集起来，交给专业机构投资于各种金融工具，以谋取资产的增值。基金对投资的最低限额要求不高，投资者可以根据自己的经济能力决定购买数量，有些基金甚至不限制投资额大小，因此，基金可以最广泛地吸收社会闲散资金，汇成规模巨大的投资资金。在参与证券投资时，资本越雄厚，优势越明显，而且可能享有大额投资在降低成本上的相对优势，从而获得规模效益的好处。

（2）分散风险。以科学的投资组合降低风险、提高收益是基金的另一大特点。在投资活动中，风险和收益总是并存的，因此，"不能将鸡蛋放在一个篮子里。"但是，要将实现投资

资产的多样化，需要一定的资金实力。对小额投资者而言，由于资金有限，很难做到这一点，而基金则可以帮助中小投资者解决这个困难，即可以凭借其集中的巨额资金，在法律规定的投资范围内进行科学的组合，分散投资于多种证券，实现资产组合多样化。通过多元化的投资组合，一方面借助于资金庞大和投资者众多的优势使每个投资者面临的投资风险变小；另一方面，利用不同投资对象之间收益率变化的相关性，达到分散投资风险的目的。

（3）专业理财。将分散的资金集中起来以信托方式交给专业机构进行投资运作，既是证券投资基金的一个重要特点，也是它的一个重要功能。基金实行专业理财制度，由受过专门训练、具有比较丰富的证券投资经验的专业人员运用各种技术手段收集、分析各种信息资料，预测金融市场上各个品种的价格变动趋势，制订投资策略和投资组合方案，从而可以避免投资决策失误，提高投资收益。对于那些没有时间，或者对市场不太熟悉的中小投资者来说，投资于基金可以分享基金管理人在市场信息、投资经验、金融知识和操作技术等方面所拥有的优势，从而尽可能地避免盲目投资带来的失误。

3．证券投资基金的作用

（1）基金为中小投资者拓宽了投资渠道。

对中小投资者来说，存款或购买债券较为稳妥，但收益率较低；投资于股票有可能获得较高收益，但风险较大。证券投资基金作为一种新型的投资工具，将众多投资者的小额资金汇集起来进行组合投资，由专家来管理和运作，经营稳定，收益可观，为中小投资者提供了较为理想的间接投资工具，大大拓宽了中小投资者的投资渠道。在美国，有50%左右的家庭投资于基金，基金占所有家庭资产的40%左右。因此可以说，基金已进入了寻常百姓家，成为大众化的投资工具。

（2）有利于证券市场的稳定和发展。

第一，基金的发展有利于证券市场的稳定。证券市场的稳定与否同市场的投资者结构密切相关。基金的出现和发展，能有效地改善证券市场的投资者结构。基金由专业投资人士经营管理，其投资经验比较丰富，收集和分析信息的能力较强，投资行为相对理性，客观上能起到稳定市场的作用。同时，基金一般注重资本的长期增长，多采取长期的投资行为，较少在证券市场上频繁进出，能减少证券市场的波动。第二，基金作为一种主要投资于证券市场的金融工具，它的出现和发展增加了证券市场的投资品种，扩大了证券市场的交易规模，起到了丰富和活跃证券市场的作用。随着基金的发展壮大，它已成为推动证券市场发展的重要动力。

5.1.2　证券投资基金的产生和发展

一般认为，基金起源于英国，是在18世纪末、19世纪初产业革命的推动下出现的。当时，产业革命的成功使英国生产力水平迅速提高，工商业都取得较大的发展，其殖民地和海外贸易遍及全球，大量的资金为追逐高额利润而涌向其他国家。可是，大多数投资者缺乏国际投资知识，又不了解外国的情况，难以直接参加海外投资。于是，人们便萌发了众人集资、委托专人经营和管理的想法。这一想法得到了英国政府的支持。1868年由政府出面组建了海外和殖民地政府信托组织，公开向社会发售受益凭证。海外和殖民地政府信托组织是公认的最早的基金机构，以分散投资于国外殖民地的公司债为主，其投资地区遍及南北美洲、中东、东南亚地区和意大利、葡萄牙、西班牙等国，当时的投资总额共达48万英镑。该基金类似股票，不能退股，也不能兑现，认购者的权益仅限于分红和派息。

第二次世界大战后，美国经济高速增长，带动过了投资基金的发展。1970 年，美国已有投资基金 361 个，总资产近 500 亿美元，投资者达千万人。20 世纪 70 年代，美国经济出现滞涨，高失业率伴随高通货膨胀率，投资基金的发展进入一个低迷阶段。进入 80 年代后，美国国内利率逐渐降低并趋于稳定，经济的增长和股市的兴旺也使投资基金得以快速发展。尤其在 80 年代中后期，股票市场长期平均收益高于银行存款和债券利率的优势逐渐显出，投资基金的发展出现了一个很大的飞跃。进入 90 年代，世界经济一体化的迅速发展使投资全球化的概念主导了投资基金的发展。目前美国的共同基金的资产总量已高达 80 000 亿美元，大约有 4000 万持有者，有 50%的家庭投资于基金，基金资产占所有家庭资产的 40%左右。

相关链接 5-1：我国证券投资基金发展概况

证券投资基金在我国发展的时间还比较短，但在证券监管机构的大力扶植下，在短短几年时间里获得了突飞猛进的发展。1997 年 11 月，国务院颁布《证券投资基金管理暂行办法》；1998 年 3 月，两只封闭式基金——基金金泰、基金开元设立，分别由国泰基金管理公司和南方基金管理公司管理；2004 年 6 月 1 日，我国《证券投资基金法》正式实施，以法律形式确认了证券投资基金在资本市场及社会主义市场经济中的地位和作用，成为中国证券投资基金发展史上的一个重要里程碑。证券投资基金从此进入崭新的发展阶段，基金数量和规模迅速增长，市场地位日趋重要，呈现出下列特点：

（1）基金规模快速增长，开放式基金后来居上，逐渐成为基金设立的主流形式。

1998 年—2001 年 9 月是我国封闭式基金发展阶段，在此期间，我国证券市场只有封闭式基金。2000 年 10 月 8 日，中国证监会发布了《开放式证券投资基金试点办法》；2001 年 9 月，我国第一只开放式基金诞生了。此后，我国基金市场进入开放式基金发展阶段，开放式基金成为基金设立的主要形式。而封闭式基金由于一直处于高折价交易状态，2002 年 8 月后的 5 年内没有发行新的封闭式基金，封闭式基金的发展陷入停滞状态。自 2006 年开始，随着我国早期发售的封闭式基金到期日的逐步临近，陆续有到期封闭式基金转为开放式基金。

截至 2011 年年底，我国共有证券投资基金 914 只，净值总额合计约为 2.19 万亿元。在 914 只基金中，有 57 只封闭式基金，基金净值总额约 0.09 万亿元；有 857 只开放式基金，基金净值总额合计约 2.10 万亿元。

（2）基金产品差异化日益明显，基金的投资风格也趋于多样化。

我国的基金产品除股票型基金外，债券基金、货币市场基金、保本基金、指数基金等纷纷问世。近年来，基金品种不断丰富，如出现了结构化基金、ETF 联接基金等。在投资风格方面，除传统的成长型基金、混合型基金外，还有收益型基金、价值型基金等。

（3）中国基金业发展迅速，对外开放的步伐加快。

近年来，我国基金业发展迅速，基金管理公司家数不断增加，管理基金规模不断扩大。截至 2011 年年末，我国已有基金管理公司 69 家，其中中外合资基金管理公司 39 家。2007 我国出现了第 1 家管理基金规模超过千亿元的基金公司。在基金管理公司数量不断增加的同时，其业务范围也有所扩大。2007 年 11 月，中国证监会基金部发布《基金管理公司特定客户资产管理业务试点办法》，允许符合条件的基金管理公司开展为特定客户管理资产的业务。此外，2006 年中国基金业开始国际化航程，获得 QDII 资格的国内基金管理公司可以通过募集基金投资国际市场，即设立 QDII 基金。2008 年起，部分基金管理公司获准到香港设立分公司，从事资产管理业务。

5.1.3　证券投资基金的类型

1. 按基金的组织形式划分，分为契约型基金和公司型基金

契约型基金又称单位信托基金，是将投资者、管理人、托管人三者作为信托关系的当事人，通过签订基金契约的形式发行受益凭证而设立的一种基金。契约型基金起源于英国，后来在中国香港、新加坡、印度尼西亚等国家和地区流行。契约型基金是基于信托原理而组织起来的代理投资方式，没有基金章程，也没有公司董事会，而是通过基金契约来规范三方当事人的行为。基金管理人负责基金的管理操作；基金托管人作为基金资产的名义持有人，负责基金资产的保管和处置，对基金管理人的运作实行监督。

公司型基金是依据基金公司章程设立，在法律上具有独立法人地位的股份投资公司。公司型基金以发行股份的方式募集资金，投资者购买基金公司的股份后，以基金持有人的身份成为投资公司的股东，凭其持有的股份依法享有投资收益。公司型基金在组织形式上与股份有限公司类似，由股东选举董事会，由董事会选聘基金管理公司，基金管理公司负责管理基金的投资业务。

契约型基金与公司型基金的区别：

（1）资金的性质不同。契约型基金的资金是通过发行基金份额筹集起来的信托财产；公司型基金的资金是通过发行普通股票筹集的公司法人的资本。

（2）投资者的地位不同。契约型基金的投资者购买基金份额后成为基金契约的当事人之一，投资者既是基金的委托人，即基于对基金管理人的信任，将自己的资金委托给基金管理人管理和营运，又是基金的受益人，即享有基金的受益权。公司型基金的投资者购买基金公司的股票后成为该公司的股东，因此，公司型基金的投资者对基金运作的影响比契约型基金的投资者大。

（3）基金的营运依据不同。契约型基金依据基金契约营运基金，公司型基金依据投资公司章程营运基金。

由此可见，契约型基金和公司型基金在法律依据、组织形式以及有关当事人的地位等方面是不同的，但它们都是把投资者的资金集中起来，按照基金设立时所规定的投资目标和策略，将基金资产分散投资于众多的金融产品上，获取收益后再分配给投资者的投资方式。目前我国的基金全部是契约型基金。

2. 按基金运作方式划分，分为封闭式基金和开放式基金

封闭式基金是指核准的基金份额总额在基金合同期限内固定不变，基金份额可以在依法设立的证券交易所交易，但基金份额持有人不得申请赎回的基金。由于封闭式基金在封闭期内不能追加认购或赎回，投资者只能通过证券经纪商在二级市场上进行基金的买卖。封闭式基金的期限是指基金的存续期，即基金从成立起到终止之间的时间。基金期限届满即为基金终止，管理人应组织清算小组对基金资产进行清产核资，并将清产核资后的基金净资产按照投资者的出资比例进行公正合理的分配。

开放式基金是指基金份额总额不固定，基金份额可以在基金合同约定的时间和场所申购或者赎回的基金。为了满足投资者赎回资金、实现变现的要求，开放式基金一般都从所筹资

金中拨出一定比例，以现金形式保持这部分资产。这虽然会影响基金的盈利水平，但作为开放式基金来说是必需的。

封闭式基金和开放式基金有以下主要区别：

（1）期限不同。封闭式基金有固定的存续期，通常在 5 年以上，一般为 10 年或 15 年，经受益人大会通过并经监管机构同意可以适当延长期限。开放式基金没有固定期限，投资者可随时向基金管理人赎回基金份额，若大量赎回甚至会导致基金清盘。

（2）发行规模限制不同。封闭式基金的基金规模是固定的，在封闭期限内未经法定程序认可不能增加发行。开放式基金没有发行规模限制，投资者可随时提出申购或赎回申请，基金规模随之增加或减少。

（3）基金份额交易方式不同。封闭式基金的基金份额在封闭期限内不能赎回，持有人只能在证券交易所出售给第三者，交易在基金投资者之间完成。开放式基金的投资者则可以在首次发行结束一段时间后，随时向基金管理人或其销售代理人提出申购或赎回申请，绝大多数开放式基金不上市交易，交易在投资者与基金管理人或其销售代理人之间进行。

（4）基金份额的交易价格计算标准不同。封闭式基金与开放式基金的基金份额除了首次发行价都是按面值加一定百分比的购买费计算外，以后的交易计价方式不同。封闭式基金的买卖价格受市场供求关系的影响，常出现溢价或折价现象，并不必然反映单位基金份额的净资产值。开放式基金的交易价格则取决于每一基金份额净资产值的大小，其申购价一般是基金份额净资产值加一定的购买费，赎回价是基金份额净资产值减去一定的赎回费，不直接受市场供求影响。

（5）基金份额资产净值公布的时间不同。封闭式基金一般每周或更长时间公布一次，开放式基金一般在每个交易日连续公布。

（6）交易费用不同。投资者在买卖封闭式基金时，在基金价格之外还要支付手续费；投资者在买卖开放式基金时，则要支付申购费和赎回费。

（7）投资策略不同。封闭式基金在封闭期内基金规模不会减少，因此可进行长期投资，基金资产的投资组合能有效地在预定计划内进行。开放式基金因基金份额可随时赎回，为应付投资者随时赎回兑现，所募集的资金不能全部用来投资，更不能把全部资金用于长期投资，必须保持基金资产的流动性，在投资组合上须保留一部分现金和高流动性的金融工具。

3. 按基金的投资标的划分，可分为债券基金、股票基金、货币市场基金等

（1）债券基金。债券基金是一种以债券为主要投资对象的证券投资基金。由于债券的年利率固定，因而这类基金的风险较低，适合于稳健型投资者。债券基金的收益会受市场利率的影响，当市场利率下调时，其收益会上升；反之，若市场利率上调，其收益将下降。除此以外，如果基金投资于境外市场，汇率也会影响基金的收益，管理人在购买国际债券时，往往还需要在外汇市场上进行套期保值。

在我国，根据《证券投资基金运作管理办法》的规定，80%以上的基金资产投资于债券的，为债券基金。

（2）股票基金。股票基金是指以上市股票为主要投资对象的证券投资基金。股票基金的投资目标侧重于追求资本利得和长期资本增值。基金管理人拟定投资组合，将资金投放到一个或几个国家甚至全球的股票市场，以达到分散投资、降低风险的目的。股票基金是最重要的基金品种，它的优点是资本的成长潜力较大，投资者不仅可以获得资本利得，还可以通过它将较少的资金投资于各类股票，从而实现在降低风险的同时保持较高收益的投资目标。

在我国，根据《证券投资基金运作管理办法》的规定，60%以上的基金资产投资于股票的，为股票基金。

（3）货币市场基金。货币市场基金是以货币市场工具为投资对象的一种基金，其投资对象期限较短，一般在1年以内，包括银行短期存款、国库券、公司短期债券、银行承兑票据及商业票据等货币市场工具。根据《证券投资基金运作管理办法》的规定，仅投资于货币市场工具的，为货币市场基金。货币市场基金的优点是资本安全性高，购买限额低，流动性强，收益较高，管理费用低，有些还不收取赎回费用。因此，货币市场基金通常被认为是低风险的投资工具。

（4）衍生证券投资基金。衍生证券投资基金是一种以衍生证券为投资对象的基金，包括期货基金、期权基金、认股权证基金等。这种基金风险大，因为衍生证券一般是高风险的投资品种。

4. 按基金的资产配置划分，可分为偏股型基金、偏债型基金、股债平衡型基金、灵活配置型基金等

这类基金通常同时投资于股票和债券，但依投资目标不同，将基金资产在股票和债券之间进行配比，统称混合型基金。偏股型基金对股票的配置比例较高，一般为50%～70%，债券的配置比例为20%～40%。债券型基金对债券的配置比例较高，对股票的配置比例相对较低。股债平衡型基金对股票和债券的配置较为均衡，约为40%～60%。灵活配置型基金对股票和债券的配置比例会依市场状况进行调节。

5. 按基金的投资理念划分，可分为主动型基金和被动型基金

（1）主动型基金。主动型基金是指力图取得超越基准组合表现的基金。

（2）被动型基金。被动型基金一般选取特定指数作为跟踪对象，因此通常又被称为"指数基金"。指数基金是20世纪70年代以来出现的新的基金品种。由于其投资组合模拟某一股价指数或债券指数，收益随着即期的价格指数上下波动，因此当价格指数上升时，基金收益增加；反之，收益减少。基金因始终保持即期的市场平均收益水平，因而收益不会太高，也不会太低。

6. 按基金的募集方式划分，可分为公募基金和私募基金

（1）公募基金。公募基金是可以面向社会公众公开发售的基金。公募基金可以向社会公众公开发售基金份额和宣传推广，基金募集对象不固定；基金份额的投资金额要求较低，适合中小投资者参与；基金必须遵守有关的法律法规，接受监管机构的监管并定期公开相关信息。

（2）私募基金。私募基金是向特定的投资者发售的基金。私募基金不能进行公开发售和宣传推广，只能采取非公开方式发行；基金份额的投资金额较高，风险较大，监管机构对投资者的资格和人数会加以限制；基金的投资范围较广，在基金运作和信息披露方面所受的限制和约束较少。

7. 特殊类型的基金

（1）ETF。

ETF是英文"Exchange Traded Funds"的简称，常被译为"交易所交易基金"，上海证券

交易所则将其定名为"交易型开放式指数基金"。ETF 是一种在交易所上市交易的、基金份额可变的一种基金运作方式。ETF 结合了封闭式基金与开放式基金的运作特点，一方面可以像封闭式基金一样在交易所二级市场进行买卖，另一方面又可以像开放式基金一样申购和赎回。不同的是，它的申购是用一篮子股票换取 ETF 份额，赎回时也是换回一篮子股票而不是现金。这种交易方式使该基金存在一级、二级市场之间的套利机制，可有效防止类似封闭式基金的大幅折价现象。

ETF 是以某一选定的指数所包含的成分证券为投资对象，依据构成指数的证券种类和比例，采用完全复制或抽样复制的方法进行被动投资的指数型基金。根据 ETF 跟踪的指数不同，可分为股票型 ETF、债券型 ETF 等，并且还可以进一步细分。ETF 最大的特点是实物申购、赎回机制，即它的申购是用一篮子股票换取 ETF 份额，赎回时是以基金份额换回一篮子股票而不是现金。ETF 有"最小申购、赎回份额"的规定，通常最小申购、赎回单位是 50 万份或 100 万份，申购、赎回必须以最小申购、赎回单位的整数倍进行，一般只有机构投资者才有实力参与一级市场的实物申购与赎回交易。ETF 实行一级市场和二级市场并存的交易制度。在一级市场，机构投资者可以在交易时间内以 ETF 指定的一篮子股票申购 ETF 份额或以 ETF 份额赎回一篮子股票。在二级市场，ETF 与普通股票一样在证券交易所挂牌交易，基金买入申报数量为 100 份或其整数倍，不足 100 份的基金可以卖出，机构投资者和中小投资者都可以按市场价格进行 ETF 份额交易。这种双重交易机制使 ETF 的二级市场价格不会过度偏离基金份额净值，因为一级、二级市场的价差会产生套利机会，而套利交易会使二级市场价格回复到基金份额净值附近。

（2）LOF。

上市开放式基金（Listed Open-ended Funds，LOF）是一种既可以同时在场外市场进行基金份额申购、赎回，又可以在交易所进行基金份额交易和基金份额申购或赎回，并通过份额转托管机制将场外市场与场内市场有机地联系在一起的一种开放式基金。

尽管同样是交易所交易的开放式基金，但就产品特性看，深圳证券交易所推出的 LOF 在世界范围内具有首创性。与 ETF 相区别，LOF 不一定采用指数基金模式，也可以是主动管理型基金；同时，申购和赎回均以现金进行，对申购和赎回没有规模上的限制，可以在交易所申购、赎回，也可以在代销网点进行。LOF 所具有的可以在场内外申购、赎回，以及场内外转托管的制度安排，使 LOF 不会出现封闭式基金大幅度折价交易的现象。2004 年 10 月 14 日，南方基金管理公司募集设立了南方积极配置证券投资基金（LOF），并于 2004 年 12 月 20 日在深圳证券交易所上市交易。

（3）保本基金。

保本基金是指通过采用投资组合保险技术，保证投资者在投资到期时至少能够获得投资本金或一定回报的证券投资基金。保本基金的投资目标是在锁定下跌风险的同时力争有机会获得潜在的高回报。

（4）QDII。

QDII 是 Qualified Domestic Institutional Investors （合格境内机构投资者）的首字缩写。QDII 基金是指在一国境内设立，经该国有关部门批准从事境外证券市场的股票、债券等有价证券投资的基金。它为国内投资者参与国际市场投资提供了便利。2007 年我国推出了首批 QDII 基金。

（5）分级基金。

分级基金又被称为"结构型基金""可分离交易基金"，是指在一只基金内部通过结构化的设计和安排，将普通基金份额拆分为具有不同预期收益与风险的两类（级）或多类（级）份额并可分离上市交易的一种基金产品。分级基金通常分为低风险收益端（优先份额）和高风险收益端（进取份额）两类份额。

5.1.4　证券投资基金的当事人

1. 证券投资基金份额持有人

基金份额持有人即基金投资者，是基金的出资人、基金资产的所有者和基金投资回报的受益人。基金份额持有人的基本权利包括对基金收益的享有权、对基金份额的转让权和在一定程度上对基金经营决策的参与权。对于不同类型的基金，持有人对投资决策的影响方式是不同的。在公司型基金中，基金份额持有人通过股东大会选举产生基金公司的董事会来行使对基金公司重大事项的决策权，对基金运作的影响力大些。而在契约型基金中，基金份额持有人只能通过召开基金受益人大会对基金的重大事项作出决议，但对基金日常决策一般不能施加直接影响。

基金份额持有人必须承担一定的义务，这些义务包括：遵守基金契约；缴纳基金认购款项及规定的费用；承担基金亏损或终止的有限责任；不从事任何有损基金及其他基金投资人合法权益的活动；在封闭式基金存续期间，不得要求赎回基金份额；在封闭式基金存续期间，交易行为和信息披露必须遵守法律、法规的有关规定；法律、法规及基金契约规定的其他义务。

2. 证券投资基金管理人

基金管理人是负责基金发起设立与经营管理的专业性机构，不仅负责基金的投资管理，而且承担着产品设计、基金营销、基金注册登记、基金估值、会计核算和客户服务等多方面的职责。我国《证券投资基金法》规定，基金管理人由依法设立的基金管理公司担任。基金管理公司通常由证券公司、信托投资公司或其他机构等发起设立，具有独立法人地位。基金管理人作为受托人，必须履行"诚信义务"。基金管理人的目标是受益人利益的最大化，因而不得出于自身利益的考虑损害基金持有人的利益。

我国对基金管理公司实行市场准入管理，《证券投资基金法》规定："设立基金管理公司，应当具备下列条件，并经国务院证券监督管理机构批准：有符合本法和《中华人民共和国公司法》规定的章程；注册资本不低于一亿元人民币，且必须为实缴货币资本；主要股东具有从事证券经营、证券投资咨询、信托资产管理或者其他金融资产管理的较好的经营业绩和良好的社会信誉，最近三年没有违法记录，注册资本不低于三亿元人民币；取得基金从业资格的人员达到法定人数；有符合要求的营业场所、安全防范设施和与基金管理业务有关的其他设施；有完善的内部稽核监控制度和风险控制制度；法律、行政法规规定的和经国务院批准的国务院证券监督管理机构规定的其他条件。"

目前我国基金管理公司的业务主要包括：证券投资基金业务、受托资产管理业务和投资咨询服务；此外，基金管理公司还可以作为投资管理人从事社保基金管理和企业年金管理业务、QDII 业务等。

3. 证券投资基金托管人

为充分保障基金投资者的权益，防止基金资产被挪作他用，各国的证券投资信托法规都规定必须由某一托管机构，即基金托管人来对基金管理机构的投资操作进行监督和保管基金资产。如美国 1940 年《投资公司法》规定，投资公司（即基金公司）应将基金的证券、资产及现金存放于托管公司，托管公司应为基金设立独立账户，分别管理，定期检查。

基金托管人又称为基金保管人，是根据法律法规的要求，在证券投资基金运作中承担资产保管、交易监督、信息披露、资产清算与会计核算等相应职责的当事人。基金托管人是基金持有人权益的代表，通常由有实力的商业银行或信托投资公司担任。基金托管人与基金管理人签订托管协议，在托管协议规定的范围内履行自己的职责并收取一定的报酬。我国《证券投资基金法》规定，基金托管人由依法设立并取得基金托管资格的商业银行担任。

4. 证券投资基金当事人之间的关系

（1）持有人与管理人之间的关系。在基金的当事人中，基金份额持有人通过购买基金份额或基金股份，参加基金投资并将资金交给基金管理人管理，享有基金投资的收益权，是基金资产的终极所有者和基金投资收益的受益人。基金管理人则是接受基金份额持有人的委托，负责对所筹集的资金进行具体的投资决策和日常管理，并有权委托基金托管人保管基金资产的金融中介机构。因此，基金份额持有人与基金管理人之间的关系是委托人、受益人与受托人的关系，也是所有者和经营者之间的关系。

（2）管理人与托管人之间的关系。基金管理人与托管人的关系是相互制衡的关系。基金管理人是基金的组织者和管理者，负责基金资产的经营，是基金运营的核心；托管人由主管机关认可的金融机构担任，负责基金资产的保管，依据基金管理机构的指令处置基金资产并监督管理人的投资运作是否合法合规。对基金管理人而言，处理有关证券、现金收付的具体事务交由基金托管人办理，就可以专心从事资产的运用和投资决策。基金管理人和基金托管人均对基金份额持有人负责。他们的权利和义务在基金合同或基金公司章程中已预先界定清楚，任何一方有违规之处，对方都应当监督并及时制止，直至请求更换违规方。这种相互制衡的运行机制，有利于基金信托财产的安全和基金运用的绩效。但是这种机制的作用得以有效发挥的前提是基金托管人与基金管理人必须严格分工，由不具有任何关联关系的不同机构或公司担任，两者在财务上、人事上、法律地位上应该完全独立。

（3）持有人与托管人之间的关系。基金份额持有人与托管人的关系是委托与受托的关系，也就是说，基金份额持有人将基金资产委托给托管人保管。对持有人而言，将基金资产委托给专门的机构保管，可以确保基金资产的安全；对基金托管人而言，必须对基金份额持有人负责，监管基金管理人的行为，使其经营行为符合法律法规的要求，为基金份额持有人的利益而勤勉尽责，保证资产安全，提高资产的报酬。

5.1.5 证券投资基金与股票、债券的区别

1. 反映的经济关系不同

股票反映的是所有权关系，债券反映的是债权债务关系，而基金反映的则是信托关系，但公司型基金除外。

2. 筹集资金的投向不同

股票和债券是直接投资工具，筹集的资金主要投向实业，而基金是间接投资工具，筹集的资金主要投向有价证券等金融工具。

3. 收益风险水平不同

股票的直接收益取决于发行公司的经营效益，不确定性强，投资于股票有较大的风险。

债券的直接收益取决债券利率，而债券利率一般是事先确定的，投资风险较小。基金主要投资于有价证券，投资选择灵活多样，从而使基金的收益有可能高于债券，投资风险又可能小于股票。因此，基金能满足那些不能或不宜直接参与股票、债券投资的个人或机构的需要。

5.2 证券投资基金的费用、收入与资产估值

5.2.1 证券投资基金的费用

基金从设立到终止都要支付一定的费用。通常情况下，基金所支付的费用主要有以下几个方面：

1. 基金管理费

基金管理费是指从基金资产中提取的、支付给为基金提供专业化服务的基金管理人的费用，即管理人为管理和运作基金而收取的费用。基金管理费通常按照每个估值日基金净资产的一定比率（年率）逐日计提，累计至每月月底，按月支付。管理费率通常与基金规模呈反比，规模越大，每一基金单位所支付的费用比例就越低。管理费率和基金投资对象的管理难度呈正比，难度越高，费率越高。当基金经营业绩出色时，管理公司可按约定提取一定比例的业绩报酬用于对主要管理明星的奖励。例如，新发行的规模为 30 亿份的新基金就将管理人报酬分为两部分：一部分是 1.5%的按净值计提的固定年费率；另一部分是业绩报酬，当基金的可分配收益率高于同期银行一年定期储蓄存款利率 20%以上，且当年基金资产净值增长率高于同期证券市场平均收益率时，可按一定比例（净值的 5%左右）计提。

我国基金的年管理费率最初为 2.5%，随着基金规模的扩大和竞争的加剧，管理费有逐步调低的倾向。目前，我国股票基金大部分按照 1.5%的比率计提基金管理费，债券基金的管理费率一般低于 1%，货币基金的管理费率为 0.33%。管理费通常从基金的股息、利息收益中或从基金资产中扣除，不另向投资者收取。

2. 基金托管费

基金托管费是指基金托管人为保管和处置基金资产而向基金收取的费用。托管费通常按照基金资产净值的一定比率提取，逐日计算并累计，按月支付给托管人。托管费从基金资产中提取，费率也会因基金种类不同而异。目前，我国封闭式基金按照 0.25%的比率计提基金托管费，开放式基金根据基金合同的规定比率计提，通常低于 0.25%；股票型基金的托管费率高于债券型基金及货币市场基金的托管费率。我国规定，基金托管人可磋商酌情调低基金托管费，经中国证监会核准后公布，无须为此召开基金持有人大会。

3. 基金交易费

基金交易费是指基金在进行证券买卖交易时所发生的相关交易费用。目前，我国证券投资基金的交易费用主要包括印花税、交易佣金、过户费、经手费、证管费。交易佣金由证券公司按成交金额的一定比例向基金收取，印花税、过户费、经手费、证管费等则由登记公司或交易所按有关规定收取。参与银行间债券交易的，还需向中央国债登记结算有限责任公司支付银行间账户服务费，向全国银行间同业拆借中心支付交易手续费等服务费用。

4. 基金运作费

基金运作费是指为保证基金正常运作而发生的应由基金承担的费用，包括审计费、律师费、上市年费、信息披露费、分红手续费、持有人大会费、开户费、银行汇划手续费等。按

照有关规定，发生的这些费用如果影响基金份额净值小数点后第5位的，即发生的费用大于基金净值的十万分之一，应采用预提或待摊的方法计入基金损益。发生的费用如果不影响基金份额净值小数点后第5位的，即发生的费用小于基金净值十万分之一，应于发生时直接计入基金损益。

5. 基金销售服务费

基金销售服务费是指从基金资产中扣除的用于支付销售机构佣金以及基金管理人的基金营销广告费、促销活动费、持有人服务费等方面的费用。目前只有货币市场基金以及其他经中国证监会核准的基金产品收取基金销售服务费，基金管理人可以按照相关规定从基金财产中持续计提一定比例的销售服务费。收取销售服务费的基金通常不再收取申购费。

5.2.2 证券投资基金的收入及利润分配

1. 证券投资基金的收入来源

证券投资基金收入是基金资产在运作过程中所产生的各种收入，主要包括利息收入、投资收益以及其他收入。基金资产估值引起的资产价值变动作为公允价值变动损益计入当期损益。

2. 证券投资基金的利润分配

证券投资基金利润是指基金在一定会计期间的经营成果，利润（收益）包括收入减去费用后的净额、直接计入当期利润的利得和损失等，也被称为"基金收益"。证券投资基金在获取投资收入扣除费用后，须将利润分配给受益人。基金利润分配通常有两种方式：一是分配现金，这是最普遍的分配方式；二是分配基金份额，即将应分配的净利润折为等额的新的基金份额送给受益人。

按照《证券投资基金管理办法》的规定，封闭式基金的收益利润（收益）分配每年不得少于一次，封闭式基金年度收益分配比例不得低于基金年度已实现收益的90%。封闭式基金一般采用现金方式分红。开放式基金的基金合同应当约定每年基金利润（收益）分配的最多次数和基金利润收益分配的最低比例。开放式基金的分红方式有现金分红和分红再投资转换为基金份额两种。根据规定，基金利润（收益）分配应当采用现金方式。开放式基金的基金份额持有人可以事先选择将所获分配的现金利润（收益）按照基金合同有关基金份额申购的约定转为基金份额；基金份额持有人事先未作出选择的，基金管理人应当支付现金。

5.2.3 证券投资基金的资产估值

1. 基金资产净值

基金资产总值是指基金所拥有的各类证券的价值、银行存款本息、基金应收的申购余款以及其他投资所形成的价值总和。基金资产净值是指基金资产总值减去负债后的价值。基金份额净值是指某一时点上某一投资基金每份基金份额实际代表的价值。基金资产净值和基金份额净值计算公式如下：

$$基金资产净值＝基金资产总值－基金负债$$
$$基金份额净值＝基金资产净值÷基金总份额$$

基金份额净值是衡量一个基金经营业绩的主要指标，也是基金份额交易价格的内在价值和计算依据。一般情况下，基金份额价格与基金份额净值趋于一致，即基金净值增长，基金份额价格也随之提高。尤其是开放式基金，其基金份额的申购和赎回价格都直接按基金份额净值计价。封闭式基金在证券交易所上市，其价格除取决于基金份额净值外，还受到市场供求状况、经济形势、政治环境等多种因素的影响，其价格与资产份额净值常发生偏离。

2．基金资产估值

基金资产估值是指通过对基金所拥有的全部资产及所有负债按一定的原则和方法进行估算，进而确定基金资产公允价值的过程。

（1）估值的目的。基金资产估值的目的是客观、准确地反映基金资产是否得到了保值与增值。经基金资产估值后确定的基金资产净值而计算出的基金份额净值，是计算基金份额转让价格尤其是计算开放式基金申购与赎回价格的基础。

（2）估值的对象。估值的对象为基金依法拥有的各类资产，如股票、债券、权证、股息红利、债券利息和银行存款本息等资产。

（3）估值日的确定。基金管理人应于每个交易日当天对基金资产进行估值。

（4）估值暂停。基金管理人虽然必须按规定对基金净资产进行估值，但遇到以下特殊情况，可以暂停估值：

1）基金投资所涉及的证券交易所遇法定节假日或因其他原因暂停营业时；

2）因不可抗力或其他情形致使基金管理人、基金托管人无法准确评估基金资产价值时；

3）占基金相当比例的投资品种的估值出现重大转变，而基金管理人为保障投资人的利益，已决定延迟估值；

4）如出现基金管理人认为属于紧急事故的任何情况，会导致基金管理人不能出售或评估基金资产的；

5）中国证监会和基金合同认定的其他情形。

（5）估值基本原则。按照我国《企业会计准则》和中国证监会相关规定，估值的基本原则如下：

1）对存在活跃市场的投资品种，如估值日有市价的，应采用市价确定公允价值。估值日无市价的，但最近交易日后经济环境未发生重大变化，应采用最近交易市价确定公允价值；估值日无市价的，且最近交易日后经济环境发生了重大变化的，应参考类似投资品种的现行市价及重大变化因素，调整最近交易市价，确定公允价值。有充分证据表明最近交易市价不能真实反映公允价值的（如异常原因导致长期停牌或临时停牌的股票等），应对最近交易的市价进行调整，以确定投资品种的公允价值。

2）对不存在活跃市场的投资品种，应采用市场参与者普遍认同且被以往市场实际交易价格验证具有可靠性的估值技术确定公允价值。运用估值技术得出的结果，应反映估值日在公平条件下进行正常商业交易所采用的交易价格。采用估值技术确定公允价值时，应尽可能使用市场参与者在定价时考虑的所有市场参数，并应通过定期校验，确保估值技术的有效性。

3）有充足理由表明按以上估值原则仍不能客观反映相关投资品种的公允价值的，基金管理公司应根据具体情况与托管银行进行商定，按最能恰当反映公允价值的价格估值。

5.3 证券投资基金的投资风险与投资策略

5.3.1 证券投资基金的投资风险

1．证券投资基金的风险种类

证券投资基金的优点在于规模经营、专家理财、风险分散，但是这并不意味着基金就是

无风险的金融工具。任何一种投资都会存在风险,基金不仅存在风险,而且还具有自身的特点。证券投资基金存在的风险主要有:

(1)市场风险。基金主要投资于证券市场,投资者购买基金,相对于购买股票而言,由于能有效地分散投资和利用专家优势,可能对控制风险有利。分散投资虽然能在一定程度上消除来自个别公司的非系统性风险,但无法消除市场的系统性风险。因此,证券市场价格因经济因素、政治因素等各种因素的影响而产生波动时,将导致基金收益水平和净值发生变化,从而给基金投资者带来风险。

(2)管理能力风险。基金管理人作为专业投资机构,虽然比普通投资者在风险管理方面确实有某些优势,如能较好地认识风险的性质、来源和种类,能较准确地度量风险,并通常能够按照自己的投资目标和风险承受能力构造有效的证券组合,在市场变动的情况下,及时地对投资组合进行更新,从而将基金资产风险控制在预定的范围内等,但是,不同的基金管理人的基金投资管理水平、管理手段和管理技术存在差异,从而对基金收益水平产生影响。

(3)技术风险。当计算机、通信系统、交易网络等技术保障系统或信息网络支持出现异常情况时,可能导致基金日常的申购或赎回无法按正常时限完成、注册登记系统瘫痪、核算系统无法按正常时限显示基金净值、基金的投资交易指令无法及时传输等风险。

(4)巨额赎回风险。这是开放式基金所特有的风险。若因市场剧烈波动或其他原因而连续出现巨额赎回,并导致基金管理人出现现金支付困难时,基金投资者申请赎回基金份额,可能会遇到部分顺延赎回或暂停赎回等风险。

2. 证券投资基金投资风险的规避方法

(1)进行试探性投资。

"投石问路"是投资者降低投资风险的好办法。新入市的投资者在基金投资中,常常把握不住最适当的买进时机。如果在没有太大的获利把握时将全部资金都投入基金市场,就有可能遭受惨重损失。如果投资者先将少量资金作为购买基金的投资试探,以此作为是否大量购买的依据,可以减少基金买进中的盲目性和失误率,从而减少投资者买进基金后被套牢的风险。对于很多没有基金投资经历的人来说,不妨采取"试探性投资"的方法,可以从小额单笔投资基金或每月几百元定期定额投资基金开始。

那么,投资者如何进行试探性的投资呢?

1)根据风险接受程度选择。如较积极或风险承受力较高时,以偏股型为佳,反之则以混合型为好。

2)选择2~3家基金公司的3~5只基金,以分散投资风险。

3)选出好公司中表现优秀的基金。如果过去3~12个月的基金业绩表现比指数好,应该不会太差。但不论资金多寡,同时追踪的基金不应超过5只,否则就不易深入了解每只基金。何况基金本身持股就很分散,已在很大程度上降低了风险。

4)买基金后还要坚持做功课,关注基金的涨跌,并与指数变动做比较,由此提高对基金业绩的分析能力。此外还可登录基金公司网站,收集基金持股资料及基金经理的观点,提升对基金业的认识,几个月后你对投资基金就会有一定的了解。

(2)进行分散投资。

投资者宜进行基金的组合投资。开放式基金组合投资的好处首先在于可以分散市场风险,避免因单只基金选择不当而造成较大的投资损失。其次在于可以较好地控制流动性风险,即开放式基金的赎回风险，如果投资过分集中于某一只开放式基金，就有可能在需要赎回时因为流动性问题无法及时变现。一般来说，大规模的机构投资者适宜投资的基金数量应在10只左右。资金规模较小的个人投资者适宜投资的基金数量应在2～3只。如果数量太多则会增加投资成本，降低预期收益。而太少则无法分散风险，赎回变现时则会遇到困难。

1）分散投资标的，建立投资组合。降低风险最有效同时也是最广泛地被采用的方法，就是分散投资，即马克·吐温所说的："不要将所有的鸡蛋放在同一个篮子里。"这种方法之所以具有降低风险的效果，是由于各投资标的间具有不会齐涨共跌的特性，即使齐涨共跌，其幅度也不会相同。所以，当几种投资组成一个投资组合时，其组合的投资报酬是个别投资的加权平均，其中涨跌的作用会相互抵消，从而降低风险。

如果投资者对大部分的基金投资技巧都不是很精通，同时对大多数基金都不是十分熟悉，分散投资将是一个不错的选择。只要投资者能长期持有，靠平均报酬便足以获得丰厚的回报。

2）选择分散投资时机。分散投资时机也是降低投资风险的好方法。在时机的选择上，通常采用的方法是：预期市场反转走强或基金基本面优秀时，进行申购；预期市场持续好转或基金基本面改善时，进一步增持；预期市场维持现状或基金基本面维持现状，可继续持有；预期市场持续下跌或基金基本面弱化时进行减持；预期市场大幅下跌或基金基本面持续弱化时赎回。

（3）长期持有。

基金是长期理财的有效工具。长期持有也可以降低基金投资的风险，因为市场的大势是走高的。有位证券分析师说："根据统计，股市有55%的日子是上涨的，有45%的日子是下跌的。糟糕的是，我们不知道哪些天会上涨。"因此，若你知道明天是涨还是跌，最聪明的办法就是猜明天会涨因为猜的次数越多，猜对的概率就越高。既然每天都猜股市会涨，那么最佳的投资策略就是：有钱就买，买了就不要卖。这种办法看起来非常笨，却是最管用的投资方法。

有人通过对股市的长期跟踪发现，过去投资股市，以持有一个完全分散风险的投资组合而言，持有时间越长，发生损失的概率就越小；持有1天下跌的可能性是45%，持有一个月下跌的可能性是40%，持有一年下跌的可能性是34%，持有5年下跌的可能性已降为1%，若持有10年以上，则完全没有发生损失的可能性。因此，长期持有是降低选错卖出时机之风险的重要手段。

（4）基金定投，平摊成本。

基金定投也是降低投资风险的有效方法。目前，很多基金都开通了基金定投业务。投资者只需选择一只基金，向代销该基金的银行或券商提出申请，选择设定每月投资金额和扣款时间以及投资期限，办理完有关手续后就可以坐等基金公司自动划账。目前，很多基金都可以通过网上银行和基金公司的网上直销系统设置基金定投，投资者是足不出户，轻点鼠标，就可以完成所有操作。

基金定投的最主要优点是起点低，成本平摊，风险降低。不少基金一次性申购的起点金额为5000元，如果做基金定投，每月只需几百元。工行的基金定投业务的每月最低申购额仅为200元人民币，招行的最低门槛也只有500元。此外，基金定投不必筹措大笔资金，每月运用生活必要支出外的闲置金钱来投资即可，不会造成经济上额外的负担，长期坚持会积少成多使小钱变大钱，以应付未来对大额资金的需求。而且长期的获利将远过定存利息所得。

并且投资期间越长，相应的风险就越低。一项以台湾地区加权股价指数模拟的统计显示，定期定额只要投资超过 10 年，亏损的概率则接近零。

这种"每个月扣款买基金"的方式也兼具强迫储蓄的功能，比起自己投资股票或整笔购买基金的投资方式，更能让花钱如流水的人在不知不觉中每月存下一笔固定的资金。让你在三五年之后，发现自己竟然还有一笔不小的"外快"。需要注意的是，投资者必须要指定一个资金账户作为每月固定扣款账户，并且这个账户是进行基金交易时的指定资金账户。如果到了扣款日因投资者账户内资金余额不足则会导致该月扣款不成功，因此投资者需要在每月扣款日前在账户内按约定存足资金。

每个人都想在最低点买入基金，但低点买入是可遇不可求的。定额投资，基金净值下降时，所申购的份额就会较多；基金净值上升，所购买到的份额就会变少，但长期下来，会产生平摊投资成本的结果，也降低了投资风险。

（5）理性看待基金排名。

由于基金行业的竞争，每家投资基金每周要公布资产净值，基金评价机构对基金以净值增长率为核心进行评级排名，这种排名往往忽视或未考虑风险因素。短期排名给各基金管理人很大的压力，基金经理不得不关注自己重仓股的短期涨跌，其投资必然受市场氛围的影响，也必然要动摇长期投资的理念，从而为了短期业绩的考核而采用短视的投资策略。但当市场反转时，众多根据排名和评级进行投资的人不约而同地陷入穷途末路也就成为必然了。

5.3.2　证券投资基金的投资策略

1. 基金赚钱的关键在选择

投资股票，既可以从股票的价差中获利，也可以获取上市公司的分红。那么投资基金呢？引起投资者关注的还是基金分红。事实上，一只基金的好坏在短时间内是很难看出来的，只有经过牛市、熊市的锤炼，在相当长的时间内都能保持较好的收益，这样才能具有说服力。下面就谈谈如何选基金：

（1）投资策略是否合理。

基金的投资策略应符合长期投资的理念。投资人应避免持有那些注重短线投机以及投资范围狭窄的基金，如大量投资于互联网概念股的基金。另一方面，基金经理应该有丰富的投资经验，这关系到基金管理人的过往业绩的持续性，必须重点考察。此外，基金应设有赎回费以减少投资者短期操作的意愿，并采取比较客观公正的估值方法以保证基金资产净值准确地反映其持有资产的当前价值。

（2）费用是否适当。

投资人应该把营运费用过高的基金排除在选择范围之外。营运费用指基金年度运作费用，包括管理费、托管费、证券交易费、其他费用等。一般地，规模较小的基金可能产生较高的营运费率，而规模相近的基金营运费率应大致在同一水平上。对于有申购费的基金而言，前端收费比后端收费长期来看对投资人有利。在境外，几只基金进行合并时有发生，但合并不应导致营运费用的上升。

（3）信息披露是否充分。

基金信息披露是否充分，一方面体现了对投资人的尊重和坦诚，另一方面则关系到投资人能否充分了解其投资策略、投资管理和费用等关键信息。除了通常情况下披露投资策略、基金经理的名字及其背景之外，当投资策略有重大调整、基金经理的职权甚至人员发生变更时，基金应当及时地、完整地公告。投资人还应注意，基金经理是否坦诚地陈述与评价其投资定位和业绩表现，具体可关注年度报告中基金经理工作报告。

境外基金在合并时还应说明基金经理、投资策略和费用水平是否发生变化，并披露基金经理合并时签订的合同期限，包括其中的离职条款。

（4）管理人是否与投资人利益一致。

如果有可能，投资人还应当了解基金经理及高层管理人员的报酬机制，尤其是与业绩挂钩的奖金的发放制度。因为基金公司的激励机制应建立在投资者利益最大化的基础上，而不是基金公司股东利益最大化。另一方面，还可以关注基金公司是否有一定的淘汰机制更换业绩差的基金经理。

（5）明确自己应该购买哪一类基金产品。

基金的类型之分来自其投资对象不同，比如 60%以上资产投资于股票的就称之为股票型基金。由于不同类型的基金其风险和收益比重也各不相同，因此，投资者在投资基金时要明确自己应该购买哪一类基金产品。

风险承受能力和投资期间的市场表现情况是应该主要考虑的因素。股票型、混合型、债券型和货币型，按风险和收益排序从高到低，一定要根据自己的投资偏好选择。比如，处于退休期间的投资者最好不要太多涉及风险偏高的基金产品，应转而以投资货币市场基金等安全稳定型产品为宜。此外，投资期间的市场表现如何也要适当考虑。比如，看好未来行情的话，就可以考虑增加对股票型等风险收益偏高的基金的购买。

（6）基金公司是否值得信赖。

选定了基金类型，如何选择一只具有投资价值的优质基金呢？一个值得信赖的基金公司是最先需要考虑的标准。值得投资者信赖的基金公司一定会以客户的利益最大化为目标，其内部控制良好，管理体系比较完善，与此同时，基金经理人的素质和稳定性也很重要。变动不断的人事很难传承企业文化，对于基金操作的稳定性也有负面的影响。

有了公司做保障之后，就要细细研究一下这只基金的表现如何了，其以往业绩是值得参考的一方面内容。不过，在比较基金以往业绩时，不能单纯地看基金的回报率，还必须有相应的背景参照，如相关指数和投资于同类型证券的其他基金。这样比较基金业绩是在考虑了风险的前提之下的公允比较，更有助于你挑选出优秀的基金。

（7）基金的投资期限是否与你的需求相符。

一般来说，投资期限越长，投资者越不用担心基金价格的短期波动，从而可以选择投资更为积极的基金品种。如果投资者的投资期限较短，则应该尽量考虑一些风险较低的基金。

（8）投资者所能承受的风险大小。

一般来讲，高风险投资的回报潜力也较高。然而，如果投资者对市场的短期波动较为敏感，便应该考虑投资一些风险较低、收益较为稳定的基金；假如投资者的投资取向较为进取，并不介意市场的短期波动，同时希望赚取较高的回报，那么一些较高风险的基金或许更加符合投资者的需要。

2. 恰当把握申购和赎回基金的时机

基金作为一种中长期的投资工具，追求的是长期投资收益和效果。盲目地对基金产品进行追涨杀跌的波段操作，只会降低自己的收益。在实际生活中，很多投资者买基金往往抱着急功近利的心态，恨不得这个月买的基金，在下个月就能有 20%的收益。这样的投资者完全是用炒股票的心态来买基金，是很不可取的。因为，不同类型基金的收益高低在一定程度上往往取决于证券的买卖时机。因此，对于投资者来说，就必须准确把握基金申购和赎回的时机。

交易时机的选择是基金投资的一个重要影响因素。如果每次交易的节奏正好能吻合股市的波动，自然可以使投资收益最大化。但时机的选择对投资收益的影响只是一个方面，国外早有大批学者做过这方面的研究，资产配置的情况、基金的选择等因素也对收益产生重大影响。

首先，时机的把握是很难的。当我们谈时机选择的问题时，长线是金，短线是银，这是每一个基金管理人都会对投资者说的。当你通过对基金的精心挑选后，长期持有确实是个不错的选择。如果价格下跌，那么你甚至可以再买入一些基金单位。正如我们知道的利用证券市场的波动来盈利并不是件容易的事（这也恰好是我们选择基金投资的原因），同样地，利用市场的波动进行基金交易牟利也十分困难。因此，当投资者购买一只基金后，在不出现重大意外的情况下，建议长期持有自己的基金。但是利用基金的申购与赎回牟利却并不是不可能的，特别是在某些情况下，这种基金投资的转化是提高投资收益的有效手段。如股市出现持续低迷，不断走低时，我们就可以考虑赎回股票基金转入债券基金或者货币基金，甚至持有现金。

对于新发行的基金，当投资者觉得值得投资时立即购买是通常的选择，但对于申购基金就面临着购入价格的选择问题。这里仅提出一个只考虑系统性风险情况下的基本原则：购买下跌中的基金。当然这个原则的前提是基金净值的下跌是由于系统性风险也就是市场风险引起的，如果基金净值的下跌超过了同类基金的平均水平就不在考虑之列。当市场疲软时对于基金的长期投资者是非常有利的，因为此时基金较容易建立良好的组合投资，为市场上升时的盈利奠定基础。当然这并不是说排除业绩突出、基金净值不断增长的基金，业绩突出说明公司管理水平有过人之处，是投资者的良好选择，在排除系统性风险影响的情况下，是投资者购买的首选。

3. 建立基金的投资组合

"把所有的鸡蛋都放在一个篮子里"与分散投资、降低风险的基本常识是违背的。虽然基金投资本身就是一个分散风险的过程，但是由于不同基金有着不同的风险，资金充裕的投资者仍有必要同时选择多只基金投资，分散投资基金的风险。下面介绍基金投资组合建立的两种基本方法。

（1）选择不同投资风格的基金进行组合。

在相同市场情况下不同投资风格的基金的表现可能会有很大差异性，因此，可以选择不同投资风格的基金进行投资组合，但不建议选择同一家基金管理公司的基金进行组合。

（2）选择不同投资方向的基金进行组合。

目前市场上基金的投资主要限于股票和债券，而这两种证券有着负的相关性。也就是说，当股票市场好时，往往债券市场不太景气，所以可以用股票型的基金和债券型的基金构建基金投资组合。另外，有些基金在股票市场上的投资对象比较集中，例如一只基金主要关注股票市场上的能源类和银行类股票，而另一只基金则主要关注于高科技类股票，那么，也可以选择这些不同投资方向的基金构建我们的基金投资组合。

相关链接 5-2：走出基金投资的误区

误区一：重仓股陌生面孔较多的基金较好

解读：有些基民喜欢买持仓较为特立独行的基金，对于那些十大重仓股中多是热门股票的基金，会认为没特点，业绩也只是随大流。其实，这种观点是错误的。在目前的A股市场，公募基金的价值发现作用在相当程度上还能得到体现，公募基金的资金也可以影响部分个股和行业的走势，机构的一致预期往往是牛股后半程的主要上涨动力。对于基金经理来说，持股与众不同并不是一个好标签，能比同行早一步介入日后的抱团股，才是成功的特质。所有重仓股都是普通投资者所熟悉的，这样的基金不值得推崇，但那些冷僻的个股，也最好不要超过前十大的一半。

误区二：重仓股多是新兴产业的就是成长型基金

解读：一些对股市有一定了解的基民有一种错误的认识，那就是他们知道不能按名称选基金，而是根据重仓股和行业来确定是成长型还是价值型。当发现重仓股中主要是新兴产业个股时，就认为是成长型基金。事实上，经过过去几年的上涨，不少新兴产业的个股已经有了几百亿甚至上千亿左右的市值。比如，歌尔声学（002241，股吧）、大华股份（002236，股吧）、海康威视（002415，股吧）、碧水源（300070，股吧）、蓝色光标（300058，股吧）等，这些股票现在整体上已经可以视作蓝筹股，但与传统产业的蓝筹股还是有所区别，准确地说是介于蓝筹股和成长股之间，但绝不能用成长股来理解了。只有那些持仓在200亿市值以下个股的基金，才可视为成长型或黑马类基金。

误区三：不信任新基金或次新基金，先观察一年业绩

解读：近几年基民对待新基金会比较谨慎，往往想先观察半年一年的业绩再决定是否购买。笔者认为还是要分情况对待，等待时间太长有时会错过机会。如果新基金的基金经理过去只管过1只基金，或担任经理助理已有较长时间，管理的基金业绩属于上游但不拔尖，而新基金合同的投资范围更宽、限制更少，这样的基金不妨看好些。尤其是下半年成立的基金，在接下来的一个完整年度，其可以参与牛基评选，这时的动力还是很足的。而如果基金经理已独立管理2只基金或1只且同时兼任公司高管，那么精力就会有所不足，这时要视其是否卸任老基金经理而定。对于绝大多数基金经理，我们认为其只能管好1只基金，或2只非常相似的基金。

误区四：过分相信一些牛基的调整能力

解读：现在买到牛基的基民越来越多了，而四季度基民情绪上会有所松懈，如果手里的基金排名很靠前，从冲年终排名的角度会对其预期过高。事实上，如果三季度该基金刚经历过大涨，四季度多数很难再有突出表现。对于规模超过20亿的基金，往往很难做出及时调整，有可能碰到连续2个月排名靠后的情况；而小于20亿的基金，在保持足够的谨慎和勤奋情况下，可能在1个月左右完成调仓。这个规律放在年中也是一样，即使全年前十的基金，途中也都会有3~4次单月排名下滑或2~3次连续两月业绩平庸的情况。把握这样的规律，对于波段操作基金的基民是有价值的。

误区五：定投是懒人游戏，每月发了工资就投一下

解读：有心的投资者仍应该关注定投的四个方面：选基、组合、扣款日和扣款额。定投的选基主要侧重于考虑定投收益，而非当年的短期收益；组合也是为了获得较好的风险收益比，减少黑天鹅事件；在扣款日方面，由于牛市中月阳线要远远多于月阴线，所以应该选择月初扣款，而熊市中则相反，选择月底扣款。如何来识别牛熊市？在指数经历了几十个月的调整后，如果在相对低位出现了 3 根月度阳线，就是转牛的重要信号之一；选择不同扣款额，目前使用较多的是指数偏离法、趋势定投法、移动平均成本法等，通过这些方法可以有效提升收益。

资料来源：证券市场红周刊

实践思考题

1. 证券投资基金的特征有哪些？
2. 证券投资基金的主要分类方法有哪些？
3. 证券投资基金涉及哪些费用？
4. 证券投资基金的投资风险有哪些？
5. 如何规避基金的投资风险？
6. 你如何看待基金排名？
7. 如何选择基金产品？

案例分析

揭秘基金排名战：招商基金悄然成深圳第二大基金公司

刚刚过去的 2014 年，资本市场以股债双牛的格局完美收官，而公募基金的江湖座次也随之尘埃落定。观察资管规模 TOP10 榜单，2014 年基金公司的排位战槽点多多。一是京城系基金公司整体爆发，前十名单中北京地区的基金公司就占据了半壁，天弘、华夏、嘉实、工银瑞信、建信这五家京派公司分列 1、2、3、4、9 位。二是银行系基金崛起，前十大基金公司中，有四席被银行系基金公司占据，其中一向稳健、低调发展的招商基金一举闯入前十，悄然成为深圳地区的第二大基金公司，成为今年 TOP10 排位战的最大亮点。

抓热点、巧布局，力推规模稳步增长

据银河证券数据显示，招商基金 2014 年全年资管规模飚增 616 亿元，由 2013 年底的547.24 亿增加至 1163.85 亿，行业排名也由 2013 年底的第 19 位上升至第 10 位，位次上升 9个名次。这是招商基金成立 12 年以来第三度跻身行业前十位置，同时也是招商基金公募基金资产管理规模首次超过千亿元，成为前十大基金公司中进步最大的公司。对于 2014 年规模的稳健增长，招商基金表示，"招商基金营销团队在 2014 年坚持一手抓新基金发行，共发行 9只产品，募集资金 76.78 亿元；一手抓重点基金持续营销，2014 年多只老基金实现了规模的飞跃，其中，招商招钱宝 6 个月增加 200 多亿元；招商保证金快线经改造后上市交易，规模增加 30 亿元；招商招利一个月定期强势登陆"微信财付通"平台，1 个月内增加 70 亿元。招商安达保本在第一期创造近 30%保本期收益率基础上，二期募集增加 43 亿元；招商中证证券公司指数分级更是及时把握 2014 年底券商股暴涨行情，规模快速飙涨 70 余亿元"。

从银河数据统计来看，招商基金主动投资的偏股型基金产品规模份额 165 亿，在 81 家可比公司中位列第 30 位；指数型基金管理规模 96 亿，在 64 家可比公司中位列第 14 位；债基管理规模位列 83 家公司中的第 7 位；货币基金管理规模位列第 9；QDII 产品规模位列第 20 位。由此可见，招商基金此次进入行业前十并非是单靠某一基金类型冲规模的一时之举，而是各业务条线综合实力的集体爆发。

据悉，此次招商基金资管规模进入行业前十并非首次，早在 2004 年、2005 年招商基金就曾分别排在了行业第四大、第七大基金公司的位置，但此次排名显然成色更足，含金量更高。当前基金行业的发展环境早已发生了天翻地覆般的变化，行业竞争也已不可同日而语。一方面基金行业的竞争主体已经由过去的二三十家发展到现在的近百家，拥有不同行业背景和资源优势的保险系公司、券商系公司、信托系公司甚至是互联网系基金公司纷纷杀入基金领域，行业竞争已到了刺刀见血、各显神通的地步。另一方面，互联网金融浪潮引发了整个资管行业的剧烈变革，在创新主导行业前进的阶段，基金行业的发展变得更为艰难。招商基金此次能够在资管行业大放开、大竞争、大创新、大变革的背景下逆势而上，取得进军行业前十的成绩，实属不易。

夯实力、立品牌，投资能力逐步增强

除了规模增加之外，招商基金 2014 年的投资业绩也同样闪亮。在招商基金固定收益这一传统优势领域，招商债基军团集体爆发。据银河证券数据显示，除了成立不足一年的新基金产品外，招商 14 只债基中，有 9 只位列行业同类产品的前 20 名，6 只产品跻身前十。去年 7 月底刚成立的招商可转债分级基金仅用 5 个月就斩获了 66.6% 的骄人业绩。刚刚步入第二期的招商安达保本基金其首个保本期内的总回报接近 30%，取得同期保本基金业绩第一的骄人战绩。

更为难能可贵的是，招商股票型基金 2014 年表现也十分显眼，其中招商大盘蓝筹基金的年收益率达到 59.43%，同业排名在前 4%。其他如招商安泰股票、招商行业领先等也都获得较好的投资收益。指数基金方面，招商中证大宗商品指数分级基金 B 份额与招商沪深 300 高贝塔指数分级基金 B 份额在去年屡屡涨停，表现尤为耀眼。

据投研团队人士介绍，2014 年招商基金能取得如此优异的投资业绩与公司人才队伍的建设以及在搭建高效投研管理架构上的努力是分不开的。2014 年年初，招商基金调整管理架构，形成了全业务类型及链条的 7 个投资小组。在小组制管理下，投资团队决策效率明显提高，团队间形成合作与竞争协调并进的氛围。未来，这两大优势将是招商基金的核心竞争力，也是产品业绩强有力的保证。

招商基金表示，未来，招商将继续打造长期、优良、稳健的投资业绩，优选布局互联网金融，创新发展新业务、新产品、新模式，以期在资管行业大放开、大竞争、大创新、大变革的背景下稳步前行，取得更好的成绩。

资料来源：上海证券报

实 训 课 堂

了解《上海证券交易所开放式基金业务管理办法》，并将上交所与深交所关于分级基金的规则进行一个梳理与比较。

项目 6 保 险 理 财

引 言

24 岁的肖楠是一位北京姑娘，家里的独生女。这样的介绍一定会让人觉得她八成是个衣来伸手、饭来张口、生活无忧的人。但事实恰恰相反，肖楠的父母很早就下岗了，母亲身体又不好，多年来靠父母四处打点零工维持着艰难的生活。四年的大学生活，肖楠一直坚持勤工俭学，直到毕业，靠优异的成绩过五关、斩六将进入一家跨国企业工作，拿着优厚的薪水，一家人终于松口气。父母终于可以不必再那么辛苦，准备安享晚年了。工作后不久，肖楠认识了一名寿险规划师。在寿险规划师的建议下，她购买了 30 万元的该公司的终身寿险。

正当肖楠的父母为有这样一个好女儿而欣慰的时候，不幸的事情发生了。肖楠在参加一个聚会之后，在回家的路上发生了车祸。肖楠和她的朋友都不幸遇难了！

痛失爱女的同时，今后的生活也完全失去了依靠。

处理完后事，肖楠的父亲把悲痛收在心底开始考虑今后的生计问题。想到已经这把年纪又没什么特长，再找工作太困难了，于是想在夜市上摆个摊位卖些日用品。就在这个时候，寿险规划师将肖楠购买的保险赔偿金送到了肖楠的家。

拿着这张 30 万元的支票，肖楠的父母再次老泪纵横，泣不成声。寿险规划师走出很远，回头看去，两位老人依然站在胡同口……

【知识目标】通过本章的学习，了解保险理财基础知识；熟悉保障型保险险种与投资理财型保险险种；掌握保险理财方案规划步骤。

【技能目标】能初步把握保险理财决策技巧，并领会注意事项。

6.1 保险理财基础知识

6.1.1 保险与保险合同

1. 保险的定义

保险，本意是稳妥可靠；后延伸成一种保障机制，是用来规划人生财务的一种工具。从经济角度看，保险是分摊意外事故损失的一种财务安排；从法律角度看，保险是一种合同行为，是一方同意补偿另一方损失的一种合同安排；从社会角度看，保险是社会经济保障制度的重要组成部分，是社会生产和社会生活"精巧的稳定器"；从风险管理角度看，保险是风险管理的一种方法。

《中华人民共和国保险法》（以下简称《保险法》）将保险定义为："是指投保人根据合同约定，向保险人支付保险费，保险人对于合同约定的可能发生的事故因其发生所造成的财产损失承担赔偿保险金责任，或者当被保险人死亡、伤残、疾病或者达到合同约定的年龄、期限等条件时承担给付保险金责任的商业保险行为。"

2. 保险合同

《保险法》第十条规定："保险合同是投保人与保险人约定保险权利义务关系的协议"。保险合同的当事人是投保人和保险人；保险合同的内容是保险双方的权利义务关系。投保人是指与保险人订立保险合同，并按照保险合同负有支付保险费义务的人。保险人是指与投保人订立保险合同，并承担赔偿或者给付保险金责任的保险公司。保险合同属于民商合同的一种，其设立、变更或终止时具有保险内容的民事法律关系。因此，保险合同不仅适用保险法，也适用合同法和民法通则等。

保险合同作为一种特殊的民商合同，除具有一般合同的法律特征外，还具有下列一些独有的法律特征：保险合同是一种双务合同，是指合同双方当事人相互享有权利、承担义务的合同，一方的权利即为另一方的义务的合同；保险合同是一种射幸合同，是指合同当事人中至少有一方并不必然履行金钱给付义务，只有当合同中约定的条件具备或合同约定的事件发生时才履行；保险合同是最大诚信合同，合同的订立及履行要遵守诚实信用原则，保险合同的诚信度要比一般的合同高，故称之为"最大诚信合同"，诚实信用原则要求投保人对订立和履行保险合同过程中的一切重要事实和情况作出真实可靠的陈述，不能有任何隐瞒和虚假。

6.1.2　保险理财的含义及其功能

1. 保险理财的含义

保险是帮助个人和机构承担不可预测的巨大的经济损失的一种金融工具，它的主要功能表现在提供风险管理服务（规避风险）和弥补经济损失这两方面。同时保险在为我们提供保障的同时又起到了节税、资产保全等作用，所以保险特别是人寿保险已成为现代理财规划中不可缺少的一部分。

保险理财就是利用保险特有的功能，保障资产的安全和增值，延续个人的经济生命，这就是保险理财最基本的含义以及其产生的最初目的。保险理财严格来说不能仅着眼于其投资收益回报，更重要的是其保险保障功能，在一定意义上是一种组合，保险消费者需要在保险保障和投资两者之间根据自身的保障需求和风险承受能力选择一个合适的平衡点。相对来讲，我们更愿意将保险理财理解为，通过购买保险对资金进行合理安排和规划，防范和避免因疾病或灾难而带来的财务困难，同时可以使资产获得理想的保值和增值。

相关链接 6-1：保险理财误区和注意事项

保险理财，也即"保险消费"，在解释保险消费的误区和注意事项之前，我们先看一下保险消费的五个特点，即：保险产品具有无形性、保险消费效用具有延后性、保险消费具有非可求性、保险合同是格式合同以及保险利益具有不确定性。这五个特点决定了保险消费既有别于一般意义上的商品，也有别于纯粹的投资性金融产品。保险理财产品更是一个貌似矛盾的统一体，比较典型的是万能保险，风险与保障共存，消费者所缴保费分成了两个部分，一部分用于保险保障，另一部分用于投资账户，还有一部分是保险公司必要的费用扣除。从而可以引出保险消费最大的误区：重收益、轻保障。保险产品的主要功能是保障，一些投资类保险所特有的投资或分红则只是其附带功能，而投资是风险和收益并存的。之前一些购买了投资类保险的消费者会发现收益与预期相差太远，纷纷退保，这固然与一些销售人员只强调收益有关，但是一些人购买保险只看收益的不成熟投保心态也是一个重要原因。

2. 保险理财的功能

（1）保险保障功能。

保障功能是保险业的立业之基，最能体现保险的特色和核心竞争力。保险保障功能具体表现为财产保险的补偿功能和人身保险的给付功能。

1）财产保险的补偿。

保险是在特定灾害事故发生时，在保险的有效期和保险合同约定的责任范围以及保险金额内，按其实际损失金额给予补偿。通过补偿使得已经存在的社会财富因灾害事故所致的实际损失在价值上得到了补偿，在使用价值上得以恢复，从而使社会再生产过程得以连续进行。保险的这种补偿既包括对被保险人因自然灾害或意外事故造成的经济损失的补偿，也包括对被保险人依法应对第三者承担的经济赔偿责任的经济补偿，还包括对商业信用中违约行为造成的经济损失的补偿。

2）人身保险的给付。

人身保险是与财产保险完全不同性质的两种保险。人的生命价值很难用货币来计价，所以，人身保险的保险金额是由投保人根据被保险人对人身保险的需要程度和投保人的缴费能力，在法律允许的范围与条件下，与保险人双方协商约定后确定的。因此，在保险合同约定的保险事故发生或者约定的年龄到达或者约定的期限届满时，保险人按照约定进行保险金的给付。

（2）资金筹措功能。

保险理财最主要的功能就是筹措资金，保险法中明确规定了"现金价值不丧失条款"，即客户虽然与保险公司签订了合同，但是客户有权中止合同，并得到相应的退保金额。这里的"现金价值"是指保单所有人终止合同并向保险公司退保时，保险公司保证给付的金额，在某些人寿保险合同中规定了当客户资金紧缺时可申请现金价值的 70%～90% 作为短期贷款。所以，如果客户在短期内急需资金，又一时筹措不到资金时，便可以将保险单抵押在保险公司，从保险公司取得相应数额的贷款。

（3）节税功能。

根据我国的个人所得税征收规定，保证金不列入个人所得税征收范围，所以保户在获得保险金或保险投资收益时是不用纳税的，具有较大的节税优势。

（4）保全资产功能。

美国安然公司因财务造假和债务问题倒闭了，许多员工因此失业，然而债务缠身的前总裁肯尼斯·莱夫妇的生活却过得有滋有味。根据美国《Mother Jones》杂志报道，肯尼斯·莱夫妇早在 2000 年就花了 400 万美元购买了各种年金保险，而这笔钱远远超出两人从安然公司获得的全年工资。这些年金将保证他们从 2007 年开始，每年有 90 万美元的收入。并且这些年金是受该州法律保护的，债权人无法以此为由起诉肯尼斯·莱。目前在我国，保险金也是不受债务追偿的。

（5）抵御通胀功能。

举个例子：如果你将 10 万元存在银行，以 3% 的通货膨胀率计算，这 10 万元在 20 年后将贬值为 55 370 元。而具有投资理财功能的保险产品可以避免由于通货膨胀所带来的资金严重缩水问题。大部分具有投资理财功能的保险产品为客户提供双收益，即它在提供保障的同时会承诺一个类似于银行固定利率的保底收益率，在此基础上还会有一个浮动的收益，这个收益是随着经济的变动而水涨船高的，因此很好地避免了通货膨胀风险，起到了保值增值的作用。

6.1.3　保险理财产品介绍

在理财方面，已有的寿险产品的理财功能比财险产品更加地有效，由于人寿保险的特殊性，在提供保障的同时也附加了更多的理财功能，所以现有的保险理财的产品以及产品组合，多是运用了寿险产品。

1. 保障型保险险种

（1）意外伤害保险。

意外伤害保险是保险公司在被保险人遭受意外伤害并由此导致伤残或者死亡时，按照合同约定向被保险人或受益人给付保险金的保险。意外伤害包括意外和伤害两个方面的含义。意外是指侵害行为是本人不能预见的，或者违背本人主观意愿的；伤害是指身体受到侵害的事实。意外伤害的主要保险险种包括以下五种类别：普通意外伤害保险；意外死亡及伤残保险；附加意外死亡保险；旅行意外伤害保险；特种意外伤害保险。

（2）健康保险。

健康保险是以被保险人的身体为保险标的，使被保险人在疾病或意外事故所致伤害时发生的费用或损失获得补偿的一种保险。一般来说，健康保险承保的主要内容有如下两大类：①由于疾病或意外事故所致的医疗费用，习惯上将承保医疗费用的健康保险统称为医疗保险或医疗费用保险；②由于疾病或意外伤害事故所致的收入损失，如果被保险人不能参加任何工作，则其收入损失是全额的；如果只能从事比原工作收入低的工作，那么收入损失是部分的，其损失数额即为原收入与新收入之差，我们称这种健康保险的保单为残疾收入补偿保险。

健康保险关注的不仅是被保险人遭受保险事故损失后的事后经济补偿，而且更加关注预防保健和健康教育，以及被保险人生存期间的健康管理。健康保险主要有医疗保险、疾病保险、收入保障保险、长期护理保险。

（3）商业养老保险。

商业养老保险是由商业性保险公司办理，个人自愿投保的用于解决个人养老需求的保险，是对我国社会基本养老保险的一种有效补充，它以人的生命或身体为保险对象，在被保险人年老退休或保期届满时，由保险公司按合同规定支付养老金。目前商业保险中的年金保险、两全保险、定期保险、终身保险都可以达到养老的目的，都属于商业养老保险范畴。商业养老保险也可以当作一种强制储蓄的手段，帮助年轻人未雨绸缪，避免年轻时的过度消费。

（4）少儿保险。

少儿保险，就是专门为少年儿童设计的，用于解决其成长过程中所需要的教育、创业、婚嫁费用，以及应付孩子可能面临的疾病、伤残、死亡等风险的保险产品。

少儿身体机能发育不完善，抵御疾病侵蚀的能力较弱，所以孩子患病尤其是患重大疾病的风险加大，一些原来在成年人中发病率较高的疾病，已经呈现低龄化发展趋势。同时，少儿生性好动，自我保护意识和能力较差，再加上家长安全意识也不够强，所以幼儿在日常生活中或者游戏活动中发生意外的概率显然较成人高，意外伤害已被视为幼儿的一大杀手。据调查显示，意外伤害已经成为我国 14 岁以下儿童的第一死因，具有发生率高、死亡率高的特点。如溺水、中毒、动物咬伤、建筑物倒塌、交通事故、治安事故、玩耍打闹致伤等，都是当前意外伤害和死亡的重要因素。除了上述原因外，日益增长的教育费用也成为家庭所面临的一笔不小的开支，所以越来越多的家长认识到，通过保险储蓄足够的教育基金也是一条重要的途径。

少儿保险主要分为教育型的少儿保险和保障型的少儿保险，具体就是少儿意外保险、少儿医疗保险、少儿教育保险等。

2. 投资理财型保险险种

投资理财保险主要有三类：具体为分红保险、万能保险和投资连结保险。严格意义上讲，前两者属于理财类产品，后者属于投资类产品。

（1）分红保险。

分红保险是保单持有人可以分享保险公司经营成果的保险种类，保单持有人每年都有权获得建立在保险公司经营成果基础上的红利分配。简单地说就是分享红利，享受公司的经营成果的一种保险，最早出现在 1776 年的英国。作为目前国际保险市场流行的险种，其作用是提供充分保障、规避通货膨胀、获得理想回报。目前，分红保险是东南亚地区最受客户欢迎的产品之一。

分红保险的红利来源于寿险公司的"三差收益"，即死差益、利差益和费差益。死差益是指保险公司实际的死亡人数比预定死亡人数少时所产生的盈余；利差益是指保险公司实际的投资收益高于预计的投资收益时所产生的盈余；费差益是指保险公司实际的营运管理费用低于预计的营运管理费用时所产生的盈余。红利的分配方法主要有现金红利法和增额红利法，两种盈余分配方法代表了不同的分配政策和红利理念，所反映的透明度以及内涵的公平性各不相同，对保单资产份额、责任准备金以及寿险公司现金流量的影响也不同，因此从维护保单持有人的利益出发，寿险公司内部应当对红利分配方法的制定及改变持十分审慎的态度，既要重视保单持有人的合理预期，贯彻诚信经营和红利分配的公平原则，又要充分考虑红利分配对公司未来红利水平、投资策略以及偿付能力的影响。在我国，对于分红保险的红利分配是有严格规定的，保险公司每一会计年度向保单持有人实际分配盈余的比例不低于当年全部可分配盈余的 70%。

（2）万能保险。

万能保险除了同传统寿险一样给予保护生命保障外，还可以让客户直接参与由保险公司为投保人建立的投资账户内资金的投资活动，将保单的价值与保险公司独立运作的投保人投资账户资金的业绩联系起来。大部分保费用来购买由保险公司设立的投资账户单位，由投资专家负责账户内资金的调动和投资决策，将保护的资金投入到各种投资工具上。对投资账户中的资产价值进行核算，并确保投保人在享有账户余额的本金和一定利息保障的前提下，借助专家理财进行投资运作的一种理财方式。

它的"万能"，主要表现在交费灵活、保额可调整、保单价值领取方便等方面。一是交费灵活。可以任意选择、变更交费期，可以在未来收入发生变化时缓交或停交保费，也可以过三五年或更长时间之后再继续补交保费等，还可以一次或多次追加保费。二是保额可调整。可以在一定范围内自主选择或随时变更"基本保额"，从而满足人们对保障、投资的不同需求。三是保单价值领取方便。客户可以随时领取保单价值金额，作为子女的教育金、婚嫁金、创业金，也可以用作自己或家庭其他成员的医疗储备金、养老储备金等。

（3）投资连结保险。

投资连结保险，简称投连保险，也称单位连结、证券连结、变额寿险。投资连结保险顾名思义就是保险与投资挂钩的保险，是指一份保单在提供人寿保险时，在任何时刻的价值是根据其投资基金在当时的投资表现来决定的。投资连结保险除提供风险保障外，还具有投资功能。其中，投资连结保险的投资部分的回报率是不固定的，未来投资收益具有一定的不确定性，保单价值将根据保险公司实际投资收益情况确定。一方面，保险公司投资收益比较好时，客户的资金也将获得较高的投资回报；反之，保险公司投资收益不理想时，客户也将承担一定的风险。另一方面，正是由于取消了保单固定利率，所以保险公司可以制定更加积极的投资策略，通过对资金的有效地组合和运用，使资金发挥更大的效率。这样投保人就有可能获得比采用固定利率的传统人寿保险更好的投资收益。

投资连结保险都会开设几个风险程度不一的投资账户供客户选择。如有的险种根据不同的投资策略和可能的风险程度开设有三个账户：基金账户、发展账户、保证收益账户。投保人可以自行选择保险费在各个投资账户的分配比例。基金账户的投资策略为采用较激进的投资策略，通过优化基金指数投资与积极主动投资相结合的方式，力求获得高于基金市场平均收益的增值率，实现资产的快速增值，让投资者充分享受基金市场的高收益。发展账户的投资策略为采用较稳健的投资策略，在保证资产安全的前提下，通过对利率和证券市场的判断，调整资产在不同投资品种上的比例，力求获得资产长期、稳定的增长。在基金品种的选择上采取主动投资的方式，关注公司信誉良好、业绩能保持长期稳健增长、从长远看市场价值被低估的基金品种。保证收益帐户的投资策略为采用保守的投资策略，在保证本金安全和流动性的基础上，通过对利率走势的判断，合理安排各类存款的比例和期限，以实现利息收入的最大化。此外，投保人还可以根据自身情况的需要，部分领取投资账户的现金价值，增加保险的灵活性。

6.2　保险理财方案规划

6.2.1　购买保险的原则

个人参加保险就是为了个人和家庭生活的安全、稳定，从这个目的出发，我们在投保时主要应掌握以下原则和注意事项。

1. 转移风险原则

投保是为了转移风险，在发生保险事故时可以获得经济补偿。从这个原则出发，必须分析家庭的主要风险是什么，怎么合理地把这些风险转嫁给保险公司。选择保险的顺序首先应该考虑风险的危害程度，其次才是风险发生的概率。因此，购买保险的顺序一般应该是：寿险、意外伤害保险、健康保险。

很多人只关注保险的投资功能，而忽略了保险最原始的保障功能。其实，保险理财的第一步是做好风险的转移，即保险保障。做好了保险保障之后才去做其他的投资安排。没有保障的投资是经不起风吹雨打的，所以在险种的选择上，先选择寿险、意外伤害保险、健康险，再选择投资连结险、分红险、教育险等，这才是科学的理财方式。

2. 量力而行原则

保险是一种契约行为，属于经济活动范畴，投保人必须支付一定的费用，即以保险费来获得保险保障。投保的险种越多，保障范围越大，但保险金额越高。保险期限越长，需要支付的保险费也越多。因此，投保时要根据自己的经济实力量力而行。

保险属于安全层面的需要，购买保险一方面要为生活提供将来的保证，因此不能太少，因为过低的保费支出意味着不能带来足够的安全保障，但是也不能过高，因为保费越高意味着现在要面临很大的支出，会带来较大的生活压力。因此，保费支出应该与自己的实际收入相联系，一般来说，大约相当于年收入的 15%最为适宜，也可以根据自己的实际情况稍加调整。保费支出不要低于 5%，也不要高于 20%。

支出同样的保费，为不同的家庭成员投保，会有不同的保险利益。首先，应该为家庭的经济支柱投保。我们经常遇到这样的情况，父母为子女教育金保险一掷千金，但是为自己投保却斤斤计较。理性地思考一下，真正为孩子提供保障的不是保险公司，而是父母的收入。如果家庭经济支柱发生了意外，收入中断，那么谁来为孩子的成长支付教育金？谁来为家庭的日常活动费用提供开支？合理的做法是大人在自己保障充分的基础上，再为小孩投保教育金保险。

3. 选择专业和敬业的代理人

在购买人身保险时，首先要挑选一个优秀的保险代理人作为自己的咨询顾问。现在的保险产品具有极大的多样化特点，个人面对纷繁复杂的产品和条款很难做出正确的选择。只有选择一个专业并且敬业的代理人才能引导我们购买适合自己的产品。

保险业是一个人员流动性极强的行业，保险代理人频繁更换，代理人离职后所形成的"孤儿保单"的客户往往难以得到一如既往的服务。因此，代理人能否坚持长期服务成为确定保险代理人的首要因素。应该关注保险代理人的专业知识，这是代理人的基本功。合格的保险代理人应该深入理解保险法规和保险条款，帮助客户正确理解条款和自身的权益，为客户提供专业意见，帮助客户制定保险方案。代理人的职业道德素质也是投保人考虑的一个重要方面，代理人应该为客户提供细致、全面持续和精确的服务。

4. 研究保险条款，不可盲从

保险不是无所不保，保险合同中都规定了保险责任和免除责任，以明确保险人可以提供什么样的保障，投保人要将这些保障和自己的需求进行比较，选择适合自己的保险产品。保险是一种特殊的商品，不同于其他商品之处在于购买了保险就不能转售和赠送。有些人买保险只是出于人情，根本不清楚保险条款，结果只能蒙受经济损失。

购买保险也应像其他商品一样货比三家。尽管各家保险公司的条款和费率都是经过保险监管部门批准的，但各家保险公司的保险产品还是有所不同的。例如，领取生存养老金，有的保险公司的条款是月月领取，有的则是定额领取；同样是重大疾病保险，有的包括 10 种大病，有的只保 7 种。对于这些细节，投保人一定要看清楚。

6.2.2 保险理财方案规划步骤

1. 明确保险标的和保障顺序

（1）确定保险标的。

制定保险计划的首要任务，就是确定保险标的。保险标的是作为保险对象的财产及其有关利益或人的生命和身体，它是保险利益的载体。一般来说，各国保险法律都规定，只有对保险标的有可保利益才能为其投保，否则这种投保行为是无效的。所谓可保利益是投保人或被保险人对保险标的所拥有的某种合法的经济权力或利益。可保利益应该符合三个要求：

1）必须是法律认可的利益。如果投保人投保的利益的取得或者保留不合法甚至违法，那么这种利益不能成为可保利益。

2）必须是客观存在的利益。如果投保人投保的利益不确定，或者仅仅只是一种预期，就不能成为一种可保利益。

3）必须是可以衡量的利益。这样才能确定保险标的的大小，并以此来确定保险金额。

对于财产保险，可保利益是比较容易确定的。财产所有人、经营管理人、抵押权人、承担经济责任的保管人都具有可保利益。

购买适合自己或家人的人身保险，投保人有三个因素要考虑：①适应性。自己或家人买人身险要根据需要保障的范围来考虑。②经济支付能力。买寿险是一种长期性的投资，每年需要缴存一定的保费，每年的保费开支必须取决于自己的收入水平。③选择性。个人或家人都不可能投保保险公司开办的所有险种，只能根据家庭的经济能力和适应性选择一些险种。在有限的经济能力下，为成人投保比为儿女投保更实际，特别是家庭的经济支柱，其生活的风险比小孩要高一些。

（2）明确保障顺序。

在明确保险标的的基础上要明确保障顺序，这样做是为了帮助家庭合理地分散风险，避免因经济支柱的倒塌带来的惨痛后果，如图 6-1 所示。

图 6-1 表明，在一个家庭中，家庭的主要经济支柱是应该最先获得保障的，并且收入越高，优先级别越高。其次才是没有经济来源的家庭成员和子女。这是因为收入越多，意味着他的家庭责任就越大，一旦某个家庭的主要经济支柱发生意外、疾病等意想不到的问题，势必会影响整个家庭的经济收入，生活水平也随之下降，严重的可能会债务缠身。所以家庭的主要经济支柱是应该最先获得保障的，只有基础打得牢，整个家庭才会安全、幸福。

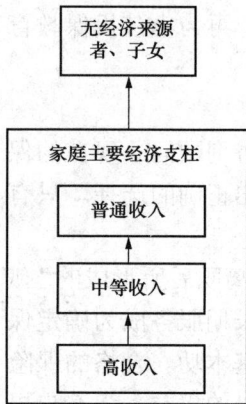

图 6-1 保障顺序

2. 明确保险品种及投保顺序

人们在生活中面临的风险主要可以归纳为人身风险、财产风险和责任风险。而同一个保险标的，会面临多种风险。所以在确定保险需求和保险标的之后，就应该选择准备投保的具体险种。投保客户只有在专业人员的帮助下，准确判断自己准备投保的保险标的的具体情况，进行综合的判断与分析，才能选择对自己合适的保险产品，较好地回避各种风险，如图 6-2 所示。

由图 6-2 可见，在进行保险理财规划方案的设计时所要遵循的投保顺序，一般而言保障型保险是首先考虑的，其次才是投资理财型保险。因为保险理财的最主要目的不是获利，而是分散风险，获得充足保障，以便于在家庭成员突然出现问题时及时得到保险公司的财务支援，保证家庭的正常生活水平。

3. 确定保险金额

在确定保险产品的种类之后，就需要确定保险金额。保险金额是当保险标的的保险事故发生时，保险公司所赔

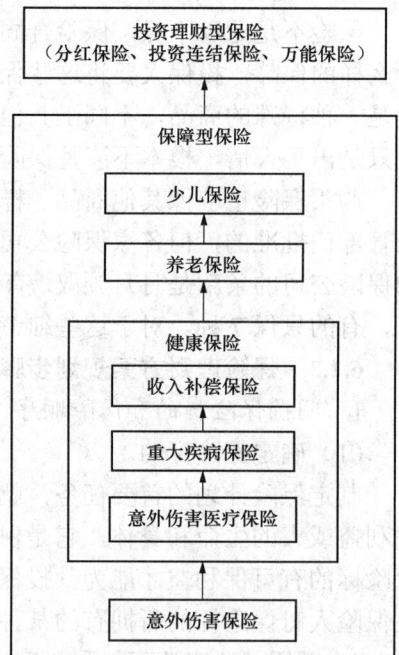

图 6-2 保险品种与投保顺序

付的最高金额。一般来说，保险金额的确定应该以财产的实际价值和人身的评估价值为依据。财产的价值比较容易计算。购买财产保险时可以选择足额投保，也可以选择不足额投保。由于保险公司的赔偿是按实际损失程度进行赔偿的，所以一般不会出现超额投保或者重复投保。严格来说，人的价值是无法估量的。但是，仅从保险的角度，可以根据诸如性别、年龄、配偶的年龄、月收入、月消费、需抚养子女的年龄、需赡养父母的年龄、银行存款或其他投资项目、银行的年利率、通胀率、贷款等，计算虚拟的"人的价值"。在保险行业，对"人的价值"存在着一些常用的评估方法，如生命价值法、财务需求法、资产保存法等。需要注意的是，这些方法都需要每年重新计算一次，以便调整额额。因为人的年龄在增大，如果其他因素不变，那么他的生命价值和家庭的财务需求每年都在变小，其保险就会从足额投保逐渐变为超额投保。如果他的收入和消费每年都在增长，而其他因素不变，那么其价值会逐渐增大，原有保险就会变成不足额投保。所以每年请保险专业人士检视投保客户的保单是十分必要的。

4. 明确保险期限

在确定保险金额后，就需要确定保险期限，因为这涉及投保人的预期缴纳保险费的多少与频率，所以与个人未来的预期收入联系尤为紧密。对于财产保险、意外伤害保险、健康保险等保险品种而言，一般多为中短期保险合同，如半年或者一年，但是在保险期满之后可以选择续保或者是停止投保。但是对于人寿保险而言，保险期限一般较长，如 15 年甚至到被保险人死亡为止。在为个人制订保险计划时，应该将长短期险种结合起来综合考虑。

相关链接 6-2：人生不同阶段的保险需求分析

在考虑寿险保障的需求大小时，您首先应明确自己的角色——您在家庭中的地位、责任、作用以及经济贡献如何，然后估算出您面临的各种风险可能产生的最大的费用需求。

（一）单身期

时间：一般为 2～5 年，从参加工作至结婚的时期。

特点：经济收入比较低且花销大。这个时期是未来家庭资金积累期。年纪轻，主要集中在 20～28 岁之间，健康状况良好，无家庭负担，收入低，但稳定增长，保险意识较弱。

保险需求分析：保险需求不高，主要可以考虑意外风险保障和必要的医疗保障，以减少因意外或疾病导致的直接或间接经济损失。保费低、保障高。若父母需要赡养，需要考虑购买定期寿险，以最低的保费获得最高的保障，确保一旦有不测时，用保险金支持父母的生活。

（二）家庭形成期

时间：指从结婚到新生儿诞生时期，一般为 1～5 年。

特点：这一时期是家庭的主要消费期。经济收入增加而且生活稳定，家庭已经有一定的财力和基本生活用品。为提高生活质量往往需要较大的家庭建设支出，如购买一些较高档的用品，贷款买房的家庭还须一笔大开支——月供款。夫妇双方年纪较轻，健康状况良好，家庭负担较轻，收入迅速增长，保险意识和需求有所增强。

保险需求分析：为保障一家之主在遭受意外后房屋供款不会中断，可以选择交费少的定期险、意外保险、健康保险等，但保险金额最好大于购房金额以及足够家庭成员 5～8 年的生活开支。

处于家庭和事业新起点，有强烈的事业心和赚钱的愿望，渴望迅速积累资产，投资倾向易偏于激进。可购买投资型保险产品，规避风险的同时，又是资金增值的好方法。

（三）家庭成长期：

时间：从小孩出生到小孩参加工作以前的这段时间，大约18～22年。

特点：家庭成员不再增加，整个家庭的成员年岁都在增长。这一时期，家庭的最大开支是保健医疗费、学前教育、智力开发费用。理财的重点适合安排上述费用。同时，随着子女的自理能力增强，年轻的父母精力充沛，时间相对充裕，又积累了一定的社会经验，工作能力大大增强，在投资方面可考虑以创业为目的，如进行风险投资等。夫妇双方年纪较轻，健康状况良好，家庭成员有增加，家庭和子女教育的负担加重，收入稳定增长，保险意识增强。

保险需求分析：在未来几年里面临小孩接受高等教育的经济压力。通过保险可以为子女提供经济保证，使子女能在任何情况下可接受良好的教育。偏重于教育基金、父母自身保障。

购车买房对财产险、车险有需求。

（四）家庭成熟期

时间：指子女参加工作到家长退休为止这段时期，一般为15年左右。

特点：这一阶段里自身的工作能力、工作经验、经济状况都达到高峰状态，子女已完全自立，债务已逐渐减轻，理财的重点是扩大投资。

夫妇双方年纪较大，健康状况有所下降，家庭成员不再增加，家庭负担较轻，收入稳定在较高水平，保险意识和需求增强。

保险需求分析：人到中年，身体的机能明显下降，在保险需求上，对养老、健康、重大疾病的要求较大。同时应为将来的老年生活做好安排。进入人生后期，万一风险投资失败，会葬送一生积累的财富，所以不宜过多选择风险投资的方式。此外还要存储一笔养老资金，且这笔养老资金应是雷打不动的。保险作为强制性储蓄，累积养老金和资产保全，也是最好的选择。通过保险让辛苦创立的资产保持完整地留给后人，才是最明智的。财产险、车险的需求必不可少。

（五）退休期

时间：指退休以后。

特点：这段时间的主要内容应以安度晚年为目的，理财原则是身体、精神第一，财富第二。那些不富裕的家庭应合理安排晚年医疗、保健、娱乐、锻炼、旅游等开支，投资和花费有必要更为保守，可以带来固定收入的资产应优先考虑，保本在这时期比什么都重要，最好不要进行新的投资，尤其不能再进行风险投资。

保险需求分析：夫妇双方年纪较大，健康状况较差，家庭负担较轻，收入较低，家庭财产逐渐减少，保险意识强。

在65岁之前，通过合理的规划，检视自己已经拥有的人寿保险，进行适当的调整。

6.3　保险理财决策技巧与注意事项

6.3.1　保险理财决策技巧

1. 选择保险代理人的技巧

购买保险，挑选适合自己的险种很重要，但是对于大多数有心要买保险的消费者来说，选择合适的保险是有一定难度的。保险是一种专业性很强的产品，涉及的条款很多，所以，挑选一个优秀的保险代理人是买对一份保险的前提，而且优秀的保险代理人不但能帮你找到适合自己的产品，也能在出险的时候给你更多的意见和帮助。那么，我们该怎么挑选合格优秀的保险代理人呢？

（1）代理人是否具有保险代理人资质证明。

就像我们的毕业证一样，代理人资质证明也是他们的敲门砖。自称是"保险理财规划师"的保险代理人大有人在，但真正配得上这个头衔的是少之又少。保险专家告诉我们，正规的保险代理人必须具有《保险代理人资格证书》和《保险代理人展业证书》这两本证书。当然证书也有可能造假，消费者如果要进一步落实，可以通过保险公司的网站等渠道查看保险代理人的资格证编号和展业证编号。除了上述这两本基本的入行证书之外，如果他还拥有诸如国家理财规划师（CHFP）、特许金融分析师（CFA）等资质，这便意味着此人能给你带来更专业的购保引导。

（2）代理人的专业水平是否达到。

优秀的保险代理人，在向你介绍产品的时候，虽然会不断告诉你本家产品的好处，但不会去诋毁竞争公司的产品，他会客观地分析每一家公司的产品优劣，并说明哪一种更适合你现在的情况。优秀的保险代理人不会在你还没说之前就滔滔不绝说产品有多好多好，他会懂得先倾听你的需求，引导你说出自身的经济、健康等基本情况，再根据这些情况综合给你几种方案让你选择。优秀的保险代理人还会把重要的细节给你讲透，比如免责范围、保险犹豫期等我们容易忽略的事项。

（3）考察保险代理人的诚信可靠度。

考察保险代理人的从业资历与经验，时间越长，其资历越深，经验也越丰富。并且从业时间越久，他的工作稳定性越好，不会因为业绩原因而被保险公司解除代理合同，这样代理人才会为自己提供长久的服务。

考察保险代理人对保险公司的忠诚度，一般优秀的保险代理人会始终在某一家保险公司从事代理工作，而不是频繁地更换保险公司。如果一个从业三年的保险代理人先后在三四家保险公司从事过代理工作，那么这样的代理人最好不用，因为这些人往往只顾自己的个人利益，不会为客户提供长久、优质的服务，而永续的服务是最能体现保险理财价值的。

（4）主动要返佣折扣的代理人坚决不要。

以上条件具备了之后，我们还要看这个保险代理人是不是"讲规矩重原则"。有很多代理人为了做成业务，会给客户返还佣金。《保险代理人管理规定》第 58 条规定：保险代理人从事保险代理业务，不得擅自变更保险条款，提高或降低保险费率。当保险代理人向客户"返佣"时，实际上他是冒着被吊销从业资格的巨大风险，这本身就是一种对自己不负责任的行为。所以具有良好操守的保险代理人是绝对不会承诺向客户打折或者返还佣金，更不会因为抢单拉生意而主动提出这类要求。如果你在购买的过程中遇到主动提出可以"返佣"的代理人，那么一定要谨慎，另觅他人为宜。

2. 选择保险产品的技巧

（1）重大疾病保险。

面对中国被曝光的食品、药品安全问题，各类的疾病也在不断地疯涨。近年来重大疾病尤其是恶性肿瘤发病率不断提升，罹患人群日趋年轻化。一旦患病，巨额的医疗费用成为首个面临的问题。即便有经济能力可以承担这些费用，但让辛苦打拼获得的财富就这样被疾病侵蚀，从财富管理的角度来说也绝非上策。我们可以选择疾病保险，尤其是重大疾病保险作为保障财富安全的基石，在一旦发生问题时，这笔疾病保险金可以专款专用。

1）投保要趁早。面对市场上形形色色的疾病保险，我们该在什么时候投保，如何挑选真正符合自身需求的产品呢？从保费方面考虑，疾病保险的费率是随年龄的增长而增加的，因此年龄越大要交的保费就越高，如果到了 55 岁，许多保险公司就不受理了。反之，年轻时的身体状况也会比较好，保险公司容易承保。另一方面，作为现代人保障财务安全的必需品，尽早投保重疾保险就如同为自己的生活撑起了一把保护伞，能做到防患于未然。有利于我们在工作和生活中更容易保持平和的心态，对健康有益。而对于返还型保险而言，及早投入也意味着尽早开始资金的积累。对客户而言是一举多得的选择。

2）投保选对的。目前市场上的重大疾病保险分为消费型和返还型两种。消费型险种便宜，较少保费可以保较高保额，但缺点是采用自然费率（年龄越大保费越高），而且最大的风险是：随着年龄越大，疾病风险也越高，每年都要面临核保，如果未通过保险公司的核保而无法投保，将会前功尽弃。反之，返还型保费贵保额相对较低，但保险采用的是均衡费率（年龄多大保费也不变）。如果采用期交方式（每年或每月交费），在获得理想保障金额的同时，客户也无需背负过重的财务负担。每年几千元，普通家庭可以承受，每年省下的钱如果有更好的投资渠道也可以获取更高的投资收益。当然最好保单本身具备分红功能，利用"复利加时间"有助于最大可能抵御通胀。

3）投保留细节。购买疾病保险首先选择财务稳健和实力强的保险公司。客户可根据权威评级机构对保险公司的评定结果及保险公司对外公布的年度报告及重大事项公告等方式，来了解保险公司的偿付能力。其次保险与其他商品不同，不是一次性消费，而是关系到人的一生。尤其是购买寿险时，一旦与保险公司订立保险合同，就会长期与该公司打交道。保险公司在服务方面的任何一点不足，都可能影响投保人几十年。因此服务质量、理赔速度和额外的附加服务都是需要综合考虑的因素。近年来，一些外资保险公司凭借国际上先进的保险理念和管理经验，陆续推出了一些含金量颇高的服务种类，如联泰大都会的国际救援和最近于国内首推的全球二次诊疗服务。

（2）分红保险。

选择分红险首先要看保险公司的收益水平，毕竟分红险的红利来自保险公司的盈利。如果保险公司收益水平很差，想要分红无异于痴人说梦。其次大家应该关注保险公司的红利分配方式。目前市面上的分红险所采用的分红方式主要有两种：现金分红与保额分红两种。分红方式可谓各有利弊，投保人可根据自己的实际情况进行选择。另外分红型保险一般分为投资和保障两类。从分类的二分法来看，很容易发现投资型分红险其保障功能相对较弱，不能附加各种健康险或重大疾病保险；而保障分红险则更注重保障，分红只是附带功能。所以，在购买保障型分红险时，尽量选择一些保障期间较长，保障功能较强的分红险产品，而不应该过分看重短期收益；而对于那些收入较为稳定，且短期内没有较大开支计划的人来说，购买投资分红险是不错的选择，但也应该注意品种多样性，在购买投资型分红险后还应该配备一定的意外险、健康险等。

（3）万能保险。

作为投资理财产品，收益、风险和流动性无疑是我们最关心的三大属性。就收益属性来看，万能险无疑属于稳健收益类的产品。这恐怕也是为何在销售渠道尤其是银行销售渠道中总要将万能险作为定期存款的替代品来进行推销。至于流动性，则是万能险最矛盾的一个特质。就产品本身而言，万能险是被作为高流动性产品来设计，投保人随时可以存入或者取出。但问题就在于，万能险不低的费率使得这种高流动性的实质意义大打折扣。目前，主流的趸交万能险会收取 2% 的初始费用，而退保费用则执行 54 321 政策（即第一年退保收取 5%，第二年收取 4%，以此类推）。这意味着，只要投保万能险，那 2% 就立刻没有了，起跑线上就已经输给定存或者银行理财产品了，万能险得靠后来相对较高的收益才能将这个窟窿慢慢弥补掉。更大的问题其实还是退保费用，早期较高的退保费用决定了投保人其实并不真正具有灵活的流动性，真正灵活的流动性是要从持有第六年才开始的。正因此，将万能险视作一个时间周期上的结构性理财产品是比较好的，万能险通过牺牲前五年的流动性，来换取五年之后以活期流动性获得中期定期存款收益的优势。如果你对稳健类理财产品青睐有加，同时又有足够长的持有期限，那么万能险是较为明智的选择。

万能险允许附加的这种保险，一般都是自然保费类产品，以寿险和重疾险为主。所谓自然保费，就是每年收取当年保障对应的实际保费，所以同样保额，每一年的保费都不同，会随着年龄的增长而增长。以泰康人寿万能险附加的寿险为例，30 岁的男子，20 万元保额的月保费为 14.68 元，而到了 40 岁就要上升至 28.58 元，到 50 岁就骤增至 59.50 元了。而市场上传统卖的，一般都是均衡保费，每年缴纳的保费一致实际上就是年轻时候多缴纳些，年老了用以前多缴纳的部分冲抵，从而可以少缴纳些，同样以泰康均衡保费的 e 爱家为例，30 岁男子若投保 30 年寿险，保额同样为 20 万元，选择 20 年缴费期，则每月交费为 69.16 元。自然保费的寿险或者重疾险，优点就在于年轻时候保费低。对于刚工作开销众多的年轻人而言，可以用尽量少的保费获得尽量多的保障。当然，万能险一般都有最低投保金额的要求，多设定在 2000 元。而对于年轻人而言，即使按照最高保额投保寿险和重疾险，每年的保费也不会那么高。以 25 岁年轻人通过泰康万能险投保为例，即使按照 50 万元寿险和 50 万元重疾险最高标准投保，年保费也不过 379.56 元和 994.56 元，这意味着通过这种方式投保可能需要将未来一两年的保费提前存入。这时候，万能险每月结算的收益就可以些许的锦上添花了。

（4）投资连结保险。

我们在购买投资连结保险时，需要明确一点，那就是这个险种保险公司是不承诺收益的，所以如果有损失的话全部要由投保人承担，也就是说保险公司完全不承担风险，所有的风险全部由投保人承担，在有损失的情况下保险公司照样会收取投保人的管理费用。由于我们在购买投资连结保险的时候，所设置的各个账户里的资金比例直接影响着我们的投资收益和风险系数，所以我们要合理地分配好各个账户里的资金，以控制风险，尽可能保证取得一定的收益。

投资连结保险是一种高收益和高风险的险种，投保人一定要量力而行，由于这种保险可能需要长期的投入，所以需要投保人有稳定的收入和不错的经济实力，如果自己的收入不够稳定的话，选择这种保险是有很大风险的，需要用到钱的时候，这种保险不方便变现。投资连结保险比较适合中青年成功人士，老年人应谨慎购买这类保险。

3. **善用冷静期退保**

冷静期也称犹豫期，是指投保人在收到保险合同后 10 天内，如不同意保险合同内容，可将合同退还保险人并申请撤销。在此期间，保险人同意投保人的申请，撤销合同并退还已收全部保费。该 10 天即通常所说的"犹豫期"。犹豫期内退保，必须注意以下几点：首先，如果因为特殊情况无法及时接收保单，最好提前通知保险公司。其次，收到保险单后，一定要亲自填写保单回执，并注明日期。因为保险公司对犹豫期的认定，是以回执日期为起始日进行计算的。再次，投保人必须认真阅读保险条款，对自己还不够了解或理解有偏差的内容，要及时向代理人询问，以免误保。

4. 警惕"地下保单"

非法境外保单俗称"地下保单"，其表现形式主要包括境外（主要是港澳）保险公司未经中国银保监会批准，在内地向居民销售的保单；境外地区的保险公司派推销人员到内地销售保单，内地人员实施为境外保险公司销售保单的行为；境外地区保险公司的销售人员到内地实施向内地居民宣传、介绍境外保险公司的产品，教唆内地居民到境外签投保单的行为。

对于不少内地客户都较为关注的购买香港保单是否合法合规的问题，记者从广东保监局了解到，按照我国当前的法规，内地居民赴港期间向香港保险公司购买保险是符合法律规定的。不过，需要注意的是，在内地投保或在内地填写投保书、缴纳保费，再由推销人员将投保单、保费携带到香港的保险公司签发保单的行为则属于违法行为。因此，内地消费者第一次购买保险和缴纳费用时须亲自到香港办理。

6.3.2　保险理财注意事项

1. 理性购买保险产品

（1）明确家庭财务规划目标。

在购买保险产品之前，首先要对家庭的财务目标进行规划，然后在明确大方向之后，明确家庭保险需求，并及时收集一些相关的保险理财资讯，便于与保险代理人沟通。

（2）客观评估家庭资产状况。

买保险不是越多越好，要量力而行。特别是过多的保费支出会占用大量的资金，并会使后期的缴费压力过大。因此一定要客观评估家庭资产状况，对整个家庭的收支状况做到心中有数，并将购买保险的资金控制在年收入的 20% 以内，这样做的目的是保证保费按期、及时缴纳。

2. 慎选保险公司

首先要了解保险公司的基本情况，特别是保险公司的美誉度情况和保险公司的整体规模。在考察保险公司的整体规模时主要考察的是保险公司的资金规模是否雄厚、产品种类是否齐全、服务网络是否便捷。

其次是了解保险公司的偿付能力。保险公司的偿付能力是保障保险公司经营安全和投保人合法权益的最重要因素。偿付能力是指保险机构履行赔偿或给付责任的能力，即在保险公司所承保的客户在同一个时点上要求保险赔付时，保险公司是否有足够的资金进行理赔。

3. 慎选保险代理人

首先是要检查保险代理人是否持有合法有效的保险代理证或保险公司的保险代理从业人员展业证书，也可以通过各地的保监局网站核实其身份。

其次，要考察保险代理人的综合情况，一般可以通过保险代理人的自我介绍，了解他的从业经历和工作业绩，也可以通过各家保险公司的服务电话核实保险代理人的职级、工作年限等情况。中国平安人寿保险股份有限公司的 95511、中国人寿保险股份有限公司的 95519 都是 24 小时服务，可以随时拨打查询。

4. 虚心倾听保险代理人的建议

虽然我们对保险有了一些了解，但并不是这方面的专家，所以还是要虚心倾听保险代理人的建议，他们在提供服务的时候会帮助我们发现在理财规划上的盲区。

5. 仔细阅读保险理财规划书

保险代理人在提供保险理财服务时都会结合客户的情况和需求给出一份保险规划方案，投保时最好和保险代理人共同阅读并研究一下方案的可行性，当面向保险代理人提出问题并由他解答。

6. 仔细阅读保险条款

每一个保险理财规划方案都是由不同的保险产品组合而成的，保险产品的缺陷也会影响保险理财的效果。所以投保人一定要仔细阅读保险条款，明晰保障责任，特别是对"本公司保留提高或降低保险费率之权利，进行保险费率调整后，投保人须按调整后的保险费率交纳保费"等文字要注意。如果有保险代理人说："我们公司的保险产品都是订单生产，按需制作，目前没有现成的条款给您，只有在您投保之后才会给您。"那他一定是没有职业道德的保险代理人，因为所有的保险产品在推向市场开始销售之前，其条款都是要到保监委备案审核的，没有一个保险产品是在开始销售之后再到保监委备案的。

7. 如实、认真填写投保单

《保险法》第十六条规定：订立保险合同，保险人应当向投保人说明保险合同的条款内容，并可以就保险标的或者被保险人的有关情况提出询问，投保人应当如实告知。投保人故意隐瞒事实，不履行如实告知义务的，或者因过失未履行如实告知义务足以影响保险人决定是否同意承保或者提高保险费率的，保险人有权解除保险合同。投保人故意不履行如实告知义务的，保险人对于保险合同解除前发生的保险事故，不承担赔偿或者给付保险金的责任，并不退还保险费。投保人因过失未履行如实告知义务，对保险事故的发生有严重影响的，保险人对于保险合同解除前发生的保险事故，不承担赔偿或者给付保险金的责任，但可以退还保险费。所以投保人在购买保险时，一定要由投保人和被保险人亲自填写"投保单"，如果被保险人为未成年人，可由法定监护人代为填写。投保单上有关告知事项应如实告知保险公司，做到不隐瞒、不遗漏，以确保投保后的保障权益。

8. 必须亲自签字

在填写完投保单后，投保人和被保险人一定不要忘记在投保单上亲自签字或盖章，如果被保险人是未成年人，则一定要由其法定监护人代签，否则合同为无效合同。

9. 认真阅读投保提示

我们在办理投保手续的时候，有一个非常关键的环节，就是仔细阅读"投保提示"。在投保时，一定要求保险代理人出示投保提示并仔细阅读，对于以各种理由不出示投保提示的保险代理人，客户应马上停止办理手续。实施投保提示制度的目的就是对广大消费者在购买保险时没有注意到或忽略的地方进行友善提示，维护自己的合法权益。

10. 索取缴费收据

如果我们在购买保险时选择的是现金缴费而不是银行转账，应注意一定要向代理人索取保险公司出具的"保费暂收收据"或"保费收据"。为确保投保的权益，最好不要收取业务员以个人或任何他人的名义出具的收条。

11. 索取保单并认真审查保单内容

我们在收到保险单后，要认真审核投保人和被保险人的姓名、保险金额、保险生效期、保险期限、年缴保费、缴费期限、责任免除、保险合同等，发现错漏之处，必须马上要求保险代理人持保单到保险公司进行更正。若确认保单无误，则在保单回执上签字认可，并交代理人带回公司备案，以确保投保人的权益。

实践思考题

1. 保险理财的功能有哪些？
2. 保险理财规划应遵循的原则是什么？
3. 保险理财的注意事项有哪些？
4. 详细说明制订保险理财规划方案的步骤。
5. 简述保障型保险在理财上发挥的作用。

案 例 分 析

中国平安人寿保险股份有限公司投资连结保险投资账户 2018 年年度报告节选

一、平安投资连结保险投资账户简介

（一）平安发展投资账户

（1）账户特征：稳健平衡型。本账户不保证投资收益。

（2）投资政策：采用稳健的投资策略，根据对利率及证券市场走势的判断，调整资产在不同投资工具的比例，追求账户资产的长期稳定增值。

（3）主要投资工具：银行存款、债券、证券投资基金、债券回购。

（4）投资组合限制：投资于国债及银行存款的比例不低于 20%；投资于证券投资基金的比例不高于 60%。

（5）主要投资风险：基金市场风险、利率风险、企业债券信用风险是影响本账户投资回报的主要风险。

（二）平安基金投资账户

（1）账户特征：积极进取型。本账户不保证投资收益。适合愿意做较长期投资及承担较高风险、追求较高的长期回报的客户。

（2）投资政策：积极参与基金市场运作，把握市场机会，采取对账户所有人有利的积极措施，在一定范围内调节投资于不同投资工具上的比例，从而使投资者在承受一定风险的情况下，有可能获得较高的投资收益。

（3）主要投资工具：证券投资基金、银行存款、债券、债券回购。

（4）投资组合限制：主要投资于证券投资基金，同时兼顾对债券、债券回购、银行存款等收益型投资品种的投资，投资于证券投资基金的比例为 60% ~ 100%。

（5）主要投资风险：股票市场风险、基金市场风险、利率风险及企业债券信用风险是影响本账户投资回报的主要风险。

（三）平安保证收益投资账户

（1）账户特征：低风险收入型。设有保证投资收益率。保证投资收益率不低于当年银行活期存款利率按时间（天）进行加权平均的收益率。

（2）投资政策：在保证本金安全和流动性的基础上，通过对利率走势的判断，合理安排各类存款的比例和期限，以实现利息收入的最大化。

（3）主要投资工具：银行存款、现金拆借等。

（4）投资组合限制：投资于银行存款、现金及现金拆借，无投资比例限制。

（5）主要投资风险：本账户的投资回报可能受到政治经济风险、利率风险、通货膨胀等多项风险因素的影响。银行利率风险是影响本账户投资回报的主要风险。

（四）平安价值增长投资账户

（1）账户特征：稳定收益型。本账户不保证投资收益。

（2）投资政策：账户管理人将在严格控制投资风险的基础上，采取对账户持有人有利的积极措施，通过科学的组合设计，在一定范围内调节投资于不同投资工具上的比例，达到账户资产在债券、银行存款、基金上的优化配置，使投资者在承受较低投资风险的同时，获得长期、稳定的投资收益。

（3）主要投资工具：债券、银行存款、证券投资基金及监管部门批准的其他可投资品种。

（4）投资组合限制：主要投资于债券、债券回购、银行存款、债券型基金等稳定收益型投资品种，适度参与股票型基金投资；无投资比例限制。

（5）主要投资风险：本账户的投资回报可能受到政策风险、利率风险、通货膨胀风险等多项风险因素的影响。但利率风险、企业债券信用风险和基金市场风险是影响本账户投资回报的主要风险。

（五）平安精选权益投资账户

（1）账户特征：本投资账户为积极进取型，适合风险承受能力较高，乐于进行积极投资，愿意以额外风险换取可能的高报酬的进取型客户。本账户不保证投资收益。

（2）投资政策：本账户精选投资品种，积极主动配置账户资产，系统控制风险，跟随中国资本市场发展趋势，分享中国经济成长成果，寻求实现长期资本的增值。

（3）主要投资工具：股票、证券投资基金等。

（4）投资组合的限制：主要投资于权益类资产（包括股票、证券投资基金等），非权益类资产（包括固定收益资产和货币市场工具）以及法律法规或监管部门允许投资的其他投资工具。（其中投资于权益类资产的最低比例为40%，投资于非权益类资产的最高比例为60%。

（5）主要投资风险：股票市场风险、基金市场风险是影响本账户投资回报的主要风险。

（六）平安货币投资账户

（1）账户特征：本投资账户为准现金类管理工具，不保证投资收益。

（2）投资策略：本投资账户以严谨的市场价值分析为基础，在严格控制投资风险、维护本金安全及资产流动性的基础上，采用短期金融工具稳健投资的组合策略，并根据债券市场的动态变化，采取多种灵活策略，在保持资产流动性的同时，为投资者谋求持续稳健的投资收益。

（3）主要投资工具：债券型基金、现金、货币市场基金、短期债券、央票、债券回购、银行存款以及法律法规或监管部门允许投资的其他货币市场工具。

（4）投资组合限制：固定收益类资产平均到期日不超过1年，无投资比例限制。

（5）主要投资风险：本投资账户的投资回报可能受到政策风险、市场风险、利率风险、公司业绩风险、信用风险、流动性风险等多项风险因素的影响。政策风险、市场风险、利率风险、公司业绩风险是影响本账户投资回报的主要风险。

案例思考题

1. 什么是平安世纪理财投资连结保险？
2. 该保险设置了多个不同风格的投资账户，它们的投资策略有何不同？

实 训 课 堂

实训目的：从中资人寿保险公司、外资人寿保险公司、合资人寿保险公司中各选一家，通过调研这几家人寿保险公司，了解保险理财的现状。

实训形式：深入实际、搜集资料调研。

实训内容：调研公司背景、偿付能力、投资现状、保险理财产品、服务网络和机构的现状。

调研渠道：保险公司、银保监会相关网站和保险公司的实地调研相结合。

实训指导：

第一步：分组调查，搜集资料。

第二步：每人写出实训报告，以组为单位，在整理、汇总和分析基础上写出每组的实训报告。

项目7 银 行 理 财

引 言

清卡不"干净"后患大

今年春节刚过，一直不会储蓄的王小姐下决心开始攒钱，而她自己认为，注销掉已有的信用卡是控制自己超前消费的主要方式。于是她选择在还清欠款后注销信用卡。

办理业务时，客服小姐提示王小姐，注销生效后应到银行营业网点提取卡内还款后的剩余金额，办理销户手续。但是因为工作调动，王小姐在之后的3个月内离开北京到了外地。5月底王小姐回京，想起自己信用卡里还有100元没取出来，结果到达营业网点一查，才发现这100元仅剩下70多元了，这使她感到十分诧异。

点评：有的持卡人在办理注销业务的时候，认为只要还清欠款，申请注销生效就可以了。其实注销生效之后，持卡人还应该去银行网点办理销户手续，提取还款后的剩余金额。如果未能及时办理销户手续，有的银行会收账户管理费。例如有的银行卡在注销生效后，会为客户提供5个月内免费管理账户服务，只要客户在这5个月内办理销户手续，就不会被收取费用。

【知识目标】理解和掌握银行储蓄的种类和作用；理解和掌握银行理财产品的种类、特点和风险；理解和掌握信用卡的功能和使用技巧。

【技能目标】掌握银行不同储蓄种类的特点；掌握银行理财产品的种类；会比较和分析银行理财产品特点和风险；掌握信用卡的功能，灵活利用信用卡。

7.1 储 蓄 理 财

7.1.1 储蓄的定义、意义与特点

1. 储蓄的定义

储蓄是指城乡居民将暂时不用或结余的货币收入存入银行或其他金融机构的一种存款活动。又称储蓄存款。在我国，任何种类的储蓄都有利息收入，取用安全方便，保本安全性高，因而储蓄是人们进行理财的首要计划。

我国的储蓄原则是"存款自愿、取款自由、存款有息、为储户保密"。居民个人所持有的现金是个人财产，任何单位和个人均不得以各种方式强迫其存入或不让其存入储蓄机构。同样，居民可根据其需要随时取出部分或全部存款，储蓄机构不得以任何理由拒绝提取存款。并要支付相应利息。储户的户名、账号、金额、期限、地址等均属于个人隐私，任何单位和个人没有合法的手续均不能查询储户的存款，储蓄机构必须为储户保密。

2. 储蓄的意义

储蓄作为传统的理财方式，具有高流动性、固定收益和低风险的特点，如果合理利用这

一理财工具，能够实现家庭或个人的理财目标。同时公民个人的存款储蓄，作为一种投资行为，在国家经济活动和人民生活中起着重大作用，利国利民。

（1）为国家积累资金，支援现代化建设。银行通过吸收存款，可以"变小钱为大钱，变死钱为活钱"，有利于国家现代化建设。

（2）调节市场货币流通。一方面，国家通过开展储蓄业务，可以把市场上多余的一部分纸币采用信用回笼的方式吸收过来，可以有效地减少需求压力，使货币购买力和商品供应量平衡，保持物价稳定。另一方面，银行吸收公民的个人储蓄存款，转化为生产投资，为市场提供更多的消费品，从而增加货币回笼，保持正常的货币流通和物价稳定。

（3）有利于培养科学合理的生活习惯、建立文明健康的生活方式。公民的储蓄不仅是一种投资行为，而且是计划消费行为。通过储蓄有计划地安排生活，有利于培养勤俭节约的社会风尚，是科学文明的消费习惯和文明健康的生活方式的体现。

3. 储蓄的特点

储蓄存款作为个人和家庭最基本的理财工具，具有以下特点。

（1）安全性高。

储蓄是所有理财工具中最安全的。储蓄是一种信用行为，信用具有还本付息的特征。储蓄的还本付息特征使它具有明显的保值性和收益性。储户将货币资金存入银行等储蓄机构，首先考虑的是能否保住本金，起到积累财富的作用。如果连本金都保不住，储户是不会参加储蓄的。因此，储蓄的保值性是储户进行储蓄的最低要求，也是储蓄的基本特征。

（2）储蓄方式、期限灵活。

储蓄存款的方式较多，有活期存款、定期存款、定活两便等方式，储蓄期限有不定期的活期、通知存款和定期的整存整取等，可以满足储户不同方式和时期的存款需要。

（3）操作简便。

储蓄的操作流程非常简单，开户、存取、密码修改、挂失、转账、销户等业务流程都比较简单。对于个人来说，开户和挂失等业务凭身份证即可办理。再加上银行网点较多，存取业务非常方便。如果利用银行的自动存款机和自动取款机，随时随地都可以办理存款与取款业务。

（4）收益较低

相对其他的理财工具，储蓄的收益可能是最低的。由于储蓄的风险非常小，因此收益也很低，储蓄的唯一收益是利息，再考虑到降息和征收利息税，收益可能就更低了。当通胀率上涨的幅度大于存款的利率时，储蓄的收益将为负。

7.1.2　储蓄种类和利息的计算

储蓄是安全可靠又方便易办的一种大众化投资方式。储蓄具有存取自由、安全性高、收益稳定等特点，因而在个人及家庭投资理财中还是占有一定比重的。储蓄存款的划分有多种方式，根据储户与银行的契约关系不同，可以分为活期储蓄存款和定期储蓄存款；根据客户存入的币种不同，可以分为人民币储蓄和外币储蓄；根据储蓄的期限不同，可以分为短期储蓄和中长期储蓄。

1. 活期储蓄存款

活期储蓄存款是指无固定存期、可随时存取、存取金额不限的一种比较灵活的储蓄方式。人民币活期储蓄1元起存，多存不限，由银行发给存折或卡，开户后可凭存折或卡随时存取，客户想留印鉴或密码的，凭印鉴或密码支取。每年 6 月 30 日结息一次，全部支取时，按销户日挂牌公告的活期储蓄利率计息。

活期储蓄存款用于日常开支，灵活方便，适应性强。一般将月固定收入存入活期储蓄存款账户作为日常待用款项，供日常支取开支，如将水电、电话等费用从活期账户中代扣代缴支付最为方便。由于活期存款利率低，一旦活期账户结余了较为大笔的存款，应及时支取转为定期存款或其他理财方式。另外，对于平常有大额款项进出的活期账户，为了让利息生利息，最好每两月结清一次活期账户，然后再以结清后的本息重新开一本活期存折。人民币存款利率见表 7-1。

表 7-1 人民币存款利率

一、城乡居民存款		2. 零存整取、整存零取、存本取息	
（一）活期	0.30		
（二）定期		一年	1.35
1. 整存整取		三年	1.55
三个月	1.35	五年	1.55
半年	1.55	3. "定活两便"	按一年以内定期整存整取同档次利率打六折执行
一年	1.75		
二年	2.25	二、通知存款	
三年	2.75	一天	0.55
五年	2.75	七天	1.10

2. 定期储蓄存款

指存款人同银行约定存款期限，到期支取本金和利息的储蓄形式。定期储蓄存款的货币来源于城乡居民货币收入中的结余部分、较长时间积攒以购买大件消费品或设施的部分。这种储蓄形式能够为银行提供稳定的信贷资金来源，其利率高于活期储蓄。

（1）整存整取。指开户时约定存期，整笔存入，到期一次整笔支取本息的一种个人存款。人民币 50 元起存，外汇整存整取存款起存金额为等值人民币 100 的外汇。另外，提前支取时必须提供身份证件，代他人支取的不仅要提供存款人的身份证件，还要提供代取人的身份证件。该储种只能进行一次部分提前支取。计息按存入时的约定利率计算，利随本清。整存整取存款可以在到期日自动转存，也可根据客户意愿，到期办理约定转存。人民币存期分为三个月、六个月、一年、两年、三年、五年六个档次。外币存期分为一个月、三个月、六个月、一年、两年五个档次。

（2）零存整取。指开户时约定存期、分次每月固定存款金额（自定）、到期一次支取本息的一种个人存款。开户手续与活期储蓄相同，只是每月要按开户时约定的金额进行续存。储户提前支取时的手续比照整存整取定期储蓄存款有关手续办理。一般五元起存，每月存入一次，中途如有漏存，应在次月补齐。计息按实存金额和实际存期计算。存期分为一年、三年、五年。利息按存款开户日挂牌零存整取利率计算，到期未支取部分或提前支取按支取日挂牌的活期利率计算利息。

（3）整存零取。指在存款开户时约定存款期限、本金一次存入，固定期限分次支取本金的一种个人存款。存款开户的手续与活期相同，存入时一千元起存，支取期分一个月、三个月及半年一次，由存款人与营业网点商定。利息按存款开户日挂牌整存零取利率计算，于期满结清时支取。到期未支取部分或提前支取按支取日挂牌的活期利率计算利息。存期分一年、三年、五年。

（4）存本取息。指在存款开户时约定存期、整笔一次存入，按固定期限分次支取利息，到期一次支取本金的一种个人存款。一般是五千元起存。可一个月或几个月取息一次，可以在开户时约定的支取限额内多次支取任意金额。利息按存款开户日挂牌存本取息利率计算，到期未支取部分或提前支取按支取日挂牌的活期利率计算利息。存期分一年、三年、五年。其开户和支取手续与活期储蓄相同，提前支取时与定期整存整取的手续相同。

（5）定活两便。指在存款开户时不必约定存期，银行根据客户存款的实际存期按规定计息，可随时支取的一种个人存款种类。50元起存，存期不足三个月的，利息按支取日挂牌活期利率计算；存期三个月以上（含三个月），不满半年的，利息按支取日挂牌定期整存整取三个月存款利率打六折计算；存期半年以上的（含半年）不满一年的，整个存期按支取日定期整存整取半年期存款利率打六折计息；存期一年以上（含一年），无论存多长，整个存期一律按支取日定期整存整取一年期存款利率打六折计息。

（6）通知存款。是指在存入款项时不约定存期，支取时事先通知银行，约定支取存款日期和金额的一种个人存款方式。最低起存金额为人民币五万元（含），外币等值五千美元（含）。为了方便，在存入款项开户时即可提前通知取款日期或约定转存存款日期和金额。个人通知存款需一次性存入，可以一次或分次支取，但分次支取后账户余额不能低于最低起存金额，当低于最低起存金额时银行给予清户，转为活期存款。个人通知存款按存款人选择的提前通知的期限长短划分为一天通知存款和七天通知存款两个品种。其中一天通知存款需要提前一天向银行发出支取通知，并且存期最少需两天；七天通知存款需要提前七天向银行发出支取通知，并且存期最少需七天。

（7）教育储蓄。教育储蓄是为鼓励城乡居民以储蓄方式，为其子女接受非义务教育积蓄资金，促进教育事业发展而开办的储蓄。教育储蓄的对象为在校小学四年级（含四年级）以上学生。①存期规定：教育储蓄存款按存期分为一年、三年和六年三种。②账户限额：教育储蓄每一账户起存50元，本金合计最高限额为2万元。③利息优惠：客户凭学校提供的正在接受非义务教育的学生身份证明一次支取本金和利息时，可以享受利率优惠，并免征储蓄存款利息所得税。

7.1.3 银行储蓄的特点

1. 储蓄行为的自主性

储蓄行为的自主性主要有两个方面的原因：一是储蓄对象是私有的，就是储蓄者所要储蓄的货币资金的所有权归储户所有，储户自己有权支配，这是储蓄具有自主性的根本保证和必要前提；二是储户进行储蓄是自我需要的结果。储蓄是为了自己将来的某种需要，这种储蓄的自主性反映了自我服务的需求，不论是保值或增值的储蓄都是对储户有利的，因而货币所有者愿意从事储蓄活动。

2. 储蓄对象的暂时闲置性和积累性

储蓄动机产生于个人取得收入以后扣除消费部分的结余。这部分结余构成了个人能进行储蓄的物质前提。同时，储蓄是为了未来消费，这也说明了储蓄对象的闲置具有暂时性。储蓄的积累性是指储户在货币资金上量的积累。它的含义可以从两个方面来理解：首先，储蓄行为对储户个人具有积累财富的作用；其次，从货币资金代表社会财富的角度考察，货币储蓄过程也是社会财富的积累过程。

3. 储蓄价值的保值性和收益性

储户将货币资金存入银行等储蓄机构，经过一段时间，不但要取回本金，还要带来利息，这是信用行为的基本要求。储蓄利率的高低，直接影响储蓄的收益水平。

7.2 消 费 信 贷 理 财

消 费 信 贷 案 例

一个中国老太太和一个美国老太太进了天堂，中国老太太垂头丧气地说："唉，过了一辈子苦日子，刚攒够钱买了一套房，本来要享享清福啦，可是却来到了天堂。"美国老太太却喜滋滋地说："我是住了一辈子的好房子，还了一辈子的债，刚还完，这不，也来到了这里。"

通过这个案例，请思考以下问题：

1. 你认为美国老太太这种生活方式好呢，还是中国老太太这种生活方式好？

2. 你是如何看待消费信贷的？

7.2.1 消费信贷的定义及产生

消费信贷是商业企业、银行或其他金融机构对消费者个人提供的贷款，主要用于消费者购买耐用消费品、房屋和各种劳务。消费信贷以消费者未来的收入作为发放贷款的基础，通过信贷方式预支远期消费能力，来满足消费者当前的消费需求。

1998 年以来，为支持扩大内需，我国商业银行开始大力发展消费信贷业务，例如住房贷款、汽车贷款、家电等耐用消费品贷款和助学贷款等。目前在商业银行贷款结构中，消费信贷比例明显上升，对促进消费、拉动经济增长起到了积极作用。

7.2.2 消费信贷的分类

依据不同的标准，消费信贷可以分为以下种类：

1. 根据是否需要事先申请划分

根据是否需要事先申请划分，消费信贷可分为封闭式信贷和开放式信贷。

封闭式信贷的使用必须事先申请，用于特定的用途，以合同形式规定偿还金额、偿还条件、偿还次数等。例如抵押贷款、汽车贷款、住房贷款和分期付款贷款等。

开放式信贷无须像封闭式信贷那样需要事先申请，只要不超过信用额度，可以循环发放，循环使用。例如银行信用卡、百货商店发行的卡等。

2. 根据消费信贷的提供者划分

根据消费信贷的提供者划分，分为商业信贷和银行信贷。

商业信贷是由零售商等向消费者提供的用于购买商品，主要是耐用消费品的贷款；

银行信贷是由银行和其他金融机构提供的用于购买各种消费品的贷款。

3. 根据消费信贷的用途划分

根据消费信贷的用途划分，分为商品信贷、服务信贷和其他用途信贷。

商品信贷是指用于购买各种商品如住房、汽车、电脑等耐用和非耐用消费品的贷款；

服务信贷是指用于支付旅游、医疗、教育等服务费用的贷款。

4. 根据消费信贷的担保情况划分

根据消费信贷的担保情况划分，分为信用贷款和担保贷款。

信用贷款是基于消费者的信用而发放的贷款，借款人仅仅提供一种书面的还款承诺就可以获得贷款；

担保贷款除了书面承诺外，还需要由借款人提供某种财产作为抵押品。

5. 根据消费信贷的还款方式划分

根据消费信贷的还款方式划分，分为分期付款贷款和非分期付款贷款。

6. 根据消费信贷的期限划分

根据消费信贷的期限划分，分为长、中、短期消费信贷。

长期消费信贷是指十年以上的贷款，主要是住房抵押贷款；中期消费信贷是指一年以上十年以下的贷款；短期消费信贷一般是指一年以内的贷款。

7.2.3 消费信贷的特点

（1）贷款投向的个人性。指该信贷以自然人为特定信用对向，而非一般的法人或组织。

（2）贷款用途的消费性。指该类信贷用途以消费性需求为目的，而非以经营营利为目的。

（3）贷款额度的小额性。指该类信贷一般只有较小信用额度，通常在 1000 元至 50 万元之间，不大量占用银行的信贷资金。

（4）贷款期限的灵活性。指该类信贷期限灵活，买方信贷一般在 6 个月至五年，卖方信贷期限相对较长，如个人住房贷款期限最长可达 30 年。

（5）贷款资金的安全性。指该类信贷都有抵（质）押物担保或保证，信贷资金的安全性一般都能有保证。

7.2.4 消费信贷的作用

1. 消费信贷促进了金融机构业务拓展，增加了新的盈利来源

我国银行以往主要开展面对企业的批发业务，消费信贷的开展为银行带来了新的盈利来源，也有利于银行为客户提供更全面的服务，增强了客户的黏性。

2. 消费信贷促进了商品在流通环节的顺利实现

生产部门是产品的生产者，商业部分是产品的销售者，如果没有实现从产品到商品的一跃，生产者和销售者都不可能获得利润。消费信贷能使购买力不足的消费者变成现实的消费者。

3. 消费信贷促进了消费者生活水平的提高

消费信贷合理的使用，在现实生活中确实有利于消费者，既能提前享受到高水平的物质文化生活，又不会给今后的生活带来很大的不利影响。

7.2.5 封闭式消费信贷主要种类

目前，我国商业银行消费信贷获得很大发展，除了信用卡外，大多属于封闭式信贷，主要有以下种类：

1. 综合消费贷款

综合消费贷款是贷款人向借款人发放的不限定具体消费用途、以贷款人认可的有效权利质押担保或能以合法有效房产作抵押担保，借款金额在 2000 元至 50 万元、期限在六个月至三年的人民币贷款。

2. 汽车贷款

汽车贷款是贷款人向在特约经销商处购买汽车的借款人发放的用于购买汽车、以贷款人认可的权利质押或者具有代偿能力的单位或个人作为还贷本息并承担连带责任的保证人提供保证，在贷款银行存入首期车款，借款金额最高为车款的 70%、期限最长不超过 5 年的专项人民币贷款。

3. 短期信用贷款

短期信用贷款是贷款人为解决由本行办理代发工资业务的借款人临时性需要而发放的，期限在一年以内、额度在 2000 元至 2 万元且不超过借款人月均工资性收入 6 倍的、无须提供担保的人民币信用贷款。该贷款一般不能展期。

4. 住房贷款

住房贷款是贷款人向借款人发放的用于购买自用普通住房或者城镇居民修房、自建住房，以贷款人认可的抵押、质押或者保证，在银行存入首期房款，借款金额最高为房款的 70%、期限最高为 30 年的人民币专项贷款。个人住房贷款又分为自营性个人住房贷款、委托性个人住房贷款和个人住房组合贷款三种。

5. 旅游贷款

旅游贷款是贷款人向借款人发放的用于支付旅游费用、以贷款人认可的有效权利作质押担保或者有具有代偿能力的单位或个人作为偿还贷款本息并承担连带责任的保证人提供保证，借款金额在 2000 元至 5 万元、期限在六个月至二年、且提供不少于旅游项目实际报价 30%首期付款的人民币贷款。

6. 国家助学贷款

国家助学贷款又分为一般助学贷款和特困生贷款，是贷款人向全日制高等学校中经济困难的本、专科在校学生发放的用于支付学费和生活费，并由教育部门设立"助学贷款专户资金"给予贴息的人民币专项贷款。

7.2.6 开放式信贷

开放式信贷主要有百货商店发行的卡和银行信用卡，以下主要介绍银行信用卡。

1. 信用卡的定义

信用卡（Credit Card），又叫贷记卡。是一种非现金交易付款的方式，是简单的信贷服务。信用卡由银行或信用卡公司依照用户的信用度与财力发给持卡人，持卡人持信用卡消费时无须支付现金，待账单日时再进行还款。

信用卡一般是长 85.60mm、宽 53.98mm、厚 1mm 的具有消费信用的特制载体塑料卡片。是银行向个人和单位发行的，凭此向特约单位购物、消费和向银行存取现金，其形式是一张正面印有发卡银行名称、有效期、号码、持卡人姓名等内容，背面有磁条、签名条。

信用卡分为贷记卡和准贷记卡，贷记卡是指银行发行的、并给予持卡人一定信用额度、持卡人可在信用额度内先消费后还款的信用卡；准贷记卡是指银行发行的，持卡人按要求交存一定金额的备用金，当备用金账户余额不足支付时，可在规定的信用额度内透支的准贷记卡。所说的信用卡，一般单指贷记卡。

2. 信用卡特点

（1）信用卡是当今发展最快的一项金融业务之一，它是一种可在一定范围内替代传统现金流通的电子货币。

（2）信用卡同时具有支付和信贷两种功能。持卡人可用其购买商品或享受服务，还可通过使用信用卡从发卡机构获得一定的贷款。

（3）信用卡是集金融业务与电脑技术于一体的高科技产物。

（4）信用卡能减少现金货币的使用。

（5）信用卡能提供结算服务，方便购物消费，增强安全感。

（6）信用卡能简化收款手续，节约社会劳动力。

（7）信用卡能促进商品销售，刺激社会需求。

3. 信用卡的申请流程

（1）信用卡的申请与发放。

一般说来，发卡银行对申请人的资信都要进行调查，要求申请人必须具备稳定的职业，有稳定的收入和住所。申请人在申请领卡时首先填写申请书，详细注明本人的姓名、地址、职业、家庭、教育状况、经济收入，担保人姓名、住址、经济收入等。根据上述情况，发卡的银行决定是否发卡、发何种卡、有效期限及消费额度。申请人领卡时应该当着银行工作人员的面在信用卡背面预留签字，以便特约商户或代办行办理业务时核对。

（2）信用卡的授权。

信用卡提供的服务范围广、服务时间长，持卡人可凭卡取现、消费、参加保险、咨询和邮购等。为了减少发卡行的风险，一般都确定一个限额。在和特约商户签约时，在限额以下的交易一般由代办行和特约商户直接办理，超限额的必须经过发卡行同意才可办理。发卡行对持卡人超限额交易的审批过程，就是授权。发卡行均设立授权中心，授权中心必须提供 24 小时服务。商户或代办行索要授权时，需要提供卡号、有效期、持卡人姓名、证件号码、交易类型及金额等。如发卡行同意交易，便告知授权密码。

（3）信用卡的代付。

银行除了发行自己的信用卡外，还可以受其他国家银行的委托代理兑付信用卡。代理兑付都是根据协议办理的，协议的主要内容如下所述。

1）代兑该行信用卡下的支款以及每项支款的最高限额。

2）手续费费率 1.5%～2%，也有按笔计算的。

3）头寸补偿的办法。

4）差错责任条款。代付行不负责鉴别真伪，但要核对注销名单，如果发生差错如付错金额、漏压印等，发卡行有协助查找的义务。若造成损失，在规定的限额内可予以补偿。

5）业务凭证和压印机等，由发卡行无偿提供。

6）挂失。例如，持卡人在我国将信用卡丢失，提出挂失时，应立即通知发卡行，同时也应通知我国国内各分行和兑付点，以防冒领。

信用卡的代付要求银行在代兑时，首先要审查信用卡是否属于委托代办的性质及信用卡的有效期。然后填制取现单，此单是持卡人取款的收据，又是代付行向委托行结算代垫款项及手续费的凭证，类似于发票，在持卡人的签字与信用卡上的签字相符时，付给持卡人现金。最后向委托行收回代垫款及手续费。发卡行在我国的主要分行开立一个"信用卡备用账户"，代付行兑付后，不必发卡行授权可主动借记。

信用卡和借记卡的区别：

借记卡是由商业银行向社会发行的，具有转账结算、存取现金、购物消费等功能的支付结算工具，其和信用卡是有区别的，见表 7-2。

表 7-2　　　　　　　　　　　　信用卡和借记卡的区别

信　用　卡	借　记　卡
信用卡先消费后还贷	借记卡先存款后使用
信用卡可透支	借记卡不可透支
信用卡有循环信用额度	借记卡无循环使用额度
信用卡在最后还款日前全额还款的，享有免息还款期	借记卡没有免息期
信用卡存款不计息	借记卡存款按储蓄利率计息

4. 信用卡的功能

信用卡的各项用途和功能是由信用卡发卡银行根据社会需要和内部经营能力赋予的，尽管各家银行所发行的信用卡的功能并不完全一致，但所有银行信用卡都有购物消费、转账结算、小额信贷、汇兑结算、分期付款等基本功能。

（1）支付结算功能。

信用卡的支付结算功能，可以提供广泛的结算服务，方便持卡人的购物消费活动，减少社会的现金货币使用量，加快货币的流转，节约社会劳动。

（2）汇兑转账功能。

信用卡的汇兑功能，体现在持卡人外出商旅、销售、度假的过程中，在异地甚至异国都可以借助汇款的方式，通过任何一家国际信用卡组织的会员机构的网点，实现资金的调拨流转。

（3）规模购买功能。

发卡机构作为所有会员集体—全体持卡人的代表，要通过正好起来的市场力量，以期更有力的讨价还价能力，从卖方获取更多的谈判收益，让持卡人分享。例如运通公司和花旗银行等机构已经普遍为持卡人提供持卡消费折扣、保证持卡购物为最低价格等附加服务。

（4）个人信用功能。

持卡人通过使用信用卡，可以在金融机构进行个人的信用度积累，长期优良信用的积累会给持卡人带来很多高价值的回报。个人信用会牵涉到持卡人日常经济生活的方方面面。

（5）信用销售功能。

信用卡实质上是一种信用购销凭证，它的运作模式体现了背后商业信用或银行信用的支持，实际上今天的信用卡的信用购销功能已经从开始的商业信用行为转化为银行信用行为。信用卡的信用购销改变了传统的消费支付方式，扩大了社会的信用规模，使一手交钱一手交货的直接交易方式变成迂回交易，改变了社会货币实际购买力决定社会的购买行为的状况，超前的购买能力和扩大的信用规模势必扩大社会的总需求，为确保宏观经济的综合平衡必须加大社会总供给，以便与扩大的社会总需求相适应，从而促进了社会经济的发展。

（6）循环授信功能。

信用卡实质上是消费信贷的一种，它提供一个有明确信用额度的循环信贷账户，借款人可使用部分或全部额度，一旦已经使用的余额得到偿还，该信用额度又可以恢复使用。尤其是贷记卡的持卡人，只要每月支付一定金额的最低还款额度，在此额度之外的账款及贷款利息可以延至下个还款期偿还，如果借款人的账户一直出于循环信贷状况，那么周转中的贷款余额几乎可以看作无期贷款。通过循环信用，持卡人可以在金融机构积累自己的信用度。

（7）其他功能。

虽然信用卡的基本功能都是大致相同的，但是通过发卡机构所提供的差别性服务可以形成种类繁多且功能服务各不相同，各有侧重的，针对不同目标客户群体的信用卡产品，因而所具备的功能举不胜举，在很大程度上信用卡所具备的差异化功能和附加值服务受限于社会的实际需求和发卡机构业务拓展产品开发能力（见图7-1）。

5. 信用卡的使用

下面介绍信用卡使用过程中常用到的几个术语。

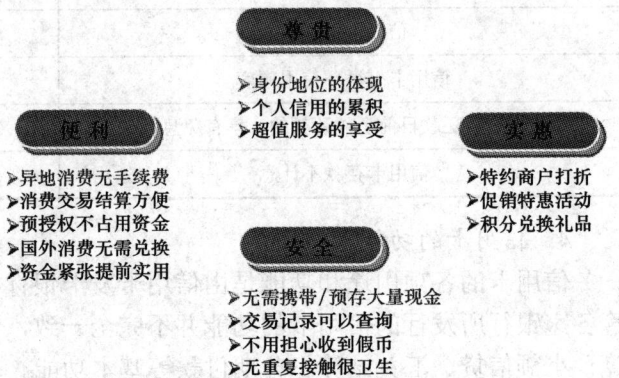

图 7-1　信用卡使用特点

（1）信用额度。

信用卡额度也就是通常说的信用卡可用额度，是指所持的信用卡可以使用的最大金额，它包括信用额度（即信用卡最高可以透支使用的限额）和存入信用卡的金额。

信用卡额度，取决于个人在申请程序中提供的有效收入和资产担保价值。信用卡的信用额度，和申请人的收入和担保资产成正相关关系，即越高的收入和担保资产，获得的额度越高。因此，申请人必须提供收入证明和资产担保表述。资产担保包括房产、汽车等固定资产，也包括储蓄、债券等流动资产。

（2）账单日和到期还款日。

信用卡账单日是指发卡银行每月会定期对信用卡账户当期发生的各项交易，费用等进行汇总结算，并结计利息，计算当期总欠款金额和最小还款额，并邮寄对账单。此日期即为信用卡的账单日。

信用卡到期还款日是指信用卡发卡银行要求持卡人归还应付款项的最后日期。也就是说发卡银行出了账单之后，应该在到期还款日之前把之前所消费的费用全部还清。

（3）免息还款期。

信用卡在体验签账消费新生活的同时，更可享受消费免息还款期待遇。持信用卡签账消费时（不包括提取现金），可享受从交易当日起至到期还款日之间最长达50天的免息还款期。持卡人只需在到期还款日前还清对账单上的本期欠款余额，便无须为这些消费缴付利息。

（4）最低还款额。

信用卡同时提供最低还款额待遇。最低还款额是每月需要交还的最低金额，一般首次为应还账款的10%，持卡人可自由选择以该方式还款，在灵活处理自己的资金之余，更可减轻还款压力（最低还款额还款待遇与免息还款期待遇不能同时享受）。

（5）循环信贷。

消费或取现后，可用信用额度会相应减少，但还款后，信用额度又会相应恢复——这就是循环信贷功能。您可按自己的需要和财务状况，自行决定消费及还款金额。轻松应对，更可免去很多反复申请小额贷款的手续。

（6）提取现金。

可用信用卡在境内标有银联标志、境外标有 VISA 标志的自动柜员机（ATM）上，轻松提取不超过取现额度的现金，以解不时之需（提取现金将不享有免息还款期和最低还款额待遇，从取现当天开始计算相应的利息和手续费）。

（7）分期付款。

信用卡分期付款是指持卡人使用信用卡进行大额消费时，由银行向商户一次性支付持卡人所购商品或服务的消费资金，然后让持卡人分期向银行还款的过程。银行会根据持卡人申请，将消费资金分期通过持卡人信用卡账户扣收，持卡人按照每月入账金额进行偿还。

（8）信用卡应付利息。

贷记卡使用额度按月计收复利，利率一般为日利率万分之五，对于贷记卡的信用消费，一般可以有最多 50 多天的免息期，但对于提取现金，从取现之日起按日利率万分之五收取利息，折合年利率为 18%，远高于银行的各种贷款利率。

【例 7-1】 免息还款期计算

假设某银行的信用卡账单日为每月 5 日，到期还款日为每月 25 日，如果你在 5 月 4 日用信用卡透支 300 元购买了一件外套，在 5 月 6 日用信用卡透支 200 元购买了一条裤子（假设银行均在交易当天记账）。

问：这两笔交易的免息期分别是多少天？

计算如图 7-2 所示。

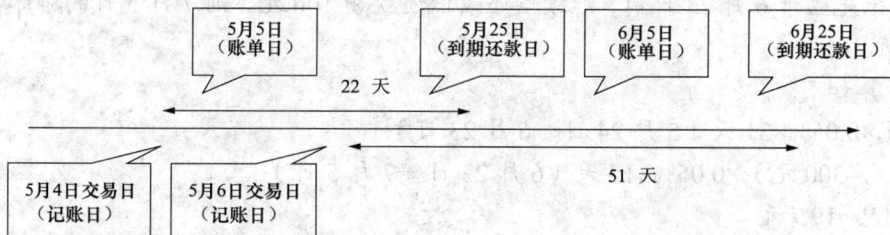

图 7-2

最低还款额计算公式

最低还款额是指持卡人在到期还款日（含）前偿还全部应付款项有困难的，可按发卡行规定的最低还款额进行还款，但不能享受免息还款期待遇，最低还款额为消费金额的 10%加其他各类应付款项。最低还款额列示在当期账单上。

最低还款额=信用额度内未还消费款的 10%+预借现金交易款的 100%+前期最低还款额未还部分的 100%+超过信用额度消费款的 100%+费用和利息的 100%

6. 信用卡利息计算

【例 7-2】 张先生信用卡利息及还款计算

- 张先生的账单日为每月 5 日，到期还款日为每月 23 日；
- 4 月 5 日银行为张先生打印的本期账单包括了他从 3 月 5 日至 4 月 5 日之间的所有交易账务；

- 本月账单周期张先生仅有一笔消费——3月30日，消费金额为人民币1000元；
- 张先生的本期账单列印"本期应还金额"为人民币1000元，"最低还款额"为100元。

不同的还款情况下，张先生的循环利息分别为：

（1）若张先生于4月23日前，全额还款1000元，则在5月5日的对账单中循环利息=0元。

（2）若张先生于4月23日前，只偿还最低还款额100元，则5月5日的对账单的循环利息=17.4元。

具体计算如下：

1000元×0.05%×24天（3月30日—4月23日）+

（1000元−100元）×0.05%×12天（4月23日—5月5日）

循环利息=17.4元

本期应还款：117.4元

（3）若张先生于5月23日前，继续偿还最低还款额100元，则6月5日的对账单的循环利息=20.2元。

具体计算如下：

1000元×0.05%×30天（4月24日—5月23日）+

（1000元−200元）×0.05%×13天（5月23日—6月5日）

循环利息=20.2元

本期应还款：120.2元

（4）若张先生于6月23日前，继续偿还最低还款额100元，则7月5日的对账单的循环利息=19.7元。

具体计算如下：

1000元×0.05%×31天（5月24日—6月23日）+

（1000元−300元）×0.05%×12天（6月23日—7月5日）

循环利息=19.7元

本期应还款：119.7元

（5）若张先生于7月23日前，继续偿还最低还款额100元，则8月5日的对账单的循环利息=18.9元。

具体计算如下：

1000元×0.05%×30天（6月24日—7月23日）+

（1000元−400元）×0.05%×13天（7月23日—8月5日）

循环利息=18.9元

本期应还款：118.9元

7.3　银行理财产品

7.3.1　银行理财产品定义

银行理财产品，是指商业银行在对潜在目标客户群分析研究的基础上，针对特定目标客户群开发设计并销售的资金投资和管理计划。在理财产品这种投资方式中，银行只是接受客户的授权管理资金，投资收益与风险由客户或客户与银行按照约定方式双方承担。

国家出台的《商业银行个人理财业务管理暂行办法》对于"个人理财业务"的界定是，"商业银行为个人客户提供的财务分析、财务规划、投资顾问、资产管理等专业化服务活动"。商业银行个人理财业务按照管理运作方式的不同，分为理财顾问服务和综合理财服务。我们一般所说的"银行理财产品"，其实是指其中的综合理财服务。

7.3.2 银行理财产品的发展情况

据华宝证券研究数据显示，从 2004 年起，银行理财产品发行数量和规模逐年攀升。2004和 2005 年是预热年，发行数量分别为 114 款和 598 款，2006 年发行数量进入"千款时代"，2010 年进入"万款时代"，到 2013 年末高达 4.4 万多款。募集资金规模同样高歌猛进，从最初的一两千亿元起开始快速发展，2008 年进入万亿时代，高达 37 000 亿元，2011 年突破十万亿，高达 16 万亿元。据银行业协会专职副会长杨再平介绍，2013 年银行理财产品累计募集金额逾 68 万亿元。

7.3.3 银行理财产品分类

（1）根据币种不同，理财产品包括人民币理财产品和外币理财产品两大类。

1）人民币理财产品。银行人民币理财是指银行以高信用等级人民币债券（含国债、金融债、央行票据、其他债券等）的投资收益为保障，面向个人客户发行，到期向客户支付本金和收益的低风险理财产品。

收益率高、安全性强是人民币理财的主要特点。

2）外币理财产品。2008 年，股票市场大幅波动，"保本增值"已逐渐成为理财新风向。在此背景下，各大银行纷纷推出外币理财产品回避短期股票市场风险。

从银行外币理财产品来看，"多国货币""高息""短期"成为最热门的宣传词汇。

①光大银行 2008 年 3 月 17 日推出高收益外币理财 A 计划产品，其中美元一年期固定收益产品，预期年收益率为 7.2%；港币一年期固定收益产品，预期年收益率为 6.5%；美元一年期固定收益产品，预期年收益率相比于银行存款收益很诱人。

②荷兰银行曾推出"多元货币指数"挂钩结构性存款和"一篮子强势货币"挂钩结构性存款两款理财新品。"多元货币指数"挂钩结构性存款，通过跟踪全球包括澳大利亚、巴西等八个国家的货币表现，分享超额回报。

③招商银行推出的"金葵花"安心回报之"汇赢 3 号"港币 3 个月期理财产品，预期年收益率高达 5.0%。

（2）根据客户获取收益方式的不同，理财产品分为保证收益理财产品和非保证收益理财产品。

1）保证收益理财产品。保证收益理财产品是指商业银行按照约定条件向客户承诺支付固定收益，银行承担由此产生的投资风险或者银行按照约定条件向客户承诺支付最低收益并承担相关风险，其他投资收益由银行和客户按照合同约定分配，并共同承担相关投资风险的理财产品。

保证收益的理财产品包括了固定收益理财产品和有最低收益的浮动收益理财产品。前者的收益到期为固定的，例如：6%；而后者到期后有最低收益，例如：2%，其余部分视管理的最终收益和具体的约定条款而定。

2）非保证收益理财。非保证收益理财又可以分为保本浮动收益理财产品和非保本浮动收益理财产品。

①保本浮动收益理财产品是指商业银行按照约定条件向客户保证本金支付，本金以外的投资风险由客户承担，并依据实际投资收益情况确定客户实际收益的理财产品。

②非保本浮动收益理财产品是指商业银行根据约定条件和实际投资收益情况向客户支付收益，并不保证客户本金安全的理财产品。

非保证收益的理财产品的发行机构不承诺理财产品一定会取得正收益，有可能收益为零，不保本的产品甚至有可能收益为负。

（3）根据投资领域的不同，理财产品大致可分为债券型、信托型、挂钩型及 QDⅡ型产品。

1）债券型理财产品，指银行将资金主要投资于货币市场，一般投资于央行票据和企业短期融资券。因为央行票据与企业短期融资券个人无法直接投资，这类人民币理财产品实际上为客户提供了分享货币市场投资收益的机会。

在这类产品中，个人投资人与银行之间要签署一份到期还本付息的理财合同，并以存款的形式将资金交由银行经营，之后银行将募集的资金集中起来开展投资活动。

投资的主要对象包括短期国债、金融债、央行票据以及协议存款等期限短、风险低的金融工具。

在付息日，银行将收益返还给投资人；在本金偿还日，银行足额偿付个人投资人的本金。

2）信托型理财产品。信托公司通过与银行合作，由银行发行人民币理财产品，募集资金后由信托公司负责投资，主要是投资于商业银行或其他信用等级较高的金融机构担保或回购的信托产品，也有投资于商业银行优良信贷资产受益权信托的产品。如新股申购，甚至房地产投资都可以纳入理财产品的投资标的，这意味着普通投资者投资信托的机会很多。

投资人主要通过银行购买信托产品，像农业银行、中信银行都有相关的产品问世。

3）挂钩型理财产品。挂钩型理财产品也称为结构性产品，其本金用于传统债券投资，而产品最终收益与相关市场或产品的表现挂钩。有的产品与利率区间挂钩，有的与美元或者其他可自由兑换货币汇率挂钩，有的与商品价格主要是以国际商品价格挂钩，还有的与股票指数挂钩。

4）QDⅡ型理财产品。简单地说就是投资人将手中的人民币资金委托给被监管部门认证的商业银行，由银行将人民币资金兑换成美元，直接在境外投资，到期后将美元收益及本金结汇成人民币后分配给投资人的理财产品。例如：光大银行发售的"同升三号"股票联结型理财产品，投资于全球著名的金融公司股票，精选了全球 5 个金融子行业中市值最大公司，分别为：花旗集团、美国国际集团、高盛集团、汇丰控股、瑞士银行。理财期限是 18 个月，同样保证 100%的本金归还。

（4）根据风险等级的不同可分为以下几类。

1）基本无风险的理财产品。银行存款和国债由于有银行信用和国家信用作保证，具有最低的风险水平，同时收益率也较低，投资人保持一定比例的银行存款的主要目的是保持适度的流动性，满足生活日常需要和等待时机购买高收益的理财产品。

2）较低风险的理财产品。主要是各种货币市场基金或偏债型基金，这类产品投资于同业拆借市场和债券市场，这两个市场本身就具有低风险和低收益率的特征，再加上由基金公司进行的专业化、分散性投资，使其风险进一步降低。

3）中等风险的理财产品。

①信托类理财产品。由信托公司面向投资人募集资金，提供专家理财、独立管理，投资人自担风险的理财产品。投资这类产品投资人要注意分析募集资金的投向，还款来源是否可靠，担保措施是否充分，信托公司自身的信誉。

②外汇结构性存款。作为金融工程的创新产品，通常是几个金融产品的组合，如外汇存款附加期权的组合，这类产品通常是有一个收益率区间，投资人要承担收益率变动的风险。

③结构性理财产品。这类产品与一些股票指数或某几只股票挂钩，但是银行有保本条款，另外，也有机会获得高于定期存款的收益。

4）高风险的理财产品。QDⅡ等理财产品即属于此类。由于市场本身的高风险特征，投资人需要有专业的理论知识，这样才能对外汇、国外的资本市场有较深的认识，去选择适合自己的理财产品，而不是造成了损失才后悔莫及。

7.3.4 银行理财产品构成要素

1. 发行者

也就是理财产品的卖家，一般就是开发理财产品的金融机构。投资人一般应该注意发行者的研发、投资管理的实力。实力雄厚的金融机构发行的理财产品更加可靠一些。另外，一些投资渠道是有资格限制的，小的金融机构可能没有资格参与这些投资，这样就对发行者造成了投资方向的限制，最终会影响理财产品的收益率，因此，实力雄厚的机构的信用更加可靠。

2. 认购者

也就是银行理财产品的投资人。有些理财产品并不是面向所有公众的，而是为有针对性的认购群体推出的。

3. 期限

任何理财产品发行之时都会规定一个期限。银行发行的理财产品大部分期限都比较短，但是也有外资银行推出了期限为 5～6 年的理财产品。所以投资人应该明确自己资金的充裕程度以及投资期内可能的流动性需求，以避免由此引起的不便。

当投资长期理财产品时，投资人还需要关注宏观经济趋势，对利率等指标有一个大体的判断，避免利率等波动造成损失或者资金流动性困难。

4. 价格和收益

价格是金融产品的核心要素。筹资者出售金融产品是为了得到相当于产品价格的收入，投资人的投资额正好等于其购入的金融产品的价格。

对理财产品而言，其价格就是相关的认购、管理等费用以及该笔投资的机会成本（可能是利息收益或其他投资收益）。

投资人投资于该产品的目的就是获得等于或高于该价格的收益。

收益率表示的是该产品给投资人带来的收入占投资额的百分比。它是在投资管理期结束之后，按照该产品的原定条款计算所得的收益率。

5. 风险

在有效的金融市场上，风险和收益永远是对等的，只有承担了相应的风险才有可能获得相应的收益。在实际运行中，金融市场并不是总有效或者说不是时刻有效的。

由于有信息不对称等因素的存在，市场上就可能存在低风险高收益、高风险低收益的可能。所以投资人应该详细了解理财产品的风险结构状况，从而对其做出判断和评估，看其是否与所得的收益相匹配。

6. *流动性*

流动性指的是资产的变现能力，它与收益率是一对矛盾，这也就是有些经济学家将利息定义为"流动性的价格"的原因。

在同等条件下，流动性越好，收益率越低，所以投资人需在二者之间作出权衡。

7.3.5　如何选择银行理财产品

一看产品的预期收益和风险状况。

"银行理财产品的预期收益率只是一个估计值，不是最终收益率。而且银行的口头宣传不代表合同内容，合同才是对理财产品最规范的约定。"理财专家说，在当前弱市环境，投资者购买银行理财产品需要认真阅读产品说明书，不要对理财产品的收益预期过高。

二看产品结构和赎回条件。

"对于银行理财产品，投资者需要了解产品的挂钩标的；对于那些自己不熟悉、没把握的挂钩标的的理财产品，投资者需要谨慎对待。"理财专家说，有的理财产品不允许提前赎回，有的理财产品虽然能够提前赎回，但只能在特定时间赎回，且需要支付赎回费用；有的理财产品有保本条款，但其前提是产品必须到期，投资者提前赎回就有可能亏损本金。

三看产品期限。

有理财专家认为，银行理财产品的期限有长有短，一些半年期或一年期的理财产品可能是在股市高位发行的，现在股指已经"腰斩"，这类理财产品如果出现亏损，要想在短期实现"翻本"，难度较大。有的理财产品期限较长，设计的结构又比较好，即使现在亏损，但今后二三年内如果市场向好，这类理财产品完全有可能扭亏为盈。

四看投资方向。

银行会把资金投向哪些方面，因为资金投入方向与理财产品收益率直接相关。另外，银行并非专业的资产管理机构，许多银行理财产品特别是股票类理财产品实际上是由银行聘请的投资顾问负责管理，投资顾问一般由基金公司、证券公司担任，其投资研究能力的高低在很大程度上决定了产品的收益和风险控制能力，因此投资者在购买银行理财产品时应了解投资顾问的投资研究能力。

实 践 思 考 题

1. 我国银行是否存在破产风险？
2. 信用卡有哪些功能？
3. 有效使用信用卡，要注意哪些事项？
4. 我国目前银行理财产品有哪些特点？
5. 银行理财产品是否存在风险？举例说明。
6. 购买理财产品时，主要看哪些事项？

实 训 课 堂

通过互联网，收集和整理近两年我国哪些银行发生了银行理财产品违约现象，整理这些案例发生的过程，并尝试分析这些案件发生的原因和责任如何判定？

项目8 信托理财

引言

张女士早年丧夫，有一儿一女，女儿 26 岁，儿子 28 岁。通过前些年的打拼。张女士积累下来数目可观的家产如下：①银行存款 4500 万；②一家独资的工厂；③两栋别墅（投资用的）；④拥有三家公司的股权（非控股大股东）。

张女士年龄越来越大，身体越来越不好。工厂经营也处于滑坡。一儿一女不服管教，整天游手好闲，没有正常的工作。两人对家产的挥霍无节制。张女士想用纯粹的信托方式管理家产。

对于张女士的家产某信托公司将根据家产的特征。向其推荐适合的信托产品。具体情况如下：

（1）对于张女士的银行存款 4500 万。我们推荐购买资金信托中的集合资金信托。所谓集合信托就是指信托投资公司接受两个以上（含两个）委托人委托、共同运用和管理信托资金的信托业务。集合资金信托产品相对于储蓄、国债收益水平较高，同时又比股票投资风险小，因此集合资金信托产品一经推出，就受到广大投资者的欢迎。对于张女士的银行存款，购买这种信托将是一个不错的选择。集合资金信托的优势有三点：一是预期收益高（虽然预期收益率并不一定等于实际收益率，但是，在投资人看来，预期收益是吸引其购买的重要原因）；二是有担保、转让等条件；三是商业银行代销，银行信誉有保证。

（2）对于张女士的一家独资的工厂和两栋别墅我们推荐购买财产信托。财产信托就是指委托人通过信托行为，转移给受托人并由受托人按照一定的信托目的进行管理或处分的财产，以及经过管理、运用或处分后取得的财产收益。法律、行政法规禁止流通的财产，不得作为信托财产；法律、行政法规限制流通的财产，依法经有关主管部门批准后，可以作为财产信托。信托财产的业务包括动产、不动产及其他财产的信托业务。考虑到张女士的两栋别墅是用于投资的，公司将会制订一份出租方案。财产信托具有可转让、物上替代性、独立性的特征，和其他形式的财产转移相比，财产信托的优点非常明显：一是受益人的信息均绝对保密，不公开供公众查询，因此可以很好地隐蔽财富。二是信托可以保护信托受益人不受其债权人的追索，可以免于偿债。三是，财产信托可以合法有效地规避高额遗产税。

（3）对于张女士拥有的三家公司的股权。我们推荐购买股权信托。股权信托就是指委托人将其持有的公司股权转移给受托人，或委托人将其合法所有的资金交给受托人，由受托人以自己的名义，按照委托人的意愿将该资金投资于公司股权。由于张女士非控股大股东，可以采用股权基本类型中的管理型股权信托。管理型股权信托可以说我们是"受人之托，代人管理"股权，其核心内容就是将手里的是股票表决权和处分权的委托管理。我们将会以最优的方式行使股票的投票表决权和处分权，使得这些权利的行使能够实现张女士对上市公司的表决控制力。

（4）根据张女士现在的身体情况和儿女的情况。公司建议张女士购买一份遗嘱信托。所谓遗嘱信托就是根据个人遗嘱而设立并在遗嘱人死后发生效力的信托业务，是身后信托。遗嘱信托可以带来很多好处和便利。①可以保障家庭。除了可以避免子孙挥霍外，还能让那些为了家族财产而与家庭成员结婚之人没有可乘之机，使家族财产不会落入外人手中。②避免纷争。因为争夺遗产而让家庭成员反目成仇的案例不胜枚举。而遗嘱信托可以依照心愿，预先安排资产分配给各家庭成员、亲友、慈善团体及其他机构。由于遗嘱信托具有法律约束力，特别是中立的遗产监管人的介入，使遗产的清算和分配更公平，从而避免自己死后可能出现的财产继承矛盾。③免于偿债。遗嘱信托可以保护信托受益人不受其债权人的追索。④灵活运用。信托契约中可保有适度的弹性（尤其是全权委托信托），以确保受托人随外在环境的变迁，仍能为受益人谋求最佳的福利。⑤财富升值。从理财的角度看，我们都具有专业的理财能力，这样就能弥补财产继承人理财能力匮乏的缺陷，从而使家庭财产得以稳健增值。

【知识目标】通过本章的学习，了解信托理财基础知识；熟悉信托理财的种类；理解信托理财的理财优势；重点掌握资金信托理财和财产信托理财。

【技能目标】能初步把握保险理财决策技巧，并领会风险规避。

8.1 信托理财基础知识

8.1.1 信托的含义

信托起源于英国，是建立在信任的基础上，财产所有者出于某种特定目的或社会公共利益，委托他人管理和处分财产的一种法律制度。信托制度在财产管理、资金融通、投资理财和发展社会公益事业等方面具有突出的功能，尤其是在完善财产制度方面发挥了重要作用，已经为世界上许多国家所采用。就个人信托而言，发展到现在其功能已经相当广泛，包含财产转移、资产保全、照顾遗族、税务规划、退休理财、子女教育保障等。

根据我国颁布的《信托法》第二条规定，信托是指委托人基于对受托人的信任，将其财产权委托给受托人，由受托人按委托人的意愿以自己的名义，为受益人的利益或为特定目的，进行管理或者处分的行为。简而言之，信托就是信用委托，信托业务是一种以信用为基础的法律行为，一般涉及三方面当事人，即投入信用的委托人，受信于人的受托人，以及受益于人的受益人。信托业务是由委托人依照契约或遗嘱的规定，为自己或第三者（即受益人）的利益，将财产上的权利转给受托人（自然人或法人），受托人按规定条件和范围，占有、管理、使用信托财产，并处理其收益。

8.1.2 信托的种类

中国信托业的发展，信托投资公司的发展，乃至信托投资者投资信托的需要，都要求对信托业务进行清晰地认识，因而首先要对信托业务的分类进行认识。信托的种类很多，不同的划分标准对应着不同的分类。

1. 以信托关系成立方式为划分标准

（1）任意信托。

根据当事人之间的自由意思表示而成立的信托称为任意信托，任意信托又称为自由信托或明示信托，主要指委托人、受托人、受益人自由自愿形成信托关系，而且这种自由自愿意思在信托契约中明确地表示出来，大部分信托业务都属于任意信托。

（2）法定信托。

法定信托是与任意信托相对应的一种信托形式。主要指由司法机关确定当事人之间的信托关系而成立的信托。也即信托的当事人之间原本并没有成立信托的意思，司法机关为了当事人的利益，根据实际情况和法律规定，判定当事人之间的关系为信托关系，当事人无论自己的意思如何，都要服从司法机关的判定。设立法定信托的目的主要是保护当事人的合法利益，防止当事人财产被不法使用。比如，某人去世后，留下一笔遗产，但他并未对遗产的处置留下任何遗言，这时只能通过法庭来判定遗产的分配。即由法庭依照法律对遗产的分配进行裁决。法庭为此要做一系列的准备工作，比如进行法庭调查等等。在法庭调查期间，遗产不能无人照管，这时，司法机关就可委托一个受托人在此期间管理遗产，妥善保护遗产。

2. 以信托关系所依据的法律立场为划分标准

（1）民事信托。

民事信托是指信托事项所涉及的法律依据在民事法律范围之内的信托。民事法律范围主要包括：民法、继承法、婚姻法、劳动法等法律，信托事项涉及的法律依据在此范围之内的为民事信托。例如涉及个人财产的管理、抵押、变卖，遗产的继承和管理等事项的信托。即为民事信托。

（2）商事信托。

商事信托是指信托事项所涉及的法律依据在商法规定的范围之内的信托。商法（也叫商事法）主要包括：公司法、票据法、海商法、保险法等。信托事项涉及的法律依据在此范围之内的为商事信托，例如涉及公司的设立、改组、合并、兼并、解散、清算，有价证券的发行、还本付息等事项的信托为商事信托。

3. 按照委托人的不同为划分标准

（1）个人信托。

个人信托是指以个人（自然人）为委托人而设立的信托。个人只要符合信托委托人的资格条件就可以设立信托。个人信托的开展与个人财产的持有状况及传统习惯有很大的关系。个人有生命期的限制，由此个人信托又可以分为两种：一是生前信托，二是身后信托。

1）生前信托。生前信托是指委托人生前与信托机构签订信托契约，委托信托机构在委托人在世时就开始办理有关的事项。生前信托的契约在委托人在世时即开始生效。生前信托都与个人财产的管理和运用有关，但具体到每个人目的多种多样。委托人设立生前信托可以指定他人为受益人，也可自己做受益人。

2）身后信托。身后信托是指信托机构受托办理委托人去世后的各项事务。身后信托与生前信托的区别在于信托契约的生效期，生前信托的契约在委托人在世时即可生效。但生前信托的事项可以延续到委托人去世以后。身后信托的契约有些是在委托人在世时就与信托机构签订，但契约的生效却是在委托人去世后，还有一部分身后信托的发生并不源于委托人的意愿，而是在委托人去世后，由其家属或法院指定的。身后信托大多与执行遗嘱、管理遗产有关，身后信托的受益人只能是委托人以外的第三者。

（2）法人信托。

法人信托是指由具有法人资格的企业、公司、社团等作为委托人而设立的信托。法人信托大多与法人的经营活动有关。例如企业发行债券、销售设备等，法人信托中的财产价值巨大，个人作为受托人难以承担这样巨大的责任，因此法人信托中的受托人也都是法人，如信托公司、银行等金融机构。从信托发展的历史过程看，信托发展早期主要是个人信托。后来，随着各种企业公司等法人机构的出现，法人信托业务也逐渐发展起来，法人信托成为信托公司的重要业务。法人设定信托的目的都与法人自身的经营有紧密关系，但具体形式各异，主要包括：附担保公司债信托、动产信托、雇员受益信托、商务管理信托等。

（3）个人与法人通用信托业务。

个人与法人通用信托业务是指既可以由个人作委托人，也可由法人作委托人而设立的信托业务，同时它适应了个人和法人管理和运用自己财产的需要，是一种灵活的信托形式，所以通用信托自产生以来发展很快。通用信托的种类主要包括投资信托、不动产信托、公益信托等。

4. 按照受益人的不同为划分标准

（1）自益信托。

自益信托是指委托人将自己指定为受益人而设立的信托。从信托性质上看，信托主要是为了他人利益，信托也源于为他人利益而产生的。信托早期主要是他益信托，后来，由于社会的发展，委托人开始利用信托为自己谋利益，也就出现了委托人将自己定为受益人的情形。通过这种形式，委托人可以把自己不能做、不便做的事项委托给信托机构去做，利用信托机构的专门人才和专业设施，使财产获取更大的收益。

（2）他益信托。

他益信托是委托人指定第三人作为受益人而设立的信托业务。信托发展早期主要是他益信托，利用这种形式使他人也能享受自己财产的收益。例如身后信托就是一种他益信托。

（3）私益信托。

私益信托是指委托人为了特定的受益人的利益而设立的信托。所谓特定的受益人是从委托人与受益人的关系来看的，如果受益人与委托人之间有经济利害关系，委托人为受益人设立的信托可以使委托人为此而获取一定的利益，那么这种信托可视作私益信托。例如雇员受益信托是企业为本企业职工设立的，它的受益人有时是全体企业职工，但这种信托仍属于私益信托，因为企业为职工设立信托的目的是使职工更好地为企业服务，最终使企业获利。

（4）公益信托。

公益信托是指为了公共利益的目的，使整个社会或社会公众的一个显著重要的部分受益而设立的信托。（公益信托是英美的慈善信托（charitable trust）翻译过来的。但严格来说，英美的慈善信托与公共信托（public trust）还是有区别的，有些公共信托不能构成慈善信托。而且，慈善信托较好地表现了现代公益信托的起源。）

5. 按照信托财产的性质为划分标准

（1）金钱信托。

金钱信托也叫资金信托，它是指在设立信托时委托人转移给受托人的信托财产是金钱，即货币形态的资金，受托人给付受益人的也是货币资金，信托终了，受托人交还的信托财产仍是货币资金。在金钱信托期间，受托人为了实现信托目的，可以变换信托财产的形式，比如用货币现金购买有价证券获利，或进行其他投资，但是受托人在给付受益人信托收益时要把其他形态的信托财产还原为货币资金。金钱信托是各国信托业务中运用比较普遍的一种信托形式。如日本的金钱信托占全日本信托财产总额的 90%，日本的金钱信托根据金钱运用的方式不同，又可以划分为以下几种：

1）特定金钱信托。特定金钱信托是指在该项信托中金钱的运用方式和用途由委托人特别具体指定，受托人只能根据委托人指定的用途运用信托财产。比如，委托人若指定金钱用于贷款时，同时必须详细规定贷款对象、利率、期限、金额、担保条件等；如用于投资有价证券，则要详细规定有价证券的品种价格、数量等等。受托人完全按照委托人指定的用途运用信托财产，一旦出现财产运用损失，都由委托人和受益人负责。投资信托就是一种特定金钱信托。

2）指定金钱信托。在这种信托形式中，委托人只指定金钱运用的主要方向，其运用的具体方式则由受托人决定，比如委托人只说明金钱要用于贷款，但不规定贷款的具体对象、利率、期限，或要求进行有价证券投资，但不规定有价证券的种类、形式。指定金钱信托又分为共同运用指定金钱信托和单独运用指定金钱信托。共同运用指定金钱信托是指受托人把运用形式、范围相同的金钱汇总起来，共同进行投资，收益统一计算，最后按各项金钱所占比例向受益人分配收益，单独运用指定金钱信托，是指受托人将每个委托人的金钱单独开立账户，各项金钱独立运用，各项收益分别计算。

3）非指定金钱信托。非指定金钱信托是指委托人对金钱的运用方式、运用范围不作任何限定，而是由受托人决定。为了保护受益人利益，日本从法律上对非指定金钱信托的资金运用范围进行了严格的限制，主要是用于购买公债和用于以公债作担保的贷款。

在日本还有一种有别于以上金钱信托的信托形式，即"金钱信托以外的金钱信托"，这种信托形式是指委托人在信托开始时转移给受托人的信托财产是金钱，信托终了时，受托人交付给受益人的是其他形式的财产，比如受托人若把金钱投资了有价证券，信托终了，受托人把有价证券交付受益人，若用于其他投资，则以其他财产形式交付给受益人。

在我国信托机构从事的信托业务中，金钱信托占有很大的比重，主要包括信托贷款、信托投资、委托贷款、委托投资等形式。

（2）有价证券信托。

有价证券信托是指委托人将有价证券作为信托财产转移给受托人，由受托人代为管理运用。比如委托受托人收取有价证券的股息、行使有关的权利，如股票的投票权，或将有价证券出租收取租金，或以有价证券作抵押从银行获取贷款，然后再转贷出去，以获取收益。

（3）不动产信托。

不动产信托是指委托人把各种不动产，如房屋、土地等转移给受托人，由其代为管理和运用，如对房产进行维护保护、出租房屋土地、出售房屋土地等等。

（4）动产信托。

动产信托是指以各种动产作为信托财产而设定的信托。动产包括的范围很广，但在动产信托中受托人接受的动产主要是各种机器设备，受托人受委托人委托管理和处理机器设备，并在这个过程中为委托人融通资金，所以动产信托具有较强的融资功能。

（5）金钱债权信托。

金钱债权信托是指以各种金钱债权作信托财产的信托业务。金钱债权是指要求他人在一定期限内支付一定金额的权力，具体表现为各种债权凭证，如银行存款凭证、票据、保险单、借据等等。受托人接受委托人转移的各种债权凭证后，可以为其收取款项，管理和处理其债权，并管理和运用由此而获得的货币资金。例如西方国家信托机构办理的人寿保险信托就属于金钱债权信托，即委托人将其人寿保险单据转移给受托人，受托人负责在委托人去世后向保险公司索取保险金，并向受益人支付收益。

8.1.3　信托独特的个人理财优势

信托这种独特的制度设计使其能很好地平衡财产安全性与理财效率两者间的关系，在为委托人提供充分保护的同时，方便了受托人管理，因而使其在个人理财中具有其他金融理财工具无法比拟的优势，主要表现为：

1. 专业的财产管理

与个人单独理财相比，专家理财省事省心，风险低收益高。通过信托集中起来的个人资金由专业人士进行操作，他们可以凭借专业知识和经验技能进行组合投资，从而避免个人投资的盲目性，以达到降低投资风险，提供投资收益的目的。

2. 灵活的理财规划

信托公司可以根据客户的喜好和特性，量身定做非标准产品，通过专家理财最大限度地满足委托人的要求。这种投资方式和产品的灵活性也是券商和基金公司所缺乏的，也是目前所无法提供的。

3. 家族保障

信托可对家庭提供保障，并保护资产不受侵害，使资产不会被为了财产而与家庭成员结婚之人士有机可乘；使资产不会落入可能将家庭财富挥霍殆尽的无能后嗣之手。

4. 继承安排

信托是安排财产继承的有效方法，让委托人可依照心愿，预先安排资产分配与各家庭成员、亲友、慈善团体及其他机构。在一些有继承限制的国家，信托可助弹性安排资产继承，委托人的财富更无须受到复杂冗长的遗嘱认证程序影响，让您指定的受益人能尽快继承应得资产。

5. 绝对保密

由于委托人的资产已转移至受托人名下，大多数的法定管辖区域均无关于公开披露的规定，而且信托契约无须向任何政府机构登记，亦不公开供公众人士查询，因此受益人的个人数据及利益均绝对保密，直至信托终止为止。此外，信托通常具有可充当公司股东之用，更可进一步隐藏公司实益拥有人的身份。

6. 资产保障

在法律许可的情况下，成立信托可使委托人的资产获得长期保障，此资产在法律上登记于受托人或指定人名下，而非委托人居住或设籍的国家，因此亦可保障委托人的资产免受债权人索偿。

7. 资产统筹及管理

信托可将遍布全球的资产归纳入同一个架构之下，简化资产管理及统一财务汇报。

8. 税务规划

成立信托可减轻甚至豁免所得税、资本利得税、赠予税、财产税、遗产税等税务负担。

9. 灵活运用

信托契约中可保有适度的弹性（尤其是全权委托信托），以确保受托人随外在环境的变迁，仍能为受益人谋求最佳的福利。信托本身具有相当的灵活度：信托是可被撤销的；受托人可以辞职（或被撤换）；若基于政治或其他情势之考量，而有较为谨慎之必要，信托设立及执行之地点可以移转至其他法定管辖区域；信托财产的行政管理及操作、分配可随时更改。契约中与委托人切身相关的条款，常会受不同因素影响，其中包括财产规划的目标、所选择的信托法定管辖区域与居住国之法律，以及所要求的信托灵活度等。

8.1.4 个人信托的运用范围

（1）投资理财，使财产保值、增值；

（2）个人或家庭的财产管理、移转及节税规划；

（3）子女生活、教养及创业资金的准备及管理；

（4）身心障碍子女或其他家属的照护；

（5）退休安养生活的照料；

（6）夫妻财产保障；

（7）家族股权的控制；

（8）遗族的照顾。

相关链接 8-1

如何使用信托达到人生目标

从人生的发展过程中，我们发现在不同的生命阶段中，会有不同的人生目标，而信托可以帮助我们在各个阶段中达成不同的人生目标，期情形可区分如下：

- 20 岁以前（求学期）。此阶段主要的生活资金供给来源为父母，自己的经济能力较差，故可考虑以金钱信托、信托存款等方式累积资金。

- 21 岁至 30 岁（创业期）。此阶段主要为开始成家立业之阶段，虽具有自己的经济能力，但因刚在起步阶段，收入较低，此时仍宜以金钱信托或信托存款等方式累积资金。

- 31 岁至 40 岁（安家期）。此一阶段，经济能力逐渐增强，但随着子女的诞生，生活的负担增加，此时除以金钱信托或信托存款等方式累积资金外，亦可考虑办理个人人寿保险信托以防万一。

- 41 岁至 50 岁（成熟期）。此阶段，收入继续增加，贷款陆续偿还，小孩逐渐长大，比较有充裕的资金，故可考虑将多余的资金从事证券投资信托及特定金钱信托。此时如有专利权或其他资产，也可考虑著作权、专利权的信托及不动产、动产的信托或租赁权的信托。

- 51 岁以后（退休期）。此时主要考虑者为退休金的运用、继承及遗产等问题，可利用的有退休给付的年金信托、不动产有效利用的不动产信托、遗书保管、遗嘱执行、遗产整理及办理继承等信托。

8.2 信托理财的内容

从理论上讲，信托可以对资金、有价证券、动产、不动产、知识产权等各类财产和财产权进行管理、运用和处分，又可从事投资、贷款、出租、出售、同业拆放、项目融资、公司理财、财务顾问等多方面的业务。因此，信托是一种综合性的理财工具。

8.2.1 资金信托理财

所谓资金信托，指委托人将自己合法拥有的资金，委托信托公司按照约定的条件和目的，进行管理、运用和处分。

1. 资金信托的特点与种类。

（1）资金信托的特点。

资金信托是指委托人基于对受托人的信任，将自己的资金委托给受托人，由受托人根据委托人的意愿以自己的名义，为受益人的利益或特定目的管理、运用资金的行为。其特点主要是：

①信托财产为金钱或者资金，这是资金信托产品区别于其他信托产品的根本特征。

②资金信托的委托人，交付信托的目的几乎都与金钱的增值目的直接相关。而在其他信托中，信托目的可能是金钱的增值，也可能仅仅是财产的保管、控制，或者担保等其他与金钱增值非直接相关的事项。

③资金信托终止时，按照信托合同交付最终财产归属人的信托财产，一般都是金钱，而不是权利、实物或者其他状态、性质的财产。

（2）资金信托的种类。

信托机构在办理资金信托业务时，可以按照委托人的要求，为其单独管理信托资金，即称为单独管理资金信托；为了使受托资金达到一定的数额，也可以采取将不同委托人的资金集合在一起管理的做法，通常称为集合资金信托。

1）单独管理资金信托。又可分为特定单独管理资金信托和指定单独管理资金信托。其中，特定单独管理资金信托是指委托人指定资金的运用方法及标的，包括投资标的类别、名称、数量、时期、交易价格等，信托机构并无裁量权。其资金运用的范围包括：存放金融机构的存款或信托资金；投资国债或企业债券；投资短期票券；国内上市股票；国内证券投资信托基金；其他经主管机关核定的业务。而指定单独管理运用资金信托业务是指结合信托机构自身信托投资及土地开发业务专长，引导信托资金投资于政府编列预算执行的开发项目。

2）集合资金信托。按照接受委托的方式，集合资金信托业务又可分为两种：第一种是社会公众或者社会不特定人群作为委托人、以购买标准的、可流通的、证券化合同作为委托方式，由受托人统一集合管理信托资金的业务；第二种是有风险识别能力、能自我保护并有一定的风险承受能力的特定人群或机构为委托人，以签订信托合同的方式作为委托方式，由受托人集合管理信托资金的业务。按照其信托计划的资金运用方向，集合资金信托可分成以下类型：

①证券投资信托，即受托人接受委托人的委托，将信托资金按照双方的约定，投资于证券市场的信托。它可分为股票投资信托、债券投资信托和证券组合投资信托等。

②组合投资信托，即根据委托人风险偏好，将债券、股票、基金、贷款、实业投资等金融工具，通过个性化的组合配比运作，对信托财产进行管理，使其有效增值。

③房地产投资信托，即受托人接受委托人的委托，将信托资金按照双方的约定，投资于房地产或房地产抵押贷款的信托。中小投资者通过房地产投资信托，以较小的资金投入间接获得了大规模房地产投资的利益。

④基础建设投资信托，是指信托公司作为受托人，根据拟投资基础设施项目的资金需要状况，在适当时期向社会（委托人）公开发行基础设施投资信托权证募集信托资金，并由受托人将信托资金按经批准的信托方案和国家有关规定投资于基础设施项目的一种资金信托。

⑤贷款信托，即受托人接受委托人的委托，将委托人存入的资金，按信托计划中或其指

定的对象、用途、期限、利率与金额等发放贷款，并负责到期收回贷款本息的一项金融业务。

⑥风险投资信托，受托人接受委托人的委托，将委托人的资金，按照双方的约定，以高科技产业为投资对象，以追求长期收益为投资目标所进行的一种直接投资方式。

2. 资金信托操作流程

信托公司（受托人）制订信托计划，并向广大投资者（委托人）发售，汇集信托资金，投资者为信托财产的受益人；信托公司作为受托人将信托资金投入到信托计划描述的项目中，信托财产从现金形态转化为股权（股权投资）或（向项目贷款）形态。

因此，实际上资金信托就是"筹资+投资"的过程，在台湾地区一般将之称为投资信托。但是应当说信托的融资功能与公司的股权融资、银行业的间接融资相比，并无明显的优势，这些产品的成功很大程度上与我国公司立法的不完善，与银行业的私人银行业务发展不够有关。目前，我国的银行业提供的服务品种单一，无论对资金供给者还是资金需求者，都还没有提供令人满意的服务，这些因素给了信托产品一定的生存空间限制。

8.2.2　财产信托理财

财产信托指委托人将自己的动产、不动产（房产、地产）以及版权、知识产权等非货币形式的财产、财产权，委托给信托公司按照约定的条件和目的进行管理或者处分的行为。

1. 动产信托

动产信托是财产信托的一种，主要以动产（主要指契约设备）的管理和处理为目的而设立的信托。即由设备的制造商及出售者作为委托人，将设备信托给信托机构，并同时将设备出租或以分期付款的方式出售给资金紧张的设备使用单位的一种信托方式。

动产信托的标的物，通常是价格昂贵、资金需要量大的产品。通过动产信托，不论是对于这类产品的生产者和销售者（通常是动产信托的委托者），还是其用户，都有方便之处。因此，动产信托的意义在于为设备的生产和购买企业提供了长期资金融通的优势。

（1）动产信托的种类。

按对动产的不同处理方式，可将动产信托分成下列三种类型：

管理动产信托：是由信托机构对动产设备进行适当的管理，并将动产设备出租给用户使用，所获收入扣除信托费用后作为信托收益交给受益人。（与传统的设备租赁相似）

处理动产信托：是指信托机构在接受信托的同时，以分期付款的方式将动产出售给用户。（类似于抵押贷款方式）

管理和处理动产信托：（又分为：出让"受益权证书"方式和发行"信托证券"方式）是指将动产以出租的方式经营，信托终结时由使用单位购入的一种信托形式。它结合了管理动产和处理动产信托的特点，信托机构不仅负责动产设备的出租管理，而且还负责出售设备。

（2）动产信托的功能。

一是为企业融通资金，提供信用担保。在动产买卖、租赁等交易过程中，因租赁方或买受方资金不足、取得担保困难以及卖方或出租方对其资信状况、信用等级不够了解的情况下，动产所有人可以作为委托人，将动产所有权转移给信托投资公司，获得融资或信用担保，信托投资公司则利用自己在金融领域里的地位，发挥信息和管理上的优势，监督、控制承租方、买受方的经济行为，最大限度地降低委托人的商业风险，最终实现动产租赁与销售。这一信托品种适用于信托投资公司为动产设备的卖方或出租方提供信用担保，进而提高交易效率，优化资源配置。

二是处置闲置设备。在企业生产经营过程中，由于国家产业政策的调整、企业内部产品结构调整以及企业改制、重组等行为，常导致仍具有生产能力的动产设备不适应新的企业发展规划，进行变现处理又难以取得满意的现金回报。通过信托投资公司将上述闲置的动产设备按类组合，补充配套，开发功能，提升生产盈利能力，再进行出租或出售，即解决了动产所有人闲置资产的浪费，节约了维护、储存等管理费用，又能创造新的价值。这一信托品种适用于信托投资公司所在地的企业、事业单位之间实现闲置动产设备和其他财产的相互调剂，互通有无。

（3）动产信托的基本协定。

动产信托的基本协定作为委托者的制造商或销售商、信托机构及用户三者间签订的，根据信托契约及信托的目的明确签订关于管理、处理契约的意见，确定两契约的基本线。基本协定的内容随信托的方式不同而不同。

2. 不动产信托

不动产信托也可称之为房地产信托，简单来说，就是不动产所有权人（委托人），为受益人的利益或特定目的，将所有权移转给受托人，使其依信托合同来管理运用的一种法律关系。它是以不动产如建筑物、土地（不含耕地）等作为信托财产，由受托人按照信托合同，将不动产通过开发、管理、经营及处分等程序，提高不动产的附加价值，并将受托成果归还给受益人的信托业务。

（1）不动产信托的种类。

不动产信托可分为房地产信托和土地信托。

房地产信托（又称为建筑物信托）是指信托机构接受委托经营、管理和处理的财产为房地产及相关财务的信托关系。它包括房地产信托存款、房地产信托贷款和房地产委托贷款。中国房地产信托机构有两类：一类是专业银行设立的房地产信托机构，另一类是专业性的房地产信托投资公司。

土地信托是土地所有者为了有效地利用土地获取收益，把土地委托给信托投资机构，信托投资机构按信托契约的规定，筹集建设资金、建造房屋、募集租户，对租户办理租赁以及建筑物的维护、管理或出租，把这种管理、动用所得作为信托收益交给土地所有者（受益者）。土地信托可分为租赁型和分块出售型。

（2）不动产信托的功能。

不动产信托是以不动产为信托标的的信托业务。通过办理不动产信托，可以起到以下几方面作用：

①免除了不动产业主因专业知识不足而遭受经济损失的风险。不动产的管理和处理，需要有相当的专业知识，如识图用图、土地面积量算、土地经济评价与土地定等估价等。如委托人（即业主）本人亲自管理和处理，由于知识水平所限，极易蒙受损失。通过不动产信托方式，信托机构有专业人才，经验丰富，同时规模大、信誉卓著，办事方便可靠，就能免除上述风险，收到较好的效益。

②为改良不动产提供资金的方便。如业主对部分土地需要开发利用，在其土地上新盖或增建建筑物，但资金缺乏。此时，可将其原有土地或土地使用权，以抵押的方式，作为担保物，发行不动产债券。

③提供信用保证，实现不动产的销售。在不动产的销售过程中，如果买方资金不足或卖方对买方的信用不够了解，就会阻碍交易。如果将财产所有权转移给受托人，并从受托人处

获得融资或信用担保，就能最终实现不动产的销售。

（3）不动产信托的操作流程。

①委托人与信托公司接洽，并提供相应材料，就设立不动产信托事宜进行商谈。

②信托公司对委托人的资格及其合法拥有的不动产进行评估。

③评估合格后，信托公司根据委托人的需求，在相关法律法规的约束下，设计开发相应的不动产信托产品。

④委托人、受托人和其他当事人（如受益人、借款人、担保人等等）签订《信托合同》《贷款合同》《担保合同》等相关法律文件。

⑤委托人交付信托财产，并与受托人按照《信托合同》条款和有关规定办理信托财产的抵押、过户手续或信托登记手续。

⑥受托人严格依据《信托合同》的约定，为信托目的的实现和受益人的权益，对信托财产进行管理、运用和处分。

⑦信托结束时，受托人依据《信托合同》的约定，对信托财产和收益向信托当事人进行分配。

8.3 信托理财的风险

信托公司按照实际经营成果向投资者分配信托收益，信托理财风险体现在预期收益与实际收益的差异。投资者既可能获取丰厚收益，但也可能使本金亏损。从金融投资学的角度来说，任何投资理财产品收益总是与风险相对应的，高收益的信托理财产品必然伴随着高风险。

8.3.1 信托理财产品的风险

信托理财产品主要有以下几方面的风险：

1. 市场风险和经营风险

一方面，投资项目本身有市场风险和经营风险；另一方面，信托产品从性质上看是私募基金，不能通过证券市场流通转让，而且，目前市场上的信托计划期限一般为3～5年，其流动性风险也是存在的。

2. 道德风险

受托人的道德风险，也就是信用上的风险会带来信托产品的风险。信托行业最大的道德风险在于用别人的钱、别人的资产来谋私、营私，这也是过去20多年中国信托业发展的最大教训。

3. 信托财产管理人的业务水平和业务素质风险

《信托投资公司信息披露管理暂行办法》要求信托投资公司真实、准确、及时、完整地披露信息，包括经审计年报和重大事件临时报告等。加上此前的《信托公司集合资金信托业务信息披露暂行规定》，信托业信息披露将走向规范，这无疑为广大投资者提供了更加可靠的投资环境。

8.3.2 信托理财风险规避

1. 选择信誉好的信托公司

近几年，我国有关监管部门对信托业务进行了多次整顿，信托市场已经较为规范，但也可能存在缺乏良好职业道德的公司。所以投资者在考虑某信托产品是否值得投资时，很重要的一点就是要看它是哪家公司推出的，要选择资金实力强、诚信度高、资产状况良好、人员素质高和历史业绩好的信托公司进行委托。

2．选择有盈利前景的信托产品

目前市场上推出的信托产品大多为集合资金信托计划，即事先确定信托资金的具体投向。选择信托时要看投资项目的好坏，如项目所处的行业、项目运作过程中现金流是否稳定可靠、项目投产后是否有广阔的市场前景和销路。这些都隐含着项目的成功率，关系着你投资的本金及收益是否能够到期按时偿还。对于信托公司推出的具有明确资金投向的信托理财品种，投资者可以进行分析。

有的信托公司发行了一些泛指类信托理财品种，没有明确告知具体的项目名称、最终资金使用人、资金运用方式等必要信息，只是笼统介绍资金大概的投向领域、范围。因此，不能确定这些产品的风险范围及其大小，也看不到具体的风险控制手段，投资者获得的信息残缺不全，无法进行独立判断。对于这类产品，投资者需要谨慎对待。

3．考虑信托产品的期限

资金信托产品期限至少在一年以上：一般而言，期限越长，不确定因素越多，如政策的改变，市场的变化，都会对信托投资项目的收益产生影响。另外，与市场上其他投资品种相比，资金信托产品的流动性比较差，这也是投资者需要注意的。因此，在选择信托计划时，应结合该产品的投资领域和投资期限，尽量选择投资期短的信托产品。

4．考虑信托产品投资担保问题

对于有担保的信托计划，委托人还要看担保的主体是否合法，切实了解担保方的经营状况。需要提醒的是，委托人不能只看担保方的资产规模的大小，其合适的资产负债比例、良好的利润率、稳定的现金流和企业的可持续发展，才是重要的考虑因素。

对于担保中的抵押（质押）物是否过硬，抵押（质押）比率是否安全，担保方信用级别和资金实力如何，有无保险介入、专项赔偿基金是否充足以及受益权当中次级受益权的规模和承担的义务情况等，也要特别关注。要考虑到万一信托项目出现到期兑付困难时，原先预设的担保措施能否及时有效地补偿信托本息。假如该项目是具备银行担保或银行承诺后续贷款的项目，其安全系数往往会高于一般信托计划，当然收益会相对低一些。

5．考虑自身风险承受能力

信托公司在办理资金信托时，不得承诺资金不受损失，也不得承诺信托资金的最低收益。所以，投资者在面对琳琅满目的资金信托产品时，还是要保持清醒的头脑，根据自己的风险承受能力，有选择地进行投资。从资金投向来看，房地产、股票市场，风险较高，收益也相对高一些；而能源、电力等项目比较稳定，现金流量明确，安全性好，但收益相对较低。不同投资者应该购买不同风险收益特征的信托产品，对于养老资金或者是为今后子女教育筹备的长期资金等，建议购买低风险、适中收益的信托产品，如城市基础建设信托等；对于愿承担风险的年轻投资者而言，建议关注房地产、证券市场投向的信托产品，一般会有较高的回报。

8.4　信托理财的技巧

8.4.1　购买信托产品的缴税处理

购买信托产品要多大的资金额度？需要缴纳哪些税费？《信托法》规定，个人购买信托产品的起点一般为 5 万元，再考虑到合同的限制，有的信托产品单笔购买额要求达 50 万元。而且信托一般没有外币产品项目。人们购买信托产品时没有手续费，到期获得收益时才有佣金和手续费支出。从目前来看，信托产品的所得税是否由信托公司代扣，全国各地标准不同。此外，信托产品在国外可以规避遗产税，由于我国的遗产税暂时尚未出台，目前也无须缴纳。

8.4.2　利用信托的特点实现财富的合法转移

年轻时累计资产的时间，一般来说在 25 岁到 40 岁的壮年阶层，大约都有了基本资产，这个时候可以通过信托结合保险，把保险金给付和信托结合起来，保障家人未来的生活。40 岁到 60 岁中年阶层，则是一般人一生最成熟的时期了，往往是打拼一族的事业高峰期，此时除了理财、保险以及子女教育信托之外，已可以开始规划退休养老以及财富转移。因为经营事业波动大、风险也大，现在有钱，不一定代表未来有钱。因此，通过信托的方式，将钱搬到"信托专户"中，指定未来每个月固定给付给自己或子女，是另一种退休"保险"。

8.4.3　理解信托财产承担经营风险的原则

信托业务的一个重要特点是信托财产承担经营风险。信托投资公司根据信托合同约定管理和运用信托资金，不承担由此产生的风险，信托投资公司也不能为信托财产的运用提供最低收益保证。信托投资公司办理资金信托业务时，应当于签订信托合同的同时，与委托人签订信托资金管理、运用风险申明书，并载有"信托投资公司依据信托文件的约定管理、运用信托资金导致信托资金受到损失的，其损失部分由信托财产承担；信托投资公司违背信托文件的约定管理、运用、处分信托资金导致信托资金受到损失的，其损失部分由信托投资公司负责赔偿"。

8.4.4　信托理财产品的购买与出让

现在投资者购买信托产品的途径主要有两个，一种是银行代销；一种是信托公司直销。银行对代销的信托产品选择比较严格，很多都有权威金融机构的担保，而且期限通常只有一至两年。信托公司直销是更普遍的渠道。据北京某信托公司一位专门负责营销的经理透露，现在信托公司差不多都有"投资者俱乐部"，每款产品推出后，信托公司的客户经理都会致电客户，介绍新产品。客户在购买信托产品之后的后期维护相对比较简单。每种信托产品分配收益的时间都不一样，半年一次或者一年一次，投资者可以登录信托公司的网站了解自己产品的最新动态。投资者急需将信托产品变现时，可以自己与他人直接商讨转让，也可委托信托公司挂牌转让。

相关链接 8-2

2019 年 1 季度中国信托业发展评析节选

2018 年下半年宏观经济下行压力增大，中央政策基调由"强监管、去杠杆"转向"稳增长、稳杠杆"，2019 年 1 季度以来"宽货币"向"宽信用"传导效率改善，信托融资需求回暖，尤其是基础设施领域，叠加经济预期改善、前期通道乱象整治缓释风险，2018 年被动收缩趋势逐渐收敛，信托主动投放意愿增强。

一、信托资产规模下行趋势收敛，固有资产保持增长

（一）信托资产

截至 2019 年 1 季度末，全国 68 家信托公司受托资产规模为 22.54 万亿元，较 2018 年 4

季度末下降 0.7%,降幅进一步缩窄;同比增速较 2018 年 1 季度末的 16.6% 放缓至 −12.0%,预计下一季度信托资产规模将呈现企稳回升态势。其中,融资类信托规模为 4.62 万亿元,较 2018 年 4 季度末增加约 2710 亿元,占比由 19% 升至 20%;投资类信托规模为 5.19 万亿元,较 2018 年 4 季度末增加 861 亿元,占比由 22% 升至 23%;事务管理类信托规模为 12.73 万亿元,较 2018 年第 4 季度末减少 5191 亿元,尽管占比仍接近 60%,但较 2018 年 4 季度末继续回落 2 个百分点。

从信托资金来源来看,截至 2019 年 1 季度末,单一资金信托占比为 42.30%,较 2018 年 4 季度末下降 1.03 个百分点;集合资金信托占比为 42.10%,较 2018 年 4 季度末上升 1.98 个百分点;管理财产类信托占比为 15.59%,较 2018 年 4 季度末下降 0.96 个百分点。在当前去通道、去嵌套的严肃监管氛围下,传统银信合作通道业务规模仍在收缩,集合资金信托占比不断提高,与单一资金信托占比平分秋色。近年来,信托公司普遍加强财富渠道建设,注重主动管理能力培养,集合资金信托占比有望进一步提升。

（二）固有资产

截至 2019 年 1 季度末,固有资产规模为 7270 亿元,较 2018 年 1 季度末增长 8.8%;较 2018 年 4 季度末增长 1.1%。

从固有资产类别来看,投资类资产占比仍最大,且呈小幅上升趋势,2019 年 1 季度末占比为 80.11%,较 2018 年 4 季度末上升 2.32 个百分点;货币类资产占比较上季度末下降 3.09 个百分点;贷款类资产占比较上季度末上升 0.81 个百分点。投资类资产占比呈现小幅上升趋势,这表明信托公司日益重视固有资金的运用效率,增加长期股权、投资类业务的配置比重。

从所有者权益的构成来看,截至 2019 年 1 季度末,实收资本为 2654.15 亿元,占比为 44.54%,较 2018 年 4 季度末下降 1.62 个百分点;未分配利润为 1762.18 亿元,占比为 29.57%,较 2018 年 4 季度上升 1.2 个百分点。在防范系统性风险的底线思维导向下,监管机构将进一步督促信托公司强化资本管理,以满足抵御固有业务非预期损失和作为受托人履职不当所导致非预期损失的需要,部分信托公司未来或将进一步增资扩股。

二、经营业绩增速有所回落,但信托报酬率明显提高

（一）经营业绩

2019 年第 1 季度,信托业实现经营收入 230.58 亿元,较 2018 年 1 季度减少 5.25%;利润总额为 184.97 亿元,较 2018 年 1 季度上增长 10.32%,增速较前两个季度明显回落。

（二）收入结构

2019 年第 1 季度,信托业务收入 168.42 亿元,较 2018 年第 1 季度减少 7.48%,占比 73.05%,较 2018 年第 4 季度上升 4.51 个百分点;固有业务收入 59.74 亿元,较 2018 年第 1 季度增长 2.00%,占比 25.91%,较 2018 年第 4 季度下降 0.01 个百分点。在中央强调金融回归主业的政策导向下,信托公司大力发展信托业务,信托业务收入成为行业利润贡献的主要来源。

（三）经营效率

从人均创利来看,2019 年第 1 季度人均利润 72.21 万元,较 2018 年第 1 季度增长 17.50%。近年来,信托公司纷纷加强公司治理,提升信息化水平,精简中后台人员,优化内部管理流程,不断向精细化与智能化靠拢,行业人均创利有望进一步提高。

从信托报酬率来看,2019 年第 1 季度平均年化综合信托报酬率 0.43%,较去年明显提高。这主要源于:去年"资管新规"落地后,通道与多层嵌套业务不断清理与压缩,信托公司主

动管理能力增强，信托业务结构优化，带动信托报酬率提高。

三、服务实体经济力度不减，地产与基建信托投资反弹

从信托资金的投向来看，截至 2019 年 1 季度末，投向工商企业的信托资金占比依然稳居榜首，其后依次为金融机构、基础产业、房地产、证券投资等。相较于 2018 年 4 季度末，投向基础产业与房地产领域的信托资金占比有所上升；投向金融机构与证券投资领域的信托资金占比有所下降。

（一）工商企业

自 2012 年 2 季度以来，工商企业始终处于信托资金投向的第一大领域。截至 2019 年 1 季度末，投向工商企业的信托资金余额 5.67 万亿元，较 2018 年 1 季度末下降 7.89%，占比 29.80%，较 2018 年 4 季度末小幅下降 0.1 个百分点。近年来，信托公司积极响应国家要求金融服务实体经济的号召，加大对民营企业、中小微企业的支持力度，尤其是战略新兴领域。

（二）金融机构

截至 2019 年 1 季度末，投向金融机构的信托资金余额 2.92 万亿元，较 2018 年 1 季度末减少 23.82%，占比 15.37%，较 2018 年 4 季度末下降 0.62 个百分点。自 2017 年 1 季度以来，流向金融机构的信托资金占比呈现逐步下降趋势，这主要源于：近两年来监管部门加大对金融同业业务的整治力度，限制或禁止通道与多层嵌套的监管套利行为。去年四季度以来，中央政策基调转向"稳增长、稳杠杆"，银信合作监管尺度有所缓和，信保合作相关政策规定正迎来调整，信托金融同业业务有望逐步回归常态。

（三）基础产业

截至 2019 年 1 季度末，投向基础产业的信托资金余额 2.81 万亿元，较 2018 年 1 季度末减少 9.57%，占比 14.77%，较 2018 年 4 季度末上升 0.19 个百分点。2018 年 4 季度《国务院办公厅关于保持基础设施领域补短板力度的指导意见》出台，提示地方政府化解隐性债务风险，防范出现系统性金融风险，增强了金融机构对平台公司融资的信心，信政合作业务迎来政策"拐点"。作为国家逆周期调节的重要手段，年初以来基础设施建设投资明显提速，预计未来流向基础产业的信托资金或进一步增加。

（四）房地产

截至 2019 年 1 季度末，投向房地产的信托资金余额 2.81 万亿元，占比 14.75%，较 2018 年 4 季度末上升 0.56 个百分点。2019 年 1 季度以来，全国首套房平均贷款利率回落，商品房销售有所回暖，房企新开工意愿增强，预计短期内房企的信托融资需求或难以降低。

（五）证券投资

截至 2019 年 1 季度末，投向证券投资的信托资金余额 2.14 万亿元，较 2018 年 1 季度末减少 28.40%，占比 11.26%，较 2018 年 4 季度末下降 0.33 个百分点。其中，投向股票的资金占比上升 0.31 个百分点，投向债券的资金占比下降 0.7 个百分点。这主要源于：2018 年 4 季度以来，央行"宽货币"政策持续推进，A 股市场迎来估值修复行情，借助信托渠道流向股票的资金略有增多。今年一季度中国经济表现与社融数据均超预期，央行一季度例会暗示货币政策进入"观察期"，保持松紧适度，预计短期内证券投资信托或难以大幅增加。

资料来源：中国信托业协会

实践思考题

1. 融资类信托和投资类信托之间有什么差异？
2. 事务管理类信托 2019 年来为何获得较大发展？
3. 信托行业和实体经济有何密切关系？

案例分析

四川信托讨债路漫漫也给投资者敲响警钟

"川信·浙江好当家电器公司流动资金贷款集合资金信托计划" 2013 年 5 月已完成兑付，对于该产品的投资者而言，虽然没有任何损失，但对于四川信托来说，兑付完成只是麻烦的开始，据中国基金报记者了解，至今四川信托尚未收回资金，仍然深陷讨债诉讼的漩涡中。

起因

前述信托计划融资方浙江好当家电器公司在信托计划到期时无力偿还 1 亿元的信托贷款，2013 年下半年四川信托将浙江好当家电器公司诉诸法庭，原本是想拿回抵押物变现，孰料半路杀出程咬金，另外一家公司将抵押物中的一处房产申请司法拍卖，该公司是一家建筑工程公司，正见永申律师事务所律师丹平原表示，工程款通常是优先于贷款偿付。这使得四川信托痛失抵押物，从而导致四川信托走上漫漫讨债路。时至今日，除了四川信托外，浙江好当家电器另欠有多家银行款项未还，目前已被列为国家失信被执行人名单。另据一位知情人士称，浙江好当家 2012 年通过四川信托成立信托计划时资金链已非常紧张，到 2013 年四川信托起诉该公司时，该公司已牵涉到民间借贷、多家银行欠款，在四川信托起诉浙江好当家后，其他债权人也加入起诉行列，致使四川信托讨债路更加艰难。

现状

四川信托仍在通过民事诉讼追债的路上，它不仅将浙江好当家及关联担保的公司、当事人等告上法庭，要求其偿付信托本金及利息，同时还将工行宁波分行和工行余姚支行列为共同被告，要求银行承担连带赔偿责任，但现在按专业律师的说法，四川信托和工行两个分支机构正在争论中，因为根据浙江好当家现在的财务状况，讨回的概率不大，浙江好当家基本已任由摆布。四川信托诉工行两分支机构的理由是：曾与两机构签订过《高端财务顾问服务协议书》和《四川信托—浙江好当家电器公司流动资金贷款集合资金信托计划之安信账户托管（资金监管）协议》，认为两家银行在信托项目实施过程中存在恶意欺诈与重大过错，违背了监管义务，与信托资金不能回收有直接的因果关系。而银行除了反驳外，还对诉讼管辖权提出异议，认为不应在四川审理，而应在浙江审理。据丹平原介绍，信托公司一旦走上民事诉讼道路，没一两年程序走不完，而因为对方再提管辖权更是拖长了时间。记者看到的二审民事裁定书显示，二审结束时间为去年 11 月 25 日，并且法院裁定将该起纠纷案件移送到浙江省高级人民法院来审理。那就意味着又要从一审开始起步，没一年半载恐怕还很难结束。

专家观点

用益信托首席分析师李旸认为，托管行有义务保证信托资金安全，保证资金使用符合信托要求，一定要专款专用。对投资者来说，虽然在刚性兑付环境下收回了投资，但频发的风险事件，还是给投资者敲响了警钟，这也间接对投资者进行了风险教育。投资者在今后投资信托时，不能再像过去那样，因为坚信一定能刚性兑付，便一股脑将钱投资到信托上，在产品到期前对项目不管不问。正确的做法是要认真审慎看待项目，关注产品执行情况，比如资金已到哪个环节，项目运行得如何等。李旸还认为，事实上，刚性兑付与否意义已经不大，近几年发生的多起风险事件，已实现了对投资者的风险教育，投资者已明显较以往成熟。

思考题

请通过以上案例，分析信托产品理财的风险以及防范风险的方法。

实 训 课 堂

实训目的：通过调研苏州信托有限公司，了解苏州信托理财的现状。

实训形式：深入实际、搜集资料调研。

实训内容：调研公司背景、偿付能力、投资现状、信托理财产品、服务网络和机构的现状。

调研渠道：苏州信托公司、相关网站和信托公司的实地调研相结合。

实训指导：

第一步：分组调查，搜集资料。

第二步：每人写出实训报告，以组为单位，在整理、汇总和分析基础上写出每组的实训报告。

项目9 外 汇 理 财

引 言

李女士 2005 年在某银行业务人员的劝说下购买了一款 6 年期的外汇理财产品。但是，三年半时间过去了，产品并没有产生任何收益。李女士要向银行提出赎回产品，却被告知仅能支付本金额的 85%，并要承担 15%的损失。李女士表示，当初银行的业务员向其推销这款理财产品时，仅向她说明该产品收益高于存款，6 年期产品收益率比 3 年期收益率更高，并没有强调风险因素。李女士认为这属于银行对个人用户的欺诈行为，表示一定要投诉。

【知识目标】通过本章的学习，理解外汇的概念和特点；熟悉汇率的标价方式；了解外汇市场的特点；熟悉外汇交易业务的方式、原理和功能；了解我国目前市场上主要的外汇理财产品。

【技能目标】能看懂银行的外汇牌价；能解读外汇行情并了解如何进行货币兑换；能运用所学知识解释现实汇率变动的原因，分析现实汇率变动对经济的影响，为分析和预测汇率趋势打下基础。

9.1 外 汇 与 汇 率

9.1.1 外汇

1. 外汇的含义

外汇是指以外币表示的用于国际结算的支付手段，这些支付手段主要包括外国货币，包括纸币、铸币；外币支付凭着，包括票据、银行存款凭证、邮政储蓄凭证等；外币有价证券，包括政府债券、公司债券、股票等；特别提款权、欧洲货币单位；其他外汇资产。

外汇具有以下几个特点：

（1）外汇必须是以外币表示的国外资产，以本国货币表示的资产不能当作外汇。

（2）外汇必须是可以自由兑换成其他支付手段的国外资产，不能自由兑换的货币不能当作外汇。

（3）外汇必须是在国外可以获得偿付的资产，空头支票或遭到拒付的汇票不能当作外汇。

2. 外汇的分类

（1）按能否自由兑换，分为自由兑换外汇、有限自由兑换外汇和不可兑换外汇。

1）自由外汇是指无须货币发行国批准，可以随时动用，自由兑换为其他货币，或至直接向第三者办理支付的外国货币与支付凭证。如美元、英镑、欧元、日元、瑞士法郎等货币及这些货币所表示的支票、汇票、公债等。自由外汇货币的根本特征必须是自由兑换货币，并且是世界各国普通接受的主要支付手段。

2）有限自由兑换外汇是指未经货币发行过批准，不能自由兑换成其他货币或对第三者进行支付的外汇。根据《国际货币基金组织协定》的规定，对国际性经常往来的付款和资金转移有一定限制的货币均属于有限制性的自由兑换的货币。

3）不可兑换外汇也称为记账外汇、协定外汇、清算外汇或双边外汇，是指未经货币发行过批准，不能自由兑换成其他货币或对第三者进行支付的外汇。记账外汇只能根据两国政府间贸易清算（支付）协定，在双方银行开立专门账户记账使用，记账外汇原则上可以使用任何货币，包括本币。记账外汇作用自由外汇的辅助形式曾在一些外汇短缺且货币不可兑换国家间使用，现已很少使用。

（2）按买卖的交割期限，分为即期外汇和远期外汇。

1）即期外汇也称为现汇，是指在外汇买卖成交后于当日或两个营业日内办理实际交个的外汇。即期外汇一般根据支付凭证的不同，分为电汇、信汇和票汇三种。

2）远期外汇也称为期汇，是指外汇买卖双方先按协定的汇率签订买卖合同，在约定的未来某一时间办理实际交割的外汇。远期外汇的期限一般为 1 个月到 6 个月，其中 3 个月的限期较为普遍。

（3）按来源不同分为贸易外汇和非贸易外汇。

1）贸易外汇是指一个国家或地区通过出口贸易所收入的外汇和进口贸易所支出的外汇，以及进出口贸易从属费用外汇，如运输费、保险费、佣金、样品费、宣传广告费和商标注册费等。贸易外汇是一个国家外汇的主要来源。

2）非贸易外汇是指经常项目中除进出口贸易以外所收支的各种外汇，包括侨汇、旅游、邮电、银行、承包工程、劳务合作、驻外机构及个人等非贸易方面所收支的外汇，还包括投资收益和支出的外汇，如由资本借贷或投资所产生的利息、股息、利润所收支的外汇等。

（4）按外汇的形态，分为现汇和外币现钞。

1）现汇是指以支票、汇款、托收等国际结算方式取得并形成的银行存款。现汇主要是由国外汇入，或是由境外携入、寄入的外币票据，经银行受托后存入。

2）外币现钞通常是指外币的钞票和硬币或以钞票、硬币存入银行所生成的存款。现钞主要由个人境外携入。简而言之，现汇即个人所持有的外国钞票，如美元、英镑、日元等。

3. 外汇的作用

外汇作为国际间的支付手段，对国际经济的发展有着重要的作用。

（1）促进国际贸易的发展。

外汇作为清偿国际债权债务的重要结算工具，不仅能节约现金结算的诸多费用，避免风险，缩短支付时间，加速资金周期，还可为进出口商之间授受信用提供便利，扩大融资范围，从而促进国际贸易迅速发展。

（2）增加国际储备资产。

随着外汇作为支付手段在国际交往中的运用，外汇已经代替黄金成为主要的国际储备资产，发挥平衡国际收支、稳定汇率、干预外汇市场和调节本国货币流通等作用。

（3）调节国际资金的失衡。

由于各国之间经济发展不平衡，资金资源的分布状况也不均衡，客观上存在国际间调剂资金余缺的需要。利用外汇这种国际间支付手段，就可以办理国际间各种形式的融资，促使资本在国际间移动，促进有关国家的经济进一步发展。

相关链接 9-1：

常见国家和地区的货币符号见表 9-1。

表 9-1　　　　　　　　　　　　常见国家和地区的货币符号

国别/地区	货币名称	货币符号
中国	人民币	CNY
日本	日元	JPY
美国	美元	USD
加拿大	加元	CAD
英国	英镑	GBP
瑞士	瑞士法郎	CHF
欧洲货币联盟	欧元	EUR
新加坡	新加坡元	SGD
澳大利亚	澳大利亚元	AUD
韩国	韩国元	KRW
香港	港币	HKD

9.1.2　汇率

1. 汇率的含义

汇率，也成为汇价，是指一国货币以另一国货币表示的价格，或者是两种不同货币之间的折算比价。外汇是两国之间实现商品交换和债务清偿的工具，汇率是买卖外汇的价格。外汇银行对外公布的汇率称为外汇牌价，外汇市场上不断变化的汇率走势，一般称为外汇行市或外汇行情，这均属于汇率的范畴。

2. 汇率的标价方法

两种不同货币相互折算，必须先确定以哪种货币为标准，即汇率的标价方法。根据相对标准的不同，外汇汇率主要有三种基本标价方法：直接标价法、间接标价法和美元标价法。

（1）直接标价法。

直接标价法，也称为应付标价法，是以一定单位（如 1，100，10 000）的外国货币为标准来折算成若干单位本币的一种汇率表示方法。在直接标价法下，外币为单位货币，本国货币为计价货币，外币数额固定不变，外汇汇率的涨跌以本币数额的变化来表示。

在直接标价法下，如果单位外币折算的本币数额增加，表明外币汇率上升，本币汇率下跌，即外币升值，本币贬值；反之，如果单位外币折算的本币数额减少，则表明外币汇率下跌，本币汇率上升，即外币贬值，本币升值。

我国和世界上大多数国家都是采用直接标价法。例如：2015 年 5 月 3 日中国银行公布的人民币对部分外币的中间汇率为：

$$USD100 = CNY\ 611.37$$
$$JPY100 = CNY5.1522$$
$$EUR100 = CNY680.82$$

（2）间接标价法。

间接标价法，也成为应收标价法，是以一定单位（如 1，100，10 000）的本国货币为单位货币为标准来折算应收若干单位的外国货币的汇率标价方法。在间接标价法下，本币为基准货币，外币为报价，本币单位的数额固定不变，外汇汇率的涨跌以外部数额的变化来间接表示。

在间接标价法下，如果单位本币折算的外币数额增加，标明外币汇率下跌，本币汇率上升，则外币贬值，本币升值；反之，则是外币升值，本币贬值。

目前实行间接标价法的国家和地区主要包括美国、英国和欧盟。例如：2015 年 5 月 3 日美元对部分外币（单位本币或外币为 1）的卖出汇率为：

USD1= JPY120.16

USD1= CNY6.2018

GBP1= USD1.5139

EUR1= USD1.1199

（3）美元标价法。

美元标价法是指以一定单位的美元为标准，折算成若干单位的其他货币。在该标价法下，美元的数额固定不变，美元的涨跌以其他货币数额的变化来表示。在美元标价法下，如果单位美元折算的其他货币数额增加，则表明美元汇率上升，其他货币汇率下降，即美元升值，其他货币贬值；反之，则是美元贬值，其他货币升值。这种方法便于国际间外汇交易的进行，因此，近年来世界各大金融中心的国际银行都采用美元标价法来表示其外汇牌价，而非美元货币之间的汇率则通过各自对美元的汇率套算得出。

三种汇率标价方法，数量固定不定的货币都是标准货币或基准货币，数量变化的货币是标价货币或报价货币，都是以标价货币的数额表示基准货币的价格。直接标价法下，基准货币是外币，标价货币是本币；间接标价法下，基准货币是本币，标价货币是外币；美元标价法下，基准货币是美元，其他货币是标价货币。

3. 汇率的分类

在实际业务操作中，按照不同的标准，可将汇率划分为多种类型。

（1）从银行买卖外汇的角度，分为买入汇率、卖出汇率和中间汇率。

买入汇率，也成为买入价，指报价银行从同业或客户买入外汇时所使用的汇率。银行买入外汇的对象主要是出口商，也称为出口汇率。

卖出汇率，也称为卖出价，指报价银行向同业或客户卖出外汇时所使用的汇率。银行买入外汇的对象主要是进口商，也称为进口汇率。

中间汇率，也称为中间价，指报价银行买入价和卖出价的平均价，它是用来进行分析与研究外汇行情的，一般不挂牌公布。

按照交易惯例，各国外汇银行公布的外汇牌价分别为买入汇率和卖出汇率。外汇银行遵循贱买贵卖的原则进行外汇交易，即买入汇率要比卖出汇率低。在直接标价法下，较低的价格时买入汇率，较高的价格时卖出汇率；相反，在间接标价法下，较低的价格时卖出汇率，较高的价格时买入汇率。例如：2015 年 5 月 3 日，中国银行公布的人民币对美元的汇率牌价为

USD/CNY=619.01/621.49

　　我国外汇标价使用的是直接标价法，较小的 619.01 是买入汇率，即银行买入 100 美元需向客户支付 619.01 人民币；较大的 621.49 是卖出汇率，即银行卖出 100 美元需要向客户收取 621.49 人民币。

　　再如：2015 年 5 月 3 日，伦敦某银行挂出的英镑对美元的汇率为

$$GBP/USD=1.5138/1.5143$$

　　由于英镑对外币采用的间接标价法，较小的 1.5138 是卖出汇率，即银行卖出 1.5138 美元需要向客户手收取 1 英镑；较大的 1.5143 是买入汇率，即银行买入 1.5143 美元，只需向客户支付 1 英镑。

　　（2）从汇率是否可浮动的角度，分为固定汇率和浮动汇率。

　　固定汇率是指两国货币比价基本固定，其波动被限制在一定幅度内。所谓固定比价，并不是一成不变的，而是一般不做大的变动，小变动则被限制在一定幅度内。它曾是金本位制度和布雷顿森林体系下世界各国通行的汇率制度。

　　浮动汇率是指政府不确定本国货币与某一参照物的固定比价，也不规定汇率上下波动的界限，汇率水平完全由外汇市场上的供求决定。1973 年 3 月布雷顿森林体系崩溃后西方主要工业国家均采用这种汇率制度。

　　（3）按照制订汇率的方法不同，划分为基本汇率和套算汇率。

　　基本汇率是指一国货币对关键货币的比率。由于不同国币制度不同，所以外国货币种类很多。一国在制订汇率时，没有必要也不可能将本币与各种外币注意确定汇率，而且也难以与国际外汇市场汇率保持一致。因此，一般是选择一国货币作为关键货币，这种关键货币的条件是：在国际上普遍可以接受的货币。第一次世界大战后，美元在国际汇兑中使用最多，在外汇储备中所占比重最大，可自由兑换且在国际社会上被普遍接受的主要国际货币，因此大多数国家选择本币对美元的汇率作为基本汇率。

　　套算汇率是指以基本汇率为基础计算出的本币与其他外币的汇率。即它不是直接确定的，而是根据国际外汇市场上该种外币与关键货币的基本汇率和本币与关键货币的基本汇率间接套算出来。

　　例如：2015 年的某日三种货币的基本汇率分别为

$$USD/CNY=6.2018$$
$$USD/CAD=1.2155$$

　　要计算加元对人民币的汇率，相当于先将加元折算成美元，再讲美元折算成人民币，加元对人民币的汇率为：

$$CAD/CNY=6.2018/1.2155=5.1022$$

　　（4）按照外汇交易的支付工具不同，划分为电汇汇率、信汇汇率和票汇汇率。

　　电汇汇率，是指银行卖出外汇后，以电传方式通知其国外分行或代理行付款时所使用的汇率。由于电汇迅捷，银行一般无法占用客户资金，加之国际间电讯费用较高，故电汇汇率较高。现代国际结算中绝大多数外汇收付都以电汇方式进行，以避免汇率波动风险，电汇汇率也成为外汇市场的基准汇率。

　　信汇汇率是指银行卖出外汇后，开具付款委托书，用信函方式通知其国外分行或代理行付解付时所使用的汇率。由于航邮比电讯通知需要时间长，银行在一定时间内可以占用客户的资金，因此信汇汇率交电汇汇率低。信汇多用于邻近国家和地区的交易。

　　票汇汇率是银行以汇票、支票和其他票据作为支付方式进行外汇买卖时所使用的汇率。由于从卖出外汇到支付外汇有一段时间间隔，银行可以在这段时间内占用客户的资金，因此票汇汇率也较电汇汇率低。票汇又分为即期票汇和远期票汇两种，远期票汇汇率以即期票汇汇率为基础，扣除远期票据的贴现利息，因此，远期票据的期限越长，汇率越低。

　　（5）按外汇买卖交割期不同，划分为即期汇率和远期汇率。

　　即期汇率是指即期外汇交易时所使用的汇率，即当一笔外汇交易成交后，在当天或两个营业日之内进行交割使用的汇率。

　　远期汇率是指远期外汇交易时所使用的汇率，即当一笔外汇交易成交后，交易双方在两个营业日之后进行交割而达成的协议汇率。

　　（6）根据汇率是否同意，划分为单一汇率和复汇率。

　　单一汇率是指一国外汇管理机构对本国货币与外币兑换只规定一种汇率，该国一切外汇收支均按一种汇率进行结算。在外汇管制较松，国际收支状况基本平衡的国家，官方往往只规定一种汇率。

　　复汇率是指一国的外汇管理机构对本币与某种外币的兑换规定两种以上的汇率。多种汇率是某些外汇管制管家对汇率管制的方式之一。

　　（7）按外汇管制的宽严程度不同，划分为官方汇率和市场汇率。

　　官方汇率是指由一国货币当局确定并公布的汇率，一切外汇交易均应按官方汇率进行。

　　市场汇率是指由外汇市场供求状况自由决定的汇率。在外汇管制较松的国家，外汇交易不受官方限制，汇率受市场供求关系的影响自发地经常波动。但是各国金融当局常运用各种手段干预外汇市场，旨在使市场汇率不要过于偏离官方汇率。

9.2　外汇市场与外汇交易

9.2.1　外汇市场

1. 外汇市场的含义

　　外汇市场，是指经营外汇买卖业务的交易场所，或者各种不同货币相互之间进行交换的场所，是金融市场的主要组成部分。外汇市场的交易对象主要是各国货币，其交易价格（货币汇率）随着外汇供求状况的波动出于不断的变化过程之中。

2. 外汇市场的特点

　　（1）有市无场。

　　所谓有市无场是因为外汇买卖是通过没有统一操作市场的行商网络进行的，它不像股票交易有集中统一的地点。但是，外汇交易的网络却是全球性的，并且形成了没有组织的组织，市场是由大家认同的方式和先进的信息系统所联系，交易商也不具有任何组织的会员资格，但必须获得同行业的信任和认可。因此这种没有统一场地的外汇交易市场被称之为"有市无场"。

　　（2）24 小时交易。

　　因为全球各金融中心的地理位置不同，亚洲市场、欧洲市场、美洲市场因时间差的关系，连成了一个全天 24 小时连续作业的全球外汇市场。早上 8 时半（以纽约时间为准）纽约市场开市，9 时半芝加哥市场开市，10 时半旧金山开市，18 时半悉尼开市，19 时半东京开市，20

时半香港、新加坡开市，凌晨 2 时半法兰克福开市，3 时半伦敦市场开市。如此 24 小时不间断运行，外汇市场成为一个不分昼夜的市场，只有星期六、星期日以及各国的重大节日，外汇市场才会关闭。

（3）交易品种简单。

和股票市场需要关注成千上万的股票种类不同，外汇市场，只需要关注几种货币对，像英镑/美元，欧元/美元，美元/日元等主要货币对的交易量占了整个市场的 90%。

（4）成交量大不易被操纵。

外汇市场平均日交易量 1.9 兆美金，相当于期货市场的 4 倍，美股市场的 30 倍，令其成为全球最大、同时也是流通性最高的市场。庞大的市场容量，使得投资者有足够的盈利空间。

虽然世界上有很多不同种类的货币，但是，每天交易量的 85%都是集中于 G-7 国家的货币，即俗称的"主要货币"。而与数百种产品组成的期货市场，多交易所和有多于 50 000 只股票组成的股票市场相比，显然外汇市场的流通性是股票及期货市场无可比拟的。流通性很大的益处在于，很少甚至没有人可以操纵外汇市场。这也就是外汇市场成为全球最公平的市场的主要原因。此外，市场的高流通性保证交易的准确执行，市场趋势非常明显，特别适合技术分析。

相关链接 9-2：全球主要的外汇市场

世界外汇市场是一个非常庞大的体系，由各国际金融中心的外汇市场构成。目前世界上约有 30 多个外汇市场，根据地域划分，可分为欧洲、北美洲和亚洲三大部分，其中最重要的有伦敦、纽约、东京、香港、巴黎、瑞士、新加坡等外汇市场。他们各具特色并相互关联，形成了全球统一的外汇市场，在全球金融体系中，发挥着举足轻重的作用。

1. 伦敦外汇市场

伦敦外汇市场是一个典型的无形市场，因为它没有固定的交易场所，相关人员只是通过电话、电传、电报完成外汇交易。该外汇市场上，共有 600 多家外汇银行机构参与外汇交易，除了英国本土的清算银行、商人银行、其他商业银行、贴现公司外，很多国外的银行机构也活跃于伦敦外汇市场。伦敦外汇银行工会也正是由这些外汇银行组成的，它负责制定外汇市场交易的规则和收费标准等。

在伦敦外汇市场上，有多个指定的外汇经纪人，他们与外币存款经纪人共同组成了外汇经纪人与外币存款经纪人协会。在实行外汇管制期间，一般都通过外汇经纪人进行外汇银行间的外汇交易。1979 年 10 月英国取消外汇管制后，外汇银行间的外汇交易就不一定通过外汇经纪人进行了。伦敦外汇市场的外汇交易分为即期交易和远期交易两种。汇率报价采用间接标价法，交易货币种类繁多，经常有三四十种，多时可达 80 多种。交易处理速度迅速，工作效率极高。当然，伦敦外汇市场上的外汇买卖与欧洲货币的存放，有着密切联系。尤其是欧洲投资银行在伦敦市场积极地发行大量德国马克债券，使伦敦外汇市场的国际性更加突出。

2. 纽约外汇市场

纽约外汇市场是最有影响力的国际外汇市场之一，日交易量仅次于伦敦。和伦敦外汇市场一样，纽约外汇市场也是一个无形市场，但是和伦敦外汇市场相比，该外汇市场交易更显现代性，它通过现代化的通信网络与电子、电脑进行，其货币结算都可通过纽约地区银行同业清算系统和联邦储备银行支付系统进行。由于美国对经营外汇业务没有限制，也没有专门指定的外汇银行，所以绝大部分美国银行和金融机构都可以办理外汇业务，但参与者主要还是商业银行，这既包括 50 多家美国银行，也包括 200 多家外国银行在纽约的分支机构、代理行及代表处。

外汇市场上的外汇交易分为三个层次：①银行与客户的外汇交易；②本国银行间的外汇交易；③本国银行和外国银行间的外汇交易。银行同业间的外汇买卖大部分是通过外汇经纪人来办理，经纪人的业务不受任何监督，对其安排的交易也不承担任何经济责任，只是在每笔交易完成后收取卖方的佣金。在外汇市场上，小部分外汇市场经纪商专门买卖某种外汇，但大部分还是同时从事多种货币的交易。纽约外汇市场交易是非常活跃的，不过与进口贸易相关的外汇交易量还是比较小，相当部分外汇交易和金融期货市场密切相关。

美国的企业很少同外汇市场发生关系，只在进行金融期货交易时才与外汇市场发生关系。毫不夸张地说，纽约外汇市场是一个完全自由的外汇市场，其汇率报价既采用直接标价法也采用间接标价法，以便于在世界范围内顺畅地进行货币交易。

3. 东京外汇市场

东京外汇市场同样也是一个无形市场，交易者通过现代化通信设施联网交易。东京外汇市场的参加者有以下五类：①外汇专业银行，即东京银行；②外汇指定银行，指可以经营外汇业务的银行，共 340 多家，这包括日本国内 243 家银行、99 家外国银行；③外汇经纪人；④日本银行；⑤非银行客户，主要包括企业法人、进出口商社、人寿财产保险公司、投资信托公司、信托银行。在东京外汇市场上，银行同业间的外汇交易可以直接进行，不一定要通过外汇经纪人进行，但日本国内的企业、个人进行外汇交易必须通过外汇指定银行进行。

4. 香港外汇市场

香港外汇市场是从 20 世纪 70 年代以后发展起来的国际性外汇市场，在当今世界外汇市场上，香港外汇市场也扮演着一个很重要的角色。1973 年，香港取消了外汇管制，从此国际资本大量涌入，经营外汇业务的金融机构不断增加，外汇市场越来越活跃，香港外汇市场也因而发展成为一个国际性的外汇市场。香港外汇市场没有固定的交易场所，是一个无形市场，交易者通过各种现代化的通信设施和电子、计算机网络等进行交易。与东京外汇市场不同，香港外汇市场的参与者主要是商业银行和财务公司。该市场的外汇经纪人，有以下三类：①当地经纪人，其业务范围仅局限于香港本地；②国际经纪人，是 70 年代后将其业务扩展到香港的其他外汇市场的经纪人；③香港本地成长起来的国际经纪人，即业务已扩展到其他外汇市场的香港经纪人。70 年代之前，香港外汇市场货币交易主要是港币和英镑的兑换。

70 年代后，该外汇市场取消了外汇管制，香港外汇市场变得活跃起来，此时港币与英镑脱钩与美元挂钩，美元成了香港外汇市场上交易的主要外币。香港外汇市场上的交易可以分为两大类：一类是港币和外币的兑换（以和美元的兑换为主）；另一类是美元兑换其他外币的交易。

5. 巴黎外汇市场

和别的外汇市场不同，巴黎外汇市场由有形市场和无形市场两部分组成。其有形市场主要是巴黎交易所内进行的外汇交易，其交易方式与证券市场买卖相同，每天公布官方外汇牌价，然后在交易所进行外汇交易。无形市场是指在交易所外进行的外汇交易，或者是交易双方通过电话、计算机等直接或通过经纪人进行的买卖。目前巴黎外汇市场标价的只有美元、欧元、英镑、瑞士法郎、瑞典克朗、加元等货币，仅有较大的 100 家左右银行积极参加外汇市场的活动。外汇经纪人约 20 名，参与大部分远期外汇交易和即期交易。

6. 瑞士苏黎世外汇市场

苏黎世外汇市场是一个有着历史传统的外汇市场，在国际外汇交易中地位非常重要。主要有两方面的原因：①瑞士法郎是自由兑换货币；②二战期间瑞士是中立国，外汇市场受战争影响小，一直坚持对外开放。在苏黎世外汇市场，外汇交易并不依靠经纪人或中间商，而是由银行自己通过电话或电传进行的。苏黎世外汇市场比较特别，其外汇交易大部分是由于资金流动而产生的，只有小部分是对外贸易的需求。

7. 新加坡外汇市场

新加坡外汇市场是在 20 世纪 70 年代初亚洲美元市场成立后，才成为国际外汇市场的，其地位也越来越高。新加坡地理位置和时区位置占尽了天时地利，它地处欧、亚、非三大板块之间，时区也很优越，上午可与香港、东京、悉尼进行外汇交易，中午可同中东的巴林进行交易，下午又可与伦敦、苏黎世、法兰克福等欧洲市场进行外汇交易，晚上同纽约进行交易。只要交易需要，该外汇市场一天 24 小时都能同世界各地区进行外汇买卖。能成为国际外汇市场，很重要的原因是新加坡外汇市场除了使用现代化通信网络外，还直接同纽约的 CHIPS 系统和欧洲的 SWIFT 系统连接，货币结算非常方便。

在新加坡外汇市场，参加者既包括经营外汇业务的本国银行，也有经批准可经营外汇业务的外国银行和外国经济商。新加坡外汇市场也是一个无形市场，大部分交易由外汇经纪人办理，并通过他们把新加坡和世界各金融中心连接起来。

3. 外汇市场的参与者

外汇市场主要有以下几类参与者构成。

（1）中央银行。中央银行，作为本国货币的供给者和货币政策的制定、执行者，也是外汇市场的重要参与者。中央银行参与外汇交易的目的不在于赚取利润，而是通过对外汇市场的干预，维持本国货币汇率稳定，维护正常的市场运行秩序。

（2）外汇银行。外汇银行起着组织和创造外汇市场的作用，是外汇市场上最重要的参与者，是有权经营外汇业务的商业银行和其他金融机构。外汇银行在外汇市场中，经营外汇买卖和外币兑换，办理对外贸易结算，为国内进出口商提供外汇信贷和担保，在国外发行证券等，充当外汇买卖和资金划拨、融通的媒介。

（3）外汇经纪人。外汇经纪人是指在外汇银行之间或银行与客户之间联系、接洽外汇买卖，从中赚取佣金的经纪人。外汇经纪人不持有外汇头寸，也不承担汇率变动的风险，只是凭借比较完备的信息网络、广泛的业务关系、对外汇市场各种行情信息的了如指掌，为外汇买卖的双方搭桥牵线，提高外汇交易的效率并从中赚取佣金。

（4）一般客户。一般客户是指处于贸易、投资、保值或投机的需要而参与外汇买卖的个人或公司，他们是外汇的供给者和需求者，但是他们之间不直接进行外汇买卖，而是通过外汇银行等中介机构进行外汇交易。

9.2.2 外汇交易

在外汇交易中，一般存在着这样几种交易方式：即期外汇交易；远期外汇交易；外汇期货交易；外汇期权交易。

1. 即期外汇交易

即期外汇交易，也称为现汇交易，是指在外汇买卖成交后，在两个营业日内办理交割的外汇买卖业务。即期外汇交易是外汇市场上最常用的一种交易方式，即期外汇交易占外汇交易总额的大部分。主要是因为即期外汇买卖不但可以满足买方临时性的付款需要，也可以帮助买卖双方调整外汇头寸的货币比例，以避免外汇汇率风险。

（1）交割。交割指买卖成交后"钱货两清"的行为，交割日为成交当天，称当日交割，如港元对美元的即期交易就是在当日交割；交割日为成交后第一个营业日，称翌日或明日交割，如港元对日元、澳大利亚元就是在次日交割；交割日为成交后的第二个营业日，称即期交割或标准交割，大多数市场使用。

（2）即期外汇交易的报价惯例。报价，指外汇银行在交易中报出的买入或卖出外汇的汇价。一般采取"双向"报价法，即外汇银行在交易中同时报出买价和卖价。如 US\$1=HK\$7.7511～7.7516，前者为买入价，后者为卖出价。银行的买卖价格之差，就是外汇银行买卖外汇的收益，一般为 1‰～5‰。在实际操作中，外汇交易员不申报全价，只报出汇率小数点后的最后两位数。同上例，如果当时汇率为 US\$1=HK\$7.7511～7.7516，则香港银行接到询问时就仅报出：11～16 或 11/16。这是因为外汇汇率变化一天之内一般不会超过最后两位数，用不着报全价，这也是银行报价的习惯。

（3）即期外汇交易的类型。即期外汇交易按照结算方式的不同，分为电汇、信汇、票汇三种交割方式。

电汇交割方式，简称电汇。银行卖出电汇是汇款人的申请，直接用电报、电传通知国外的汇入银行，委托其支付一定金额给收款人的一种汇款方式。电汇交割方式就是用电报、电传通知外汇买卖双方开户银行（或委托行）将交易金额收付记账。电汇的凭证就是汇款银行或交易中心的电报或电传汇款委托书。

票汇交割方式，简称票汇。银行卖出汇票是指汇款银行应汇款人的申请，开立以国外汇入银行为付款人的汇票，交由汇款人自行寄给收款人或亲自携带前往，凭票向付款行取款的一种汇款方式。票汇交割是指通过开立汇票、本票、支票的方式进行汇付和收账。这些票据即为汇票的凭证。

信汇交割方式，简称信汇。银行卖出信汇是汇款银行应汇款人的申请，直接用信函通知国外的汇入银行委托其支付一定金额给收款人的一种汇款方式。信汇交割方式是指用信函方式通知外汇买卖双方开户行或委托行将交易金额收付记账。信汇的凭证就是汇款行或交易中心的信汇付款委托书。

（4）即期外汇交易的应用。

【例 9-1】假设 2014 年 10 月 16 日外汇市场行情如下：即期汇率为：USD/EUR=1.0720/30，USD/CHF=1.3459/69。某一投资者做一笔以 USD 为中介货币，买入 EUR，卖出 CHF 的对冲投资操作。假设到 2014 年 12 月 31 日，即期汇率为：USD/EUR=1.0781/90，USD/CHF=1.3461/72。如不考虑利率变化的影响，损益情况如何？

解 ①操作过程。

2014 年 10 月 16 日：

以 1.0720 卖出 USD，买入 EUR

以 1.3469 卖出 CHF，买入 USD

2014 年 12 月 31 日：

以 1.0781 卖出 EUR，买入 USD

以 1.3461 卖出 USD，买入 CHF

②损益情况。

在 EUR 上，每 1USD 获取利润=1.0720−1.0781=−0.0061EUR

在 CHF 上，每 1USD 获取利润=1.3469−1.3461=+0.0008CHF

2. 远期外汇交易

远期外汇交易，也称为期汇交易，是指买卖双方成交后，并不立即办理交割，而是按照远期合同规定的币种、金额、汇率、交割时间等交易条件，在未来的约定日期办理交割的外汇交易。

（1）交割日。

远期外汇交易最常见的远期外汇交易交割期限一般有 1 个月、2 个月、3 个月、6 个月、12 个月，其中最常见的是 3 个月远期。远期外汇交易的有效交割日在大部分国家是按月计算，很少按天计算。如果整月后的起息日不是有效营业日，则按惯例顺延到下一个营业日。不过，若这种顺延到月底仍不是营业日，则往回推算到第一个营业日为有效日，即交割日。总之，本月到期的交割日顺延不能跨月到下个月交割。

（2）远期汇率的确定。

远期汇率是在即期汇率基础上加减一定点数得出的，这个点数就是远期点。远期点代表了两种交易货币之间的利率差。如果远期汇率=即期汇率+远期点，则远期点表示即期汇率升水；如果远期汇率=即期汇率−远期点，则远期点表示即期汇率贴水；如果远期汇率=即期汇率，则称为评价。

一般来说，远期汇率是由两种货币的利率差决定的，利率高的货币相对于利率低的货币是一种远期贴水；相反，利率低的货币相对于利率高的货币是一种远期升水。其原因是：在存在利率差的情况下，资金将从低利率货币转换为高利率货币以套利获利，但套利者为规避汇率变动风险，在套利的同时往往做相反方向的远期交易，以获取无风险的利差，这就是抛补套利停止，远期差价正好等于两种货币的利率差。

（3）远期外汇交易的应用。

【例 9-2】 假设即期汇率：USD/EUR=1.1520/30，

汇水：2 个月期：142/147

　　　　3 个月期：172/176

请报价银行报出 2 个月至 3 个月的任选交割日的远期汇率。

解：计算第一个工作日交割的远期汇率，即 2 个月交割的远期汇率，则

$$1.1520+0.0142=1.1662$$

$$1.1530+0.0147=1.1677$$

计算最后一个工作日交割的远期汇率，即 3 个月交割的远期汇率，则

$$1.1520+0.0172=1.1692$$

$$1.1530+0.0176=1.1706$$

3. 外汇期货交易

外汇期货交易是指买卖双方成交后，按规定在合同约定的到期日内按约定的汇率进行交割的外汇交割方式，买卖双方在期货交易所以公开喊价方式成交后，承诺在未来某一特定日期，以当前所约定的价格交付某种特定标准数量的外币，即买卖双方以约定的数量、价格和

交割日签订的一种合约。目前全球仅有三家期货交易所提供标准的外汇期货合约，即附属于芝加哥交易所的国家货币市场、新加坡国际货币交易所和伦敦国际金融期货交易所。

（1）外汇期货交易的特点。

1）期货合同金额标准化。外汇期货交易所买卖的对象并不是外汇本身，而是期货合同。其合同金额都是标准化的，但不同货币的合同金额不一样，如在国际货币市场英镑期货合约金额为 62 500 英镑、日元期货合约金额为 1250 万日元、加元期货合约金额为 10 万加元。

2）交割日期固定。外汇期货合同的交割日期都是固定的，例如，伦敦国际金融期货交易所规定的期货合同的交割月份为 3、6、9 和 12 月份；芝加哥国际货币市场也有少量的货币期货合同的交割月份为 1、4、10 月份。

3）保证金交易。保证金制度时期货交易的最大特色之一，它是交易者通过经纪人付给清算所的一笔资金，以确保交易者有能力支付手续费和可能的亏损。保证金的多少因交易货币、市场不同而有所差异，即使同一市场、同一货币也会因市场变化情况不同而有所改变。具体由清算所和交易所共同决定，一般为合约总值的 5%～15%。

4）公开喊价，竞价成交。交易方式采取在交易所内公开喊价，竞价成交，同时场上的价格又随时公开报道，进行交易的人可以根据场上价格变化，随时调整他们的要价、出价。

5）买卖双方都已清算所谓成交对方。期货交易的买方与买方都以交易所下属的清算所为成交对方。即清算所既充当期货合同购买方的卖方，又充当期货合同出售方的买方，因此，买卖双方无须知道对手是谁，也不必考虑对方的资信如何。

（2）外汇期货交易的应用。

【例 9-3】某美国商人向英国某公司出口汽车，双方约定 3 个月后支付 250 万英镑。为了防止英镑贬值带来的不利影响，他进行了期货套期保值，其过程见表 9-2。

表 9-2   期 货 套 期 保 值 过 程

日期	现 汇 市 场	期 货 市 场
3 月 1 日	即期汇率：GBP1=USD1.4250，出售 250 万英镑，理论上可获得 356.25 万美元	卖出 40 分英镑合约（62 500 英镑/份），期货成交价为 GBP1= USD1.4210，收入 355.25 万美元
6 月 1 日	即期汇率 GBP1=USD1.4120，实际卖出 250 万英镑，理论上可获得 353 万美元	买入 40 份英镑合约（62 500 英镑/份），期货成交价为 GBP1= USD1.4140 美元，支出 353.5 万美元

4. 外汇期权交易

外汇期权交易，也称为外币期权交易，是指期权合约的买方在合约期满日或此之前按照事先约定的价格购买或出售约定数额的某种外汇资产的权利。外汇期权交易是在外汇期货交易基础上发展起来的，期货交易和远期交易在合同到期时都必须履行合同，期权交易是期权合同持有人具有执行与不执行合同的选择权利，即在一特定时间按一定汇价买进或不买进，卖出或不卖出一定数量外汇的权利，而并非义务。

（1）外汇期权交易的形式。

①买方期权（看涨期权）。即买权持有者获得在一定期限以约定的价格买入某种预期升值的货币而卖出另一种货币的权利。

②卖方期权（看跌期权）。即卖权获得者获得在一定期限以约定的价格卖出某种预期下跌的货币而买入另一种货币的权利。

（2）外汇期权交易的应用。

外汇期权交易的代价为权利金，即期权价格。如美国某公司从英国进口机器，三个月后支付 1.25 万英镑，即期价为 GBP1=USD1.65，为避免三个月后英镑升值的损失，购入英镑买权 1.25 万英镑，期权价为 125 美元，协定价 GBP1=USD1.7。三个月后假如市场 GBP1=USD1.75，即预期准确。则执行期权以 1.7USD/1GBP 购入 1.25 万英镑支付，共用去 1.25×1.7=2.125 万美元，如按市场则要付 1.25×1.75=2.1825 万美元，差价 625 美元。扣除保险费 125 美元，实际上少支出 500 美元。又如三个月后市场价 USD1.68/GBP1，则不执行期权，市场价买入英镑支付，损失费为 125 美元。如三个月后市场价 USD1.7/GBP1，可执行也可不执行期权，损失费为 125 美元。

9.3 汇率的经济分析

9.3.1 汇率变动的影响因素

影响汇率变动的因素非常复杂多样，大至一场战争、小至一个统计数据、甚至一个不经意的谣言，都可能引起汇率的剧烈波动。总的来说，影响汇率变动的因素主要有以下几个方面。

1. 国际收支

国际收支，是指一国对外经济活动中所发生的收入和支出。当一国的国际收入大于支出时，即为国际收支顺差。表现在外汇市场上，可以说是外汇（币）的供应大于需求，因而本国货币汇率上升，外国货币汇率下降。与之相反，当一国的国际收入小于支出时，即为国际收支逆差。表现在外汇市场上，可以说是外汇（币）的供应小于需求，因而本国货币汇率下降，外国货币汇率上升。

必须指出，国际收支状况并非一定会影响到汇率，这主要要看国际收支顺（逆）差的性质。短期的、临时性的、小规模的国际收支差额，可以轻易地被国际资金的流动、相对利率和通货膨胀率、政府在外汇市场上的干预和其他等等因素所抵消。不过，长期的巨额的国际收支逆差，一般必定会导致本国货币汇率的下降。

2. 通货膨胀率

在纸币流通的条件下，决定两国货币汇率的基础是货币的购买力。而在通货膨胀的条件下，货币的购买力就会下降。因此两国通货膨胀率的差异必然会导致汇率发生变动。一般说来，甲国的通货膨胀率若超过乙国的通货膨胀率，则甲国货币的汇率就要下跌；反之，甲国货币的汇率就要上升。通货膨胀率对汇率的影响，现在越来越不是直接地、明显地表现出来的，而是通过间接的渠道长期地表现出来的。

3. 利率水平差异

利率作为使用资金的代价或放弃使用资金的收益，也会影响到汇率水平。当利率较高时，使用本国货币资金成本上升，在外汇市场上本国货币的供应相对减少；与之同时，当利率较高时，放弃使用资金的收益上升，吸收外资内流，使外汇市场上外国货币的供应相对增加。这样，从两个方面，利率的上升会推动本国货币汇率的上升。

4. 经济增长率

实际经济增长率同未来的汇率变动有着更为复杂的关系，主要有两种情形。如果一国的出口保持不变，经济增长加速，国内需求水平提高，将增加该国的进口从而导致经常项目逆差。如果一国经济是以出口导向的，经济增长是为了生产更多的出口货，在这种情形下，经济增长率的提高，可以使出口的增长弥补进口的增加。一般来说，高增长率会引起更多的进口，从而造成本国货币汇率下降的压力。但是经济增长率的变化也反映一国经济实力的变化，经济增长快、经济实力强的国家可以加强外汇市场上对其货币的信心，因而货币汇率也有上升的可能。实际上，由于资本主义世界经济周期变动的同期性，经济增长率的变化是在各国同时发生的，对汇率不会产生多大影响，只有各国经济增长的速度不同，才会影响对外贸易和外汇市场交易活动。

5. 市场预期

市场预期因素是影响国际间资本流动的另一个重要因素。在国际金融市场上，短期性资金（所谓游资）达到了十分庞大的数字。这些巨额资金对世界各国的政治、经济、军事等因素都具有高度的敏感性，受着预期因素的支配。一旦出现风吹草动，就到处流窜，这就常常给外汇市场带来巨大的冲击。可以说，预期因素是短期内影响汇率变动的最主要因素。

6. 外汇储备

中央银行持有的外汇储备可以表明一国干预外汇市场和维持汇价的能力，所以它对稳定汇率有一定的作用。当然，外汇干预只能在短期内对汇率产生有限的影响，它无法从根本上改变决定汇率的基本因素。

7. 经济政策及央行干预

无论是在固定汇率制度下，还是在浮动汇率制度下。各国货币当局或为保持汇率稳定，或有意识地操纵汇率的变动以服务于某种经济政策目的，都会对外汇市场进行直接干预，毋庸置疑，这种通过干预直接影响外汇市场供求的情况，虽无法从根本上改变汇率的长期走势，但对汇率的短期走向会有一定的影响。

8. 心理预期

心理预期有时会对汇率产生重大的影响。心理预期是多方面的，既包括利率变动、汇率走势、通货膨胀、国际收支等经济方面，也包括政治局势、国际关系、社会稳定等政治的和社会方面的。而对这些方面的不同预期，会直接改变人们的经济行为，比如投资和储蓄的方向，进而影响到汇率。由于心理预期的变化快、影响大，常常会引起短期汇率波动。有时，心理预期甚至会成为市场上影响汇率的最主要因素。

9.3.2 汇率变动对经济的影响

1. 汇率变动与国际收支

汇率的变动会对一个国家的贸易收支、非贸易收支以及资本流动产生影响。以货币贬值为例，本币贬值，出口商在国际市场上出售商品所得外汇能够换得更多的本币，使出口商获利增加；同时出口商可能以更低的价格出口商品，增强了商品的竞争力，扩大销售市场，从而获得更多的外汇收入和利润。对于进口商而言，货币贬值意味着需要支付更多的货币购买等价的进口商品，即进口商品价格上涨，限制了进口。因此，一国货币的贬值将有利于扩大出口，限制进口，促进贸易收支的改善。反之，一国货币升值将限制出口扩大进口，使贸易状况恶化。

在实际经济生活中，一国的货币贬值不一定能促进贸易收支的改善，有很多因素制约着汇率变动对贸易的影响。起关键作用的是进出口商品的供给和需求弹性，只有进出口商品的供给和需求弹性足够大时，汇率的变动才能达到预期的作用。前述是对国家贸易收支影响的分析，一国货币贬值对该国国际收支经常账户中旅游和其他劳务收支也有影响。因为一国货币贬值后，外国货币的价值相对提高，贬值国的商品、劳务、交通、导游和住宿等费用，相对便宜，这对外国游客无疑增加了吸引力。另外，货币贬值还会促使中长期资本流入，资本项目得以改善，但对短期资本不利。

总的来说，一国货币贬值，本币汇率下降将导致该国国际收支改善，在贸易收支、非贸易收支及资本项目方面均将得到改善。

2. 汇率变动与国际储备

每一个参与国际经济活动的国家都必须保持一定得国际储备，以应付国际支付或调解国际收支的需要。如果国际储备资产中的外汇与本国货币的汇率发生变动，那该部分储备资产的实际价值也会增加和减少。一是储备货币的汇率变动，假设储备货币贬值，则发行国的债务减少，储备货币持有国的债券减少，外汇储备资产损失。二是本币汇率的变动，若本币稳定，促进外资流入，国际投资增加，最终外汇储备会上升；若本币贬值，促进本国出口，相对应外币升值，外汇收入上升，最红外汇储备增加。三是国际储备货币汇率变动对国际储备体系的影响。储备货币汇率持续下跌将影响其国际储备地位，国际社会将适时调整自己的国际储备结构。

由于汇率的变动会给一国的储备货币的价值产生影响，所以各国在选择储备资产的构成时，往往使本国的国际储备资产多样化，以尽可能分散汇率风险。

3. 汇率变动与资本流动

汇率变动对国际资本流动有着重大影响。汇率稳定有利于长期资本的输出和输入，使资金的供求能够在世界范围内得到调节，从而提高资金的使用效率，促进世界经济的增长；反之，假如汇率不稳定，就会阻碍生产性资本的国际流动，而投机性的短期资金却因此会在国际间作频繁流动，从而形成了对有关国家国际收支的外来冲击。

4. 汇率变动与通货膨胀

汇率变动对通货膨胀具有间接的影响。一方面，一国货币汇率下跌造成的出口商品增加和进口商品减少使国内市场商品供给减少；另一方面，汇率下跌带来的资本流入，会使本币供给增加，其结果会导致本币对内贬值和通货膨胀压力。相反，一国货币汇率上涨，则有利于该国货币对内价值的稳定，减轻通货膨胀的压力。

9.4　我国的个人外汇投资

9.4.1　外汇理财产品的分类

目前，我国投资者主要通过购买外汇理财产品进行外汇投资，获取收益。通过银行购买的外汇理财产品不需要投资者自身对投资决策作出判断，而完全由产品事先设计的条款以及银行专业投资人员来指导投资行为。外汇理财产品结构多样、风险程度各异且具有惊人的创新能力，主要也分为两类，即固定收益的外汇理财产品和外汇结构性理财产品。

1. 固定收益类产品

固定收益的外汇理财产品主要挂钩的标的资产或者投资方向为外汇债券，在同等期限条件下，其收益高于相同币种的外汇存款收益，而且产生损失的风险也几乎没有。但是受金融危机的影响，各国央行纷纷降息，致使固定收益类的外汇理财产品的收益空间日渐萎缩，国内不少银行已陆续停止发售固定收益类的外汇理财产品，且大多以短期产品为主，收益水平更低。因此投资者可以在充分考虑到汇率风险的前提下，尽量转换成较高利率水平的外汇，可以选择购买固定收益理财产品或者索性以银行存款的形式保值。

此外由于固定收益类的外汇理财产品一般不允许提前赎回，投资者必须充分考虑资产的流动性风险，在汇率急剧波动的阶段，可以选择期限较短的理财产品以防范风险。

2. 结构性产品

外汇结构性理财产品的投资范围和挂钩的衍生品比较广泛，可以挂钩大宗商品、境外上市的股票价格或指数、对冲基金和黄金石油等标的。可以分为静态和动态两种，静态就是产品发行后设计结构不发生变化；动态则会针对市场情况作相应的投资调整。目前结构性产品会设定一个最低保本额，保本额上的浮动收益取决于产品挂钩标的的表现。

和固定收益类产品相比，结构性产品的收益风险很大，出现很高的收益或者零收益，甚至负收益。而且目前银行的结构性外汇理财产品设计越来越复杂，普通投资者很难看懂产品设计的条款和可能发生的投资风险。虽然保本条款的设定确保投资者免受本金大幅缩水的风险，但是投资结构性外汇理财产品必须考虑以下几方面风险。

（1）收益风险。

结构性外汇理财产品是跨市场操作的，其投资标的同国际市场利率、汇率、股票价格或指数、黄金等商品价格挂钩。银行一般会将到期的收益水平取决于挂钩标的的实际表现（观察值），有单边挂钩，双边挂钩两种方式。单边挂钩就是只有当挂钩投资标的的价格全部上涨或全部下跌才能获得收益；而双边挂钩则和价格波动的绝对值挂钩，具体可以采取最大值、最小值或加权平均等方式来确定观察值。此外银行有时还会预先设定一个波动区间，无论是单边还是双边方式，当实际观察值落在这个区间内或超出这个区间时，投资者才能获得收益。

这样来看，任何一款结构性理财产品，要获得预期的收益还是很困难的。例如中国银行一款和 H 股红筹股挂钩的理财产品，期末 3 只股票的价格均上涨 110%，才能获得 23% 的到期收益率，否则实际收益率只有 3%。又如恒生银行的一款挂钩香港恒生指数的外汇理财产品，由于观察期内的指数超过了银行限定的波动区间，最终的投资收益为零。

相对而言，采取双向挂钩方式的收益风险比单向挂钩方式要小，由于双向挂钩产品到期收益只与挂钩资产价格的波幅绝对值有关，和实际波动方向无关，在观察期内，只要价格有波动，则无论涨跌都可以获得收益。例如花旗银行一款挂钩 5 只港股的涨跌双赢结构型产品，取观察期内 5 只股票最小波幅的平均值确定投资者的到期收益，只要这几只股票在观察期内有波动，就一定可以获得收益。

（2）赎回风险。

有些外汇理财产品银行有权终止合同，银行往往会选择对自己不利的时机终止合同，而这时恰恰是投资者获得高收益的时候。目前我国各银行对于提前终止权的设定主要有两种形式：一是银行在支付收益时可以提前终止该产品，客户没有提前终止产品协议的权利。如果想要提前终止产品协议需缴纳一定的违约金：二是根据客户投资产品的金额大小，客户拥有提前赎回的权利。

（3）流动性风险。

由于大部分外汇理财产品不允许投资者提前终止合同，必须持有到期，因此如果在投资期间出现财务困境，将会导致投资者现金周转困难。此外，由于流动性的限制，如果持有期间市场利率出现持续上升，而理财产品的收益率却不同时上升，也会导致产品的实际收益水平下降。

（4）信息披露风险。

投资者往往忽视外汇理财产品的条款说明，或者由于条款披露内容专业晦涩而轻信银行销售人员的解释。很多外汇理财产品在销售时宣传的收益是一定时期的总收益，总收益与年化收益是有区别的，而银行有权提前终止合同，投资人或许得不到预期的收益。另外虽然银行会在产品说明中披露最不利的收益情况或无保底收益，但投资者往往会被预期高收益率所迷惑。特别是关于本金条款的信息披露，涉及本金收益由谁兑付，归还本金有无其他附加条件，如果到期后本金和收益的支付人是信托公司，这会增加风险，一旦信托公司破产，不要说投资收益，就连本金也很难保障。

此外有些外汇结构性产品设计复杂，投资者根本无法通过理财产品说明书的条款内容及时查询相关投资标的的情况及其他相关信息，导致投资者只能依赖银行定期投送的产品对账单了解产品实际投资收益状况，由此影响投资者的投资决策。

（5）汇率挂钩风险。

这类风险主要是与汇率挂钩的外汇理财产品有关。这些产品虽能给客户带来较大收益，但是如果判断不好汇率的波动方向，不仅会使自己的收益下降，还会遭受货币贬值的损失。特别是有些挂钩小币种货币汇率的外汇理财产品，对普通投资者而言，就更无法判断其准确走势，汇率波动的风险更大。例如交通银行一款挂钩三种篮子货币的外汇理财产品，分别同美洲货币篮子（巴西里尔、阿根廷比索、墨西哥比索）、亚洲篮子货币（印尼盾、印度卢比、菲律宾比索）、欧洲篮子货币（土耳其里拉、波兰兹罗提、俄罗斯卢布）在观察期内对美元、日元和欧元的汇率表现的最大值来确定到期收益率。由于这几种货币属于非主要外汇币种，投资者很难进行预期，收益为零的风险很大。

此外，如果购买外汇理财产品的币种选择外汇本币的话，还必须考虑持有期间其相对人民币的汇率波动风险，由于我国还没有针对人民币汇率的远期外汇产品，普通投资者无法对冲人民币汇率风险，因此投资者可以尽量兑换成人民币或者选择以人民币定价的外汇理财产品。

相关链接 9-3

目前国内银行的外汇期权业务有中国银行的"两得宝业务""期权宝业务"和工商银行的"两得存款业务"。"两得宝业务"是由中国银行向客户卖出期权，"期权宝业务"是由客户向中国银行买入期权，参与这两项业务的起存资金为 5 万美元。工商银行的"两得存款业务"只向银行卖出期权，且起存金额为 10 万美元。相比之下中国银行的金融产品更有吸引力。

9.4.2　信息获取的渠道

1. 报刊

随着银行推出各类外汇投资业务，这些银行固定在一些报刊上刊登外汇市场的情况，以及对市场的相关评论。

2．电台与电视媒体

例如，央视财经频道准们有关于外汇市场的节目，早中晚分三次报道汇市情况，对当天的汇市动态、走势等情况均有清楚的分析，还有外汇交易员的评价、解盘。

3．互联网

现在，互联网是信息流量最大、时效性最强、内容最全面的信息传播途径，同样，互联网是获取外汇信息最方便好快捷的方式。许多网站都开通了"外汇市场"专栏，也有一些专门的外汇网站。另外，还有其他一些专业网站也有大量有关国际金融市场动态的报道和分析。

实践思考题

1．举例说明外汇的直接标价法和间接标价法的区别。
2．如何理解外汇的买入价和卖出价？
3．影响汇率变动的因素包括哪些？
4．外汇交易的主要形式主要包括哪些？
5．我国现有哪几种外汇理财产品？

项目 10 期 货 理 财

引 言

伦 敦 金 属 交 易 所

伦敦金属交易所（LME）始创于 1876 年。19 世纪中期，英国已成为世界上最大的锡和铜的生产国。但随着工业需求的不断增长，英国生产的锡和铜已不能满足本国工业的需求，英国开始从国外运输锡矿石和铜矿石回国进行精炼。在当时条件下，锡矿石和铜矿石的价格因运输路径遥远、运输过程中的种种问题而经常大起大落，价格风险很大。当时的英国商人和消费者面对锡和铜的价格风险，采取了预约价格的方式，在货物没到之前就对"未来到货"签订合同，以保证运来的货物过多时都可以卖掉，货物不足时也不至于价格暴涨。1876 年 12 月，300 名金属商人发起成立了伦敦金属交易公司，并于 1877 年 1 月开始营业，当时的营业地点设在伦敦的伦巴德的一家帽子商店上面。1987 年 7 月，新的公司——伦敦金属交易所组建。

伦敦金属交易所是世界首要的有色金属交易市场，伦敦金属交易所的价格和库存对世界范围的有色金属生产和销售有着重要的影响，这些价格被业内作为金属现货合同定价的依据。

这一资料表明：期货交易是在现货交易、远期交易的基础上发展起来的，并且在固定的交易所即期货交易所进行，是高度组织化、规范化的交易形式。期货交易的功能主要体现在规避现货价格风险和价格发现两个方面。

【知识目标】通过本章的学习，理解期货的概念和品种；熟悉期货交易的特征；熟悉金融期货的历史沿革、含义及特征；了解金融期货市场的构成；了解外汇期货、利率期货和股指期货的产生与发展；熟悉外汇期货合约、利率期货合约和股指期货合约；熟悉外汇期货、利率期货和股指期货交易。

【技能目标】能解读期货交易与现货交易的区别；能看懂金融期货合约；能准确进行外汇期货交易；能准确进行利率期货交易；能准确进行股指期货交易。

10.1 期 货 与 期 货 交 易

10.1.1 期货的含义及品种

1. 期货的含义

期货是指按照有组织的交易所的规定，在未来某一时间和地点交割一定数量和质量实务商品或金融商品的标准化合约。期货交易就是先交付一定数量的保证金，在商品交易厅内买进或卖出这种标准化期货合约的交易行为。

2. 期货的品种

世界期货市场最早是从农产品交易开始起步的；后来又增加了金属及能源产品；再后来，

金融产品也成为期货交易的交易对象；现在，又产生了许多新兴品种。从目前世界各国的期货市场上市品种看，主要包括商品期货和金融期货。

（1）商品期货。

商品期货是指标的物为实物商品的期货合约。商品期货历史悠久，种类繁多，主要包括农副产品、金属产品、能源产品等几大类。

1）农产品期货，如黄豆、玉米、小麦、木材、棉花、咖啡、可可、橙汁等，几乎包括了所有农业产品。

2）畜产品期货，如生牛、生猪等家畜。畜产品是美国芝加哥商业交易所的主要期货商品。

3）工业用品期货，如橡胶、棉纱等商品，主要在日本东京工业品交易所上市交易。

4）贵金属期货，包括黄金、白金、白银等贵重金属。

5）有色金属期货，如铜、铅、锌、镍等等。这类期货主要集中英国伦敦金属交易所好美国芝加哥期货交易所交易。

6）能源期货，是商品期货中相当重要的一环，不下于现货市场的影响力。目前较重要的商品有轻原油、重原油以及燃油；新兴品种包括气温，二氧化碳排放配额。能源期货最早是在1978年开始在纽约商业交易所交易，商品是热燃油。之后到1992年间增加了其他的商品。

（2）金融期货。

金融期货一般分为三类，外汇期货、利率期货和股指期货，后文将详细介绍。

1）外汇期货。

外汇期货，又称为货币期货，是一种在最终交易日按照当时的汇率将一种货币兑换成另外一种货币的期货合约。一般来说，若两种货币中的一种货币为美元，这种情况下，期货价格将以"×美元每另一货币"的形式表现。一些货币的期货价格的表示形式可能与对应的外汇现货汇率的表示形式不同。

2）利率期货。

所谓利率期货是指以债券类证券为标的物的期货合约，它可以回避银行利率波动所引起的证券价格变动的风险。利率期货的种类繁多，分类方法也有多种。通常，按照合约标的的期限，利率期货可分为短期利率期货和长期利率期货两大类。

3）股指期货。

股指期货即股票价格指数期货，也可称为股价指数期货、期指，是指以股价指数为标的物的标准化期货合约，双方约定在未来的某个特定日期，可以按照事先确定的股价指数的大小，进行标的指数的买卖，到期后通过现金结算差价来进行交割。作为期货交易的一种类型，股指期货交易与普通商品期货交易具有基本相同的特征和流程。

10.1.2 期货交易

1. 期货交易的含义

期货交易是一种在期货交易所交易标准化远期合约的交易形式，即交易双方在期货交易所通过买卖期货合约并根据合约规定的条款，约定在未来某一特定时间和地点，以某一特定价格买卖某一特定数量和质量的商品的交易行为。期货交易的最终目的并不在于商品所有权的转移，而是通过买卖期货合约来回避现货价格风险。

2. 期货交易的特征

现代期货交易具有如下几个特征：

（1）合约标准化。

期货交易是通过买卖期货合约进行的，而期货合约是标准化的。期货合约标准化指的是，除价格外，期货合约的所有条款都是预先由期货交易所规定好的，具有标准化的特点。期货合约标准化给期货交易带来极大便利，交易双方不需就交易的具体条款进行协商，从而节约了交易时间，减少了交易纠纷。

（2）交易集中化。

期货交易必须在期货交易所内进行，期货交易所实行会员制，只有会员方能进场交易。处在场外的广大客户若想参与期货交易，只能委托期货经纪公司代理交易。所以，期货市场是一个高度组织化的市场，并且实行严格的管理制度，期货交易最终在期货交易所内集中完成。

（3）双向交易和对冲机制。

双向交易，指期货交易者既可以买入期货合约作为期货交易的开端（称为买入建仓），也可以卖出期货合约作为期货交易的开端（称为卖出建仓），即"买空"和"卖空"。与双向交易相联系的还有对冲机制。在期货交易中，大多数交易者并不是通过合约到期时进行实物交割来履行合约，而是通过与建仓时的交易方向相反的交易来解除履约责任。具体来说就是买入建仓之后可以通过卖出相同合约的方式解除履约责任，卖出建仓后可以通过买入相同合约的方式解除履约责任。

在期货市场，投机者有着双重的获利机会，期货价格（即期货合约价格）上升时，可以通过低买高卖来获利，价格下降时，可以通过高卖低买来获利，并且投机者可以通过对冲机制避免进行实物交割的麻烦。

（4）杠杆机制。

期货交易实行保证金制度，即交易者在进行期货交易时需交纳少量的保真进，一般为成交合约价值的 5%～10%。交纳少量保证金就能完成数倍乃至数十倍的合约交易，期货交易的这种特点吸引了大量投机者参与期货交易。期货交易具有的以少量资金就可以进行较大价值额的投资的特点，被形象地称为"杠杆机制"。杠杆机制使期货交易具有高收益、高风险的特点。

（5）每日无负债结算制度。

期货交易实行每日无负债结算制度，也就是在每个交易日结束后对交易者当天的盈亏状况进行结算，在不同交易者之间根号盈亏进行资金划转，如果交易者亏损严重，保证金账户资金不足，则要求交易者必须在下一日开市前追加保证金，以做到"每日无负债"。期货市场是一个高风险的市场，这一制度可以有效地防范风险，将因期货价格不利变动给交易者带来的风险控制在有限的幅度内，从而保证期货市场的正常运转。

10.2　金　融　期　货　概　述

10.2.1　金融期货的产生与发展

1. 金融期货的产生

第二次世界大战以后，直至 20 世纪 70 年代前后，西方各国经济持续平稳增长。在此期间，金融市场也得到了前所未有的巨大发展。无论是国家、部门、企业还是个人，对利率和汇率的变动都非常敏感，恰在这时世界金融体制发生了重大变化。

首先，汇率风险加大，在国际货币体系中固定汇率制度被浮动汇率制度所取代；其次，利率急剧波动，各国货币当局对利率控制逐渐放松，加之世界性的通货膨胀，利率预测难度增加，利率风险加大。世界金融体制的重大改变，利率和汇率的浮动化，使得从事生产、消费的厂商和证券持有者，需要一种方法保护他们的资产不受利率、汇率大起大落的影响，从而规避价格风险。

商品期货交易的发展充分体现出规避风险和发现价格的功能，为金融期货交易的产生发挥了示范作用。他们从商品期货交易的经验中得到启发，将商品期货交易的原理应用与金融市场，产生了金融期货交易方式。

2. 金融期货的发展

金融期货问世至今不过只有短短四十余年的历史，远不如商品期货的历史悠久，但其发展速度却比商品期货快得多。金融期货交易已成为金融市场的主要内容之一，在许多重要的金融市场上，金融期货交易量甚至超过了其基础金融产品的交易量。随着全球金融市场的发展，金融期货日益呈现国际化特征，世界主要金融期货市场的互动性增强，竞争也日趋激烈。

在世界各大金融期货市场，交易活跃的金融期货合约有数十种之多。根据各种合约标的物的不同性质，可将金融期货分为三大类：外汇期货、利率期货和股票指数期货，其影响较大的合约有美国芝加哥期货交易所的美国长期国库券期货合约。东京国际金融期货交易所的90天期欧洲日元期货合约和香港期货交易所的恒生指数期货合约等。

10.2.2　金融期货的含义与特征

1. 金融期货的含义

金融期货是指交易双方在金融市场上，以约定的时间和价格，买卖某种金融工具的具有约束力的标准化合约。金融期货交易具有期货交易的一般特征，但与商品期货相比，其合约标的物不是实物商品，而是金融商品，如外汇、债券、股票指数等。

2. 金融期货的基本要素

（1）交易单位。交易单位及合约规模，是指交易所对每一份金融合约所规定的交易数量。

（2）最小变动价位。最小变动价位也称为1个刻度，是指由交易所规定的、在金融期货交易中一次价格变动的最小幅度。

（3）每日价格波动限制。每日价格波动限制即"每日停板额"，是指未来防止期货价格发生过分剧烈的波动，并引起期货市场交易的混乱，交易所通常对某些金融期货合约的每日价格波动的最大幅度做出一定的限制。

（4）交易时间。交易时间指由交易所规定的各种合约在每一交易可以交易的某一具体时间。

（5）最后交易日。最后交易日指由交易所规定的各种合约在到期月份中的最后一个交易日。

（6）交割。交割是指由交易所规定的各种金融期货合约，因到期未平仓而进行实际交割的各项条款，主要包括交割日、交割方式及交割地点等。

3. 金融期货的基本特征

金融期货交易的基本特征主要包括以下几点：

（1）标的物是金融产品。

金融期货交易的对象大多是无形的、虚拟化的证券，不包括实物商品。

（2）标准化合约的交易。

作为交易对象的金融商品，其收益率和数量都具有同质性和标准性，例如，对货币品种、交易金额、清算日期、交易时间等都做了标准化规定，唯一不确定的是成交价格。

（3）实行会员制度。非会员要参与金融期货的交易必须通过会员代理，由于直接交易限于会员之间，而会员同时又是结算会员，交纳保证金，因而交易的信用风险小，安全保障程度较高。

（4）交割期限的规格化。

金融期货合约的交割期限大多是 3 个月、6 个月、9 个月或 12 个月，最长是两年半，交割期限内的交割时间随交易对象而定。

10.2.3　金融期货市场

1. 金融期货市场的组织结构

金融期货市场由期货交易所、期货佣金商、清算所、期货交易参与者共同构成。

（1）期货交易所。

期货交易所，是经政府部门批准认可的专门进行期货合约买卖的场所，一般实行会员制，其财产来源于初始投资及会员会费、席位费及交易手续费。交易所的最高权力机构是会员大会，下设董事会或理事会，董事会聘任交易所总裁负责日常行政和管理工作。

期货交易所的主要职能是：①为期货交易提供场地、设施和服务；②制定标准化的期货合约；③制定并监督执行交易规则，保证交易公正、公开、公平；④组织和监督期货交易、结算与交割，保证期货合约的履行；⑤负责收集和发布交易信息；⑥设立仲裁机构，解决交易纠纷。

（2）期货佣金商。

也称期货经纪行，是依法成立的以期货代理业务为主的公司，他们以自己的名义代理客户买卖期货，收取佣金，并向交易所、清算所和客户负责。

期货佣金商的代理业务主要包括：①执行客户交易指令，代理实物交割；②保管并处理客户保证金；③为客户提供市场信息、商品行情和相关服务，充当交易决策的参谋；④记录客户盈亏。

（3）清算所。

清算所是负责期货合约对冲、结算和交割的机构。从组织形式上看，有的附属于交易所，也有的完全独立。清算所是期货交易双方的代理人，拥有代位权，对期货合同的买家来说它代表卖家，而对期货合同的卖家来说它代表买家，并有义务担保每笔合约的履行，因此具有权威性，是期货市场运行机制的核心。

清算所的主要功能是：①负责处理期货合约交易的一切账目往来。所有在交易所达成的交易，都必须在清算所进行结算，而不是交易双方之间相互往来款项。②担保期货合约的履行，处理违约者账户并对受损者进行补救。③负责安排、监督期货交割。

（4）期货交易参与者。

期货交易参与者是指参加期货交易的成员，各国法律对期货交易参加者的资格没有严格规定，可以是公司，也可以是个人，无任何限制。但能够进场直接交易的只能是会员和场内经纪人。前者拥有自己的交易席位，可以为自己的利益进行交易；后者则是接受客户委托，代理客户交易或者经过允许从事双重交易。其他不能进场交易的客户，只能委托经纪人进行间接交易。

参与者按其参加期货交易的目的不同，又可以分为套期保值者和投机者两类。

1）套期保值者。一般是实际商品的生产商、加工商、储运商和贸易商。他们参与期货交易的目的，是在期货市场建立与现货交易相反的交易头寸，以便将现货市场价格波动风险转嫁给第三方。简而言之，就是在买入或卖出一种商品现货的同时，又在期货市场卖出或买进在各方面同等的期货，以规避因市场价格波动而带来的市场风险。

2）投机者，也称风险经营者，通常是指采用各种技术方法预测未来商品期货价格，并试图通过频繁的买卖期货合同以赚取买卖差价的市场参与者。通常分为"多头"与"空头"，前者的交易行为是首先买进期货合约，而后在合适的价位上卖出；后者的做法则相反。但无论他们如何操作，其交易理念都是"低买高卖"。

2. 世界主要的金融期货市场

（1）美国金融期货市场。

美国是金融期货的发源地，也是迄今为止金融期货交易最发达的国家。主要包括芝加哥商业交易所的国际货币市场、芝加哥期货交易所、纽约期货交易所、费城期货交易所等。

1）国际货币市场。

国际货币市场是芝加哥商业交易所为开办外汇期货交易而设立的一个分部，是世界上第一个金融期货市场，对促进金融期货发展发挥着重要的作用。国际货币市场上的大多数金融期货产品的交易量在全球金融期货市场名列前茅。

2）芝加哥期货交易所。

芝加哥期货交易所是第一个现代化的商业期货市场，1975 年之前，该市场以交易农产品期货著称于世。自 1975 年 10 月开办政府国民抵押协会抵押证券期货交易以来，其金融期货的交易量占总交易量的比重日益上升，从而成为世界上最重要的金融期货市场之一。

（2）英国金融期货市场。

欧洲最早建立、交易最活泼的是英国的伦敦国际金融期货交易所，其成立与 1982 年 9 月。虽然与美国的国际货币市场相比，晚了 10 年之久，但它的成立对维护伦敦这一历史悠久的国际金融中心的地位发挥着重要的作用。

（3）日本的金融期货市场。

在亚太地区的各个国家和地区中，金融期货交易发展最快的是东京证券交易所。其于 1985 年 10 月推出日本第一张金融期货合约，并取得巨大成功。目前该交易所的金融期货交易量位居世界第三。同时，大阪证券交易所和东京国际金融期货交易所的成立，对促进日本乃至亚洲金融期货的发展发挥着重大作用。

10.3　外　汇　期　货

10.3.1　外汇期货的产生与发展

1. 外汇期货的产生

外汇期货是金融期货中最早出现的品种，它产生的原因是固定汇率体制的瓦解和浮动汇率制度的出现，是世界经济格局发生变化的产物。

以美元为中心的布雷顿森林体系在运行了 28 年以后，于 1973 年 3 月最终崩溃；黄金作为世界各国货币的共同价值尺度，也在 1973 年 8 月同货币脱钩。同时，固定汇率体制最终被浮动汇率取代。而浮动汇率的实施使得外汇风险大大增加，例如马克对美元的日平均波动幅度在 1959—1971 年是 1 马克兑 0.44 美分，而在 1971—1978 年增长了 13 倍，1 马克兑 5.66 美分。同时国际间的商品与劳务贸易也迅速增长，使越来越多的交易商面对汇率变动剧烈的市场，利用期货进行套期保值成了市场优先的选择。1972 年 5 月芝加哥商业交易所的国际货币市场推出了包括英镑、加元、西德马克在内的七张外汇期货合约，标志着金融期货这一新的期货类别的产生。

2. 外汇期货的发展

从 1976 年以来，外汇期货市场迅速发展，交易量激增了数十倍。1978 年纽约商品交易所也增加了外汇期货业务，1979 年，纽约证券交易所亦宣布，设立一个新的交易所来专门从事外币和金融期货。1981 年 2 月，芝加哥商业交易所首次开设了欧洲美元期货交易。随后，澳大利亚、加拿大、荷兰、新加坡等国家和地区也开设了外汇期货交易市场，从此，外汇期货市场便蓬勃发展起来。但随着 2000 年欧元的逐步流通，奥地利、比利时、德国、希腊、发过、芬兰、爱尔兰、意大利、卢森堡、荷兰、葡萄牙、西班牙 12 国的货币被欧元所替代，外汇市场的交易品种减少，外汇期货的交易量相对于其他金融期货品种增长放缓。

目前，外汇期货交易的主要品种有：美元、英镑、欧元、日元、瑞士法郎、加拿大元、澳元、新西兰元等。从世界范围看，外汇期货的主要市场在美国，其中又基本上集中在芝加哥商业交易所的国际货币市场和费城期货交易所。

10.3.2　外汇期货合约

外汇期货合约的条款同商品期货大致相同，现以芝加哥商业交易所外汇期货合约（表 10-1）为例介绍外汇期货合约的基本要素。

表 10-1　　　　　　　　　　　　芝加哥商业交易所主要外汇期货合约

	欧元	日元	加元	澳大利亚元	英镑	瑞士法郎
交易单位	125 000 欧元	1 2500 000 日元	100 000 加元	100 000 澳元	62 500 英镑	125 000 瑞郎
报价单位	美元/欧元	美元/日元	美元/加元	美元/澳元	美元/英镑	美元/瑞郎
最小变动价位	0.0001	0.000 001	0.0001	0.0001	0.0002	0.0001
每张合约最小变动值	12.5 美元	12.5 美元	10 美元	10 美元	12.5 美元	12.5 美元
交割月份	6 个连续的季度月					
交易时间（芝加哥）	场内交易：上午 7:20—下午 2:00					
最后交易日	交割日期前第二个工作日					
交割日期	交割月份的第三个星期三					
交割方式	实物交割					

1. 交易单位

外汇期货合约的交易单位是指每手期货合约代表的货币价值，如芝加哥商业交易所欧元期货合约的每手代表了 125 000 欧元、加元期货河源的每手代表了 100 000 加元。

2. 报价单位

外汇期货合约的交易标的是汇率，所以外汇期货合约以汇率的标价方式报价，如芝加哥商业交易所所有的外汇期货合约都是以单位的外币折合若干美元这种汇率方式来报价的。例如，当欧元期货合约报价为 1.4246 时，表示 1 欧元=1.4262 美元。

3. 最小变动价位

外汇期货合约中的最小变动价位是期货交易时买卖双方报价所允许的最小变动幅度。如欧元期货合约的最小变动价位为 0.0001 美元，而日元期货合约的最小变动价位为 0.000 001 美元。

4. 每张合约最小变动值

每张合约最小变动值与最小变动价位对应，指的是当报价变动一个最小变动价位时，每张合约价值的变动值。如对欧元期货合约来说，一手欧元期货合约代表了 125 000 欧元，当报价变动一个最小价位，如从 1.4246 变为 1.4247 时，意味着欧元相对于美元升值了，这份合约的价值增加了 12.5 美元（125 000×1.4247–125 000×1.4246）。

10.3.3　外汇期货交易

同商品期货交易一样，外汇期货交易也可以根据交易性质分为投机交易、套利交易和套期保值交易。

1. 外汇期货投机交易

外汇期货投机交易就是通过买卖外汇期货合约，从外汇期货价格的变动中获取利益。当投机者预测某种外汇期货合约价格即将上涨时，就买入该种期货合约，这种投机方式被称为多头投机；相反当投机者预测某种外汇期货合约价格即将下跌时，就卖出该种期货合约，这种投机方式被称为空头投机。

【例 10-1】　某外汇投机者预测美国货币政策的进一步放松，美元会持续贬值，在 6 月 10 日买入 5 手欧元期货合约，当天的汇率为 1EUR=1.2997USD。此后期货价格开始上升，到 8 月 10 日时，在欧元期货价格为 1.3434 是平仓卖出。

具体交易过程见表 10-2。

表 10-2

6 月 10 日	8 月 10 日
买入 8 月份的欧元期货合约 5 手 1 欧元=1.2997 美元 总值=1.2997×125 000×5=812 312.5 美元	卖出 8 月份的欧元期货合约 5 手 1 欧元=1.3434 美元 总值=1.3434×125 000×5=839 625 美元
结果：总盈利=839 625–812 312.5=27 312.5 美元	

2. 外汇期货套利交易

外汇期货套利交易包括跨期套利、跨市套利和跨币种套利等。外汇期货跨期套利是指利用同一市场、同种外汇、不同交割月份的期货合约之间的价格关系，买入价格相对低估的合约、卖出价格相对高估的合约。外汇期货跨市套利是指利用同种外汇、同一交割月份、不同市场的期货合约之间的价格挂席，买入价格相对低估的合约，卖出价格相对高估的合约。外汇期货跨币种套利是指利用同一市场、同一交割月份、不同币种的期货合约之间的价格关系，买入价格相对低估的合约，卖出价格相对高估的合约。

【例 10-2】　假设 8 月 1 日芝加哥商业交易所 9 月份交割的欧元期货价格为 1.1139 美元/欧元，9 月交割的澳大利亚期货价格为 0.7879 美元/澳元。某套利者预测美元将贬值，欧元的升值幅度相对于澳元来说更大，因此决定进行买入升值速度更快的欧元期货、卖出升值速度较慢的澳元期货的跨比重套利操作。于 9 月 4 日，该套利者分别以 1.3156 美元/欧元和 0.8921 美元/澳元价格平仓。

具体交易过程见表 10-3。

表 10-3

	欧元	澳大利亚元
8 月 1 日	以 1.1139 美元/欧元的价格开仓买入 100 手欧元期货合约	以 0.7879 美元/澳元的价格开仓卖出 125 手澳元期货合约
9 月 4 日	以 1.3156 美元/欧元的价格平仓欧元期货合约	以 0.8921 美元/澳元的价格平仓澳元期货合约
盈亏情况	（1.3156−1.1139）×125 000×100=2 521 250 美元	（0.7879−0.8921）×100 000×125=−1 302 500 美元
总盈亏情况	2 521 250−1 302 500=1 218 750 美元	

3. 外汇期货套期保值交易

外汇期货的套期保值交易，是指利用期货交易确保外币资产免受汇率变动的损失，或确保负债不因汇率的变动而增加，包括买入套期保值和卖出套期保值。外汇期货买入套期保值是指在现货市场上处于空头头寸时，在期货市场上买入一笔相应的期货合约，即持有外币债务者为防止将来偿付外币时因外币升值、汇价上升而造成汇兑损失，在外汇期货市场上做一笔相应的买进交易。外汇期货卖出套期保值是指持有外币资产者，为防止将来外币贬值、汇价下跌而在外汇期货市场上做一笔相应的卖出交易。现就外汇期货买入套期保值交易进行举例说明。

【例 10-3】 日本某公司 3 月 20 日向英国的公司借款 8000 万英镑，期限 6 个月，全部以日元支出偿还。该公司考虑到汇率变动可能带来的损失，决定采用套期保值方法进行保值、避险。

具体交易过程见表 10-4。

表 10-4

	即期市场（现汇市场）	期货市场
3 月 20 日	1 英镑=184.4684 日元 售出 8000 万英镑 总计 147.5747 亿日元	1 英镑=180.2839 日元 购进英镑期货合约 8000 万英镑 总计 144.2271 亿日元
9 月 20 日	1 英镑=195.2637 日元 购进 8000 万英镑 总计 156.2110 亿日元	1 英镑=193.4768 日元 出售 8000 万英镑期货合约 总计 154.7814 亿日元
盈亏情况	亏损 156.2110−147.5747=8.6363 亿日元	盈利 154.7814−144.2271=10.5543 亿日元
总盈亏情况	净盈利=10.5543−8.6363=1.918 亿日元	

10.4 利 率 期 货

10.4.1 利率期货的产生与发展

1. 利率期货的产生

所谓利率期货是指以债券类证券为标的物的期货合约，它可以回避银行利率波动所引起的证券价格变动的风险。虽然利率期货的产生较之外汇期货晚了三年多，但发展速度却比外汇期货快得多，应用范围也远较外汇期货广泛。20 世纪 70 年代中期以来，为了治理国内经济和在汇率自由浮动后稳定汇率，西方各国纷纷推行金融自由化政策，以往的利率管制得以放松甚至取消，导致利率波动日益频繁而剧烈。面对日趋严重的利率风险，各类金融商品持有者，尤其是各类金融机构迫切需要一种既简便可行、又切实有效的管理利率风险的工具。利率期货正是在这种背景下应运而生的。

2．利率期货的发展

1975 年 10 月，芝加哥期货交易所推出了政府国民抵押贷款协会抵押凭证期货合约，标志着利率期货这一新的金融期货类别的诞生。在这之后不久，为了满足人们管理短期利率风险的需要，1976 年 1 月，芝加哥商业交易所的国际货币市场推出了 3 个月期的美国短期国库券期货交易，并大获成功，在整个 70 年代后半期，它一直是交易最活跃的短期利率期货。1977 年 8 月 22 日，美国长期国库券期货合约在芝加哥期货交易所上市。

1981 年 12 月，国际货币市场推出了 3 个月期的欧洲美元定期存款期货合约。这一品种发展很快，其交易量现已超过短期国库券期货合约，成为短期利率期货中交易最活跃的一个品种。由于欧洲美元定期存款不可转让，因此，该品种的期货交易实行现金结算。现金计算方式的成功，在整个金融期货的发展史上具有划时代的意义，不仅促进了欧洲美元定期存款期货的发展，并且为股指期货的推出铺平了道路。

3．利率期货的特征

（1）利率期货价格与实际利率成反向变动。即实际利率越高，债券期货价格就越低；反之实际利率越低，债券期货价格就越高。

（2）利率期货交割方式特殊。利率期货主要采取现金交割方式，也有现券交割方式，但很少；现金交割是以银行现有利率为转换系数来确定期货合约的交割价格。

10.4.2　利率期货合约

下文分别以芝加哥商业交易所 3 个月国债期货合约和芝加哥期货交易所 30 年国债期货合约为例，来说明利率期货合约的基本条款和报价方式。

1．芝加哥商业交易所 3 个月国债期货合约

（1）合约基本条款。芝加哥商业交易所 3 个月国债期货合约基本条款见表 10-5。

表 10-5　　　　　　　　　　　　　芝加哥商业交易所 3 个月国债期货合约

交易单位	1 000 000 美元
最小变动价位	1/2 基点（12.5 美元）
每日价格波动幅度限制	无
合约月份	3、6、9、12 月及后续的 2 个月
交易时间（芝加哥时间）	场内交易：上午 7:20—下午 2:00，上午 7:20—下午 2:00（最后交易日） 场外交易：下午 4:30—第二日下午 4:00（周一至周四），下午 5:00—第二日下午 4:00（周日和节假日）
最后交易日	交割月份的第三个星期三
交易方式	现金交割

（2）合约报价方式

芝加哥商业交易所3个月国债期货合约规定：每张合约价值为1 000 000美元面值的国债，以指数方式报价，指数的最小变动价位为1/2个基本点，1个基本点是指数的百分之1点，即指数的0.01点。1个基本点代表的合约价值为25美元［1 000 000×0.01%/4］，1/2个基本点代表的合约价值为12.5美元。

2. 芝加哥商业交易所30年国债期货合约

（1）合约基本条款。芝加哥商业交易所30年国债期货合约基本条款见表10-6。

表 10-6 芝加哥商业交易所 30 年国债期货合约

交易单位	1 000 000 美元
最小变动价位	1/32 基点（31.25 美元）
每日价格波动幅度限制	无
合约月份	3、6、9、12 月
交易时间（芝加哥时间）	场内交易：上午 7:20—下午 2:00，上午 7:20—下午 2:00（最后交易日） 场外交易：下午 6:00—第二日下午 4:00（周五至周日）
最后交易日	交割月份最后工作日往回数的第 7 个工作日
交易方式	交割月份最后工作日

（2）合约报价方式

芝加哥商业交易所 30 年国债期货合约不采用指数报价法，而是采用价格报价法。30 年国债期货合约的面值为 100 000 美元，合约面值的 1% 为 1 个点，即 1 个点代表 1000 美元；30 年期国债期货的最小变动价位为 1 个点的 1/32，即代表 31.25 美元（1000×1/32）。

10.4.3 利率期货交易

利率期货交易主要包括三大类：套期保值交易、投机交易和套利交易。

1. 利率期货套期保值交易

债券持有者为避免所持有债券因利率变化而遭受损失，可以利用利率期货进行套期保值。利率期货套期保值也分为买入套期保值和卖出套期保值。买入套期保值通常是债券投资者为了防止未来利率下降造成债券价格上升，使得在以后买进债券时成本上升，或者未来需要借出资金者为防止利率下降造成收益减少而采取的套期保值策略。卖出套期保值通常是债券持有者为防止利率上升造成债券价格下跌，或未来需要借入资金者防止利率上升造成借款成本增加而采取的套期保值策略。

【例 10-4】 6 月 1 日，某公司计划在 9 月 1 日计入期限 3 个月、金额为 1 500 000 美元的资金，当时市场利率为 8%。该公司担心未来利率上升导致借款成本增加，决定利用芝加哥商业交易所 3 个月国债期货合约进行买入套期保值操作。6 月 1 日，该公司买入一张 9 月份交割的 3 个月的国债期货合约，成交价 93.15。9 月 1 日，市场利率上升至 12%，公司平仓国债期货合约，平仓价为 86.27，并以 12% 的市场利率借入 1 500 000 美元。试分析本次套期保值效果。

具体交易过程见表 10-7。

表 10-7

	现货市场	期货市场
6 月 1 日	已 8%的利率借入 1 500 000 美元，需支付利息 30 000 美元（1 500 000×8%/4）	卖出一张 9 月交割的芝加哥商业交易所 3 个月国债期货合约，价格 93.15
9 月 1 日	已 12%的利率借入 1 500 000 美元，需支付利息 45 000 美元（1 500 000×12%/4）	平仓国债期货合约，价格 86.27
盈亏情况	亏损：支付利息 15 000 美元（45 000−30 000）	盈利：688 个基点［（93.15−86.27）×100］，共 17 200 美元（688×25）
总盈亏情况	2200 美元（17 200−15 000），实现了有盈套期保值	

2. 利率期货投机交易

利率期货投机交易指通过买卖利率期货合约，从利率期货价格的波动中获取利润。当投机者预测某种利率期货合约价格将要上涨时，则买入该种期货合约；反之，若预测利率期货合约价格将要下跌时，则卖出该种期货合约。

【例 10-5】 某投机者在 3 月 5 日买入 1 手芝加哥商业交易所 3 个月期国债期货合约，成交价格 97.00，5 月 22 日，投机者平仓卖出期货合约结束本次投机交易，成交价 97.50。试分析该投机者本次投机交易的盈亏情况。

解： 3 个月期国债期货合约价格从 97.00 上升到 97.50，上升了 0.5 个点，即 50 个（0.5×100）基点，而每个基点代表的合约价值为 25 美元，故该投资者本次投机交易共实现盈利 1250 美元（50×25）。

3. 利率期货套利交易

常见的利率期货的套利交易包括跨越分套利和跨品种套利。跨月份套利是最常见的套利方法，方法在牛市套利交易中买入近期期货，卖出远期期货；在熊市套利交易中卖出近期期货，买入远期期货。跨品种套利中最常见的是美国短期国库券——欧洲美元套利，是目前流行的一种套利方法。

【例 10-6】 6 月 15 日，某投机者预测短期利率会上升，且欧洲美元利率上升较短期国债利率更快，所以未来欧洲美元期货价格将比短期国债期货价格下跌得更多，因此决定进行跨商品套利。当日，买入 300 手 9 月交割的芝加哥商业交易所 3 个月国债期货合约，成交价 92.10，卖出 300 收 9 月交割的芝加哥商业交易所 3 个月欧洲美元期货合约，成交价 92.25。8 月 20 日，投机者结束本次套利，3 个月国债期货合约和 3 个月欧洲美元期货合约平仓价分别为 91.42 和 91.38。试分析该投机者本次套利操作的盈亏情况。

具体交易过程见表 10-8。

表 10-8

	3 个月国债期货合约	3 个月欧洲美元期货合约
6 月 15 日	买入 300 手 9 月交割的芝加哥商业交易所 3 个月国债期货合约，价格 92.10	卖出 300 手 9 月交割的芝加哥商业交易所 3 个月欧洲美元期货合约，价格 92.25
8 月 20 日	平仓 3 个月国债期货合约，价格 91.42	平仓欧洲美元期货合约，价格 91.38
盈亏情况	亏损：68 个基点（91.42−92.10）×100=−68	盈利：97 个基点（92.25−91.38）×100=87
总盈亏情况	（87−68）×25×300=142 500 美元	

10.5 股 指 期 货

10.5.1 股指期货的产生与发展

1. 股指期货的产生

20 世纪 70 年代，能源危机、利率提高等种种因素，使世界各地的股票市场经历了前所未有的动荡，广大投资者急需一种金融工具对手中持有的股票进行保值。为适应这一形势，1982 年 2 月 24 日，美国堪萨斯期货交易所推出第一份股票指数期货合约——价值线综合指数期货合约，这一买卖双方在市场上根据估价指数的升降实现约定买卖时间和价格的期货合约，受到了广大投资者的欢迎。

1982 年 4 月，芝加哥商业交易所推出标准普尔 500 种股票指数期货合约；5 月纽约期货交易所推出纽约证券交易所综合指数期货交易；7 月芝加哥商业交易所推出主要市场指数期货合约，这标志着一种新的金融资产衍生品——股票价格指数期货正式形成。

2. 股指期货的发展

股指期货一经产生，便得到了迅速的发展。1983 年，澳大利亚悉尼期货交易所指定了自己的股指期货合约；1984 年英国伦敦也推出"金融时报股指"期货合约；1986 年香港正确交易所正式开展恒生股指期货的交易。

3. 股指期货的特征

（1）跨期性。股指期货是交易双方通过对股票指数变动趋势的预测，约定在未来某一时间按照一定条件进行交易的合约。

（2）杠杆性。股指期货交易不需要全额支付合约价值的资金，只需要支付一定比例的保证金就可以签订较大价值的合约

（3）联动性。股指期货的价格与其标的资产——股票指数的变动联系极为紧密。股票指数是股指期货的基础资产，对股指期货价格的变动具有很大影响。

（4）多样性。股指期货的杠杆性决定了它具有比股票市场更高的风险性。此外，股指期货还存在着特定的市场风险、操作风险、现金流风险等。

10.5.2 股指期货合约

股指期货合约是交易所统一制定的一种标准化协议，是股指期货交易的对象。股指期货合约的内容需要在交易前事先明确。下文以我国沪深 300 股指期货合约为例（见表 10-9），介绍股指期货合约的基本条款。

1. 合约标的

股指期货合约的标的物为表示股价总水平的一系列股票价格指数，由于标的物没有自然单位，这种股价总水平只能以指数的点数与某一既定的货币金额的乘数的乘积来表示，乘数表明了每一指数点代表的价格，被称为合约乘数。

2. 合约乘数

合约乘数是将以"点"为计价单位的股价指数转化为以货币为计价单位的金融资产的乘数。合约价值则等于合约指数报价乘合约乘数。由于指数点和合约乘数不同，全球主要交易所的股指期货合约价值也不相同。

表 10-9   **中国金融期货交易所沪深 300 股指期货合约**

合约标的	沪深 300 指数
合约乘数	每点 300 元
报价单位	指数点
最小变动价位	0.2 点
合约月份	当月、下月及随后两个季月
交易时间	上午：9:15—11:30 下午：13:00—15:15
最后交易日交易时间	上午：9:15—11:30 下午：13:00—15:00
每日价格最大波动限制	股指期货上一个交易日结算价的±10%
最低交易保证金	股指期货合约价值的 8%
最后交易日	股指期货合约到期月份的第三个周五，遇法定假日顺延
交割日期	同最后交易日
交割方式	现金交割
交易代码	IF

合约价值的大小与标的指数的高低和规定的合约乘数大小有关。例如，股票指数为 300 点，如果乘数为 500 美元，合约价值就是 300×500=15 万美元。当股票指数上涨到 1000 点时，合约价值就变为 1000×500=50 万美元。

3．报价单位

股指期货合约的报价单位为指数点。

4．最小变动价位

股指期货合约最小变动价位是指股指期货交易中每次报价变动的最小单位，通常以标的指数点数来表示。投资者报出的指数必须是最小变动价位的整数倍，合约价值也必须是交易所规定的最小变动价值的整数倍。

5．合约月份

股指期货的合约月份是指股指期货合约到期结算所在的月份。不同国家和地区的股指期货合约月份不尽相同。某些国家股指期货的合约月份以 3 月、6 月、9 月、12 月为循环月份，比如 2006 年 2 月，S&P500 指数期货的合约月份为 2006 年 3 月、6 月、9 月、12 月和 2007 年 3 月、6 月、9 月、12 月。而香港恒生指数期货的合约月份为当月、下月及最近的两个季月（季月指 3 月、6 月、9 月、12 月）。例如，2006 年 2 月，香港恒生指数期货的合约月份为 2006 年 2 月、3 月、6 月、9 月。表 3-5 显示了全球主要股指期货的合约月份。

6．交易时间

股指期货的交易时间是期货交易所规定的可以进行股指期货交易的时间。一些交易所规定交易时间为每周营业 5 天，周六、周日及国家法定节假日休息。一般每个交易日分为两盘，即上午盘和下午盘。一些交易所已经实现了全天候交易。

7．每日价格最大波动限制

为了防止市场发生恐慌和投机狂热，也是为了限制单个交易日内太大的交易损失，一些交易所规定了单个交易日中合约价值最大的上升或下降极限，这就是涨跌停板。股指价格只能在涨跌停板的范围内交易，否则交易就会被暂停。

涨跌停板通常是与前一交易日的结算价相联系的。如果出现了在涨跌停板交易的情况，随后的交易只允许在这个范围内进行。如果出现连续几天涨跌停板，交易就会被暂停。并非所有的交易所都采用涨跌停板的限制，譬如，香港的恒指期货交易、英国的金融时报 100 指数期货交易都没有这种规定。而芝加哥商业交易所（CME）不但规定了每日价格最大的跌幅为 20%（上涨没有限制），而且还规定了在达到最大跌幅之前必须经历的一系列缓冲阶段及如何执行的程序。该程序称为"断路器（Circuit Breakers）"，是 1987 年股灾后的产物。

8. 最低交易保证金

合约交易保证金占合约总价值的一定比例。

9. 最后交易日

股指期货的最后交易日，是指股指期货在合约到期月份中最后可以交易的一天；股指期货合约的最后结算日，是指股指期货在合约到期月份进行实际现金结算的一天。

10. 交易代码

交易代码为 IF，其英文为 Index Futures，即指数期货的缩写。

10.5.3 股指期货交易

股指期货交易主要包括三大类：套期保值交易、投机交易和套利交易。

1. 股指期货套期保值交易

股指期货套期保值交易是指利用股指期货来规避股票（股票组合）的风险。股指期货套期保值交易氛围买入套期保值和卖出套期保值。对于未来需要买入股票的投资者来说，为防止未来股市上涨造成购买成本上升，可以采用买入套期保值策略，这样一旦将来股市真的上涨了，投资者的购买成本提高，但是期货市场的盈利可以弥补这部分提高的成本。而对于股票持有者而言，为防止未来股市下跌造成损失，可以采用卖出套期保值策略，这样一旦将来股市真的下跌了，投资者的股票会亏损，但是期货市场的盈利可以弥补这部分损失。

【例 10-7】某投资者持有 12 家上市公司的股票，共计 10 000 股，总市值 850 万港币，为避免风险进行套期保值。具体做法是：在股指期货市场上卖出 10 份 3 个月以后到期的合约，股指期货的点数价格时 50 港币。此时恒生指数是 17 000 点，每份合约价格时 85 万港币。3 个月到期时股市果然下跌，持有的股票市值贬值为 800 万港币，投资者在现货市场上损失了 50 万港币。这时恒生指数下跌到 16 000 点，该投资者在期货市场上买进 10 手期货合约，每份合约的价格是 80 万港币。于是，在期货市场上通过卖期货保值取得了 50 万港币的收入，恰好弥补了现货市场上的损失，实现了套期保值的目的。

具体交易过程见表 10-10。

表 10-10

	现 货 市 场	期 货 市 场
当时	持有 10 000 股股票 市值 850 万港币	卖出 10 分 3 个月后期货合约，恒生指数为 17 000 点
3 个月后	股票总市值 800 万港币 损失 50 万港币	对冲原合约，指数为 16 000 点 盈利： （17 000–16 000）×50×10=50 万港币

2. 股指期货投机交易

股指期货投机交易就是投机者通过预期未来指数的涨跌来买进或卖出股指期货合约。如预测未来指数上涨，则买入股指期货合约；若预测未来指数下跌，则卖出股指期货合约。

【例 10-8】 7 月 1 日，某投资者预测短期内中国股市会下跌，因此决定进行股指期货投机交易操作。该投资者于当日开仓卖出 5 手 9 月份交割的沪深 300 股指期货合约，成交价为 4042.4 点。7 月 15 日，当 9 月份交割的沪深 300 股指期货合约价格为 3852.6 点时，平仓卖出，结束本次投机交易。是分析投资者本次投机交易的盈亏。

解： 本次股指期货投机交易操作，该投资者实现了盈利，具体盈利为 284 700 元 ［（4042.4－3852.6）×300×5］。

3. 股指期货套利交易

股指期货套利交易一般包括跨月套利和跨市套利。跨月套利指利用股指期货不同月份的合约之间的价格差，入市时建立一个即期月份合约多头（或空头）的同时，建立另外一个远期月份的空头（或多头），然后平仓出市，从中赚取利润。跨市套利指利用在两个不同的交易所的相同合约之间的价格差，在一个交易所建立一种头寸的同时，在另外一个交易所建立相反方向的交易头寸。一般在指数期货价格较低的交易所买入期货合约，在指数期货价格较高的交易所卖出期货合约。

【例 10-9】 5 月 1 日某投资者发现沪深 300 股指期货 6 月份交割的期货合约好 9 月份交割的期货合约价差过大，6 月份合约的价格相对于 9 月份合约的价格偏低，于是该投资者决定利用沪深 300 股指期货进行跨期套利。当日，该投资者买进 6 月份合约 3 手，成交价 4082 点；卖出 9 月份合约 3 手，成交价 4154 点。6 月 2 日，该投资者结束本次跨期套利交易，平仓 6 月份合约和 9 月份合约各 3 手，成交价分别为 4196 点好 4233 点。试分析本次股指期货跨期套利的盈亏。

具体交易过程见表 10-11。

表 10-11

	6 月份交割的沪深 300 股指期货合约	9 月份交割的沪深 300 股指期货合约
5 月 1 日	以 4082 点价格买入 3 手 6 月份合约	以 4154 点价格卖出 3 手 9 月份合约
6 月 2 日	以 4196 点价格平仓 3 手 6 月份合约	以 4233 点价格平仓 3 手 9 月份合约
盈亏情况	盈利：4196－4082=114 点	亏损：4233－4154=79 点
总盈亏情况	盈利：（114－79）×300×3=31 500 元	

实 践 思 考 题

1. 简述金融期货的出现与发展。
2. 简述金融期货的含义与特征。
3. 简述金融期货合约的基本要素。
4. 简述金融期货市场的构成。
5. 简述外汇期货、利率期货、股指期货的产生与发展。

6. 熟悉外汇期货、利率期货、股指期货的实际交易操作。

案 例 分 析

1. 美国某出口商 2 月 20 日向加拿大出口一批货物，价值 300 万加元，双方商定以加元结算，3 个月后收回货款。为避免 3 个月后加元汇率下跌风险，该出口商决定卖出 6 份 5 月份加元期货合约，每份面值为 50 万加元，价格为 0.8323 美元/加元。3 个月后加元果然贬值，试写出交易过程。

2. 5 月 7 日，某公司经理与其 1 个月后可收到 5000 万美元的款项，他准备将这笔款项投资于 3 个月期国库券，现货市场的国库券贴现率是 10%。该经理认为近期市场利率将会有较大幅度的下降，为避免投资风险，他从 CME 买进 50 张同年 7 月份到期的国库券期货合约，以实行多头套期保值。试写出交易过程。

3. 2 月 15 日，某公司股票的市场价格是每股 20 美元。该公司决定与 2 周后以同一价格增发 25 万股的股票，目的是筹措 500 万美元的资金，用于扩大企业生产规模，但该公司担心到时股市下跌，那么发行同样数量的股票，就只能筹措到少于计划的资金，所以决定利用同年 3 月份到期的标准普尔 500 指数期货合约作空头期货保值。试写出交易过程。

项目 11　黄　金　理　财

引　言

投资入门："炒黄金"到底需要多少钱?

在 20 世纪 70 年代以前，金价主要由各国执政党也许央行决定，并且基本保持在每盎司 35 美元。20 世纪 70 年代，国际金价开始由市场供求决定，金价不断上升，影响金价变动的因素也越来越多。通过对黄金历史行情的预测可以看出，金价随着国际货币制度的变动而上下波动。

今日炒国际黄金最低要多少钱?

据了解，国际黄金做单一手做单手续费是 0.5 的点差+50 美金的佣金。也就是述是 1 个点的手续费。金价波动一个点获利也许亏损是 100 美元，一手做单算上点差加佣金也是 100 美元，也就是述今日炒国际黄金最低要 1200 美元买一手。

炒纸黄金（1196.03，8.11，0.68%）最少需要多少钱?

"纸黄金（239.14，2.52，1.07%）"是一种个人凭证式黄金，投资者按银行报价在账面上买卖"虚拟"黄金，个人通过把握国际金价走势低吸高抛，赚取黄金价格的波动差价。投资者的买卖交易记录只在个人预先开立的"黄金存折账户"上体现，不发生实金提取和交割。

目前网上炒黄金基本是纸黄金，所谓"纸黄金"业务，是指投资者在账面上买进卖出黄金赚取差价获利的投资方式，目前国内主要的纸黄金理财产品有三种：中行的"黄金宝"、工行的"金行家"以及建行的"账户金"。由于这三种产品各有差异，专家建议投资者不妨货比三家。

目前在国内交易黄金可以分为：纸黄金、保证金交易的现货黄金、实物黄金。

炒纸黄金最少需要多少钱：纸黄金起点金额是人民币金 10 克（按现价就是 2000 元左右），美元金 1 盎司（按现价就是 800 美元左右）。

炒黄金 T+D 要多少钱?

黄金 T+D（240.05，0.05，0.02%）是以保证金方式进行买卖，投资者可以选择当日交割，也可以无限期的延期交割。炒金 td 最低 1000 克起步，每手 td 为 1000 克。

目前上海黄金做单所的炒金 td 门槛需要 10 万元，因为大的资金量有利于保护投资者的资金安全，防止投资者在做错方向是资金被系统强制平仓。

当下，越来越多的投资者愿意投资于黄金市场，主要看重了黄金的保值作用。而传统实物黄金投资的一次性投入资金较大，做单手续繁琐，令很多的投资者望而却步，黄金 t+d 业务给广大的投资者提供了一个很完备的做单平台，只需要 10%的保证金就可以投资，这种做单手段减轻了市场参与者的资金压力，是一款真正意义上的黄金投资产品。

例如：按照 150 元人民币/克的行情来计算，买一手黄金即 1000 千克。

传统的实物黄金做单需要投资者一次性投入 15 万元人民币，然后取走一公斤的黄金，等到黄金价格上行之后再带着黄金到做单所卖掉，赚取价差。这样一来既耽误投资者的时间又会产生一定的风险。

如果是做黄金 t+d 业务，以保证其保证金模式，只需要 15 万的 10%即 1.5 万就可以进行做单，不但节省了投资者的时间，而且没有了随身携带黄金所带来的风险，轻轻松松赚大钱。

【知识目标】通过本章的学习，了解黄金投资有关的概念和基础知识；熟悉黄金投资品种；掌握进行黄金投资分析的方法及风险控制；

【技能目标】能够初步看懂 K 线图等技术分析图表；能够计算黄金的投资价值；能够大致预测黄金市场行情。

11.1 黄金和黄金市场

11.1.1 黄金

1. 黄金的概念

金，又称为黄金，化学元素符号为 Au，是一种带有黄色光泽的金属。黄金具有良好的物理属性，稳定的化学性质、高度的延展性及数量稀少等的特点，不仅是用于储备和投资的特殊通货，同时又是首饰业、电子业、现代通讯、航天航空业等部门的重要材料。在 20 世纪 70 年代前还是世界货币，目前依然在各国的国际储备中占有一席之地，是一种同时具有货币属性、商品属性和金融属性的特殊商品。

2. 黄金的属性

黄金具有自然属性和社会属性。二者均具客观实在性，不以人的意志为转移。

黄金自然属性是其社会属性的基础。黄金的物理化学性质是众所周知的。随着科技的进步，或许人类将会发现黄金更多的自然属性特质。

一般而言，在社会属性中，黄金具有商品属性、货币属性和金融属性三大基本属性。

黄金的商品属性是指黄金是一种商品，黄金是贵金属，与银、铜、铁等金属无异，是一种被广泛用于电子、通信、首饰加工的工业原料。在市场及市场经济条件下，黄金是商品是必然的，黄金显现商品属性也是自然的。

黄金的货币属性指的是黄金作为世界范围内公认的支付工具和硬通货的独有特点，历史上的金本位制和现今各国央行外汇结构中的黄金储备是其典型体现。"黄金天然不是货币，货币天然是金银（马克思语）"，是对黄金货币属性的最佳诠释。

黄金的金融属性脱胎于黄金的货币属性，现阶段体现的是黄金价格与美元走势、大宗商品价格和汇率等重要资产价格的联动关系。黄金市场作为国际金融市场的重要组成部分，黄金作为一种不可或缺的投资组合品种等等客观现实，都是黄金金融属性的主要表现。

3. 金融货币体系的黄金演变史

人类发现和使用黄金的历史比铜、铁等金属要早，在距今 10 000 年前的新石器时代就被人类发现。因为黄金本身具有良好的稳定性和稀有性，黄金成为贵金属，被人们作为财富储备。由于黄金具有特殊的自然属性，被人们赋予了社会属性，也就是货币功能。

（1）黄金被皇权贵族垄断时期。

在 19 世纪之前，因黄金极其稀有，黄金基本为帝王独占的财富和权势的象征；或为神灵拥有，成为供奉器具和修饰保护神灵形象的材料；虽然公元前 6 世纪就出现了世界上的第一枚金币，而一般平民很难 拥有黄金。

（2）金本位制。

在长期的人类社会发展中，黄金被赋予了人类社会经济活动中的货币价值功能，经过漫长的历史演变，最后黄金的金本位制金融制度逐渐确立，金本位制是以黄金作为货币金属进行流通的货币制度，它是 19 世纪末到 20 世纪上半期欧美资本主义各国普遍实行的一种货币制度。

金本位首先诞生在工业革命浪潮的欧洲国家，在 1717 年英国首先施行了金本位制，到 1816 年英国颁布了《金本位制度法案》正式在制度上给予确定，成为英国货币制度的基础，至十九世纪德国、瑞典、挪威、荷兰、美国、法国、俄国、日本等国先后宣布施行了金本位制。金本位制即黄金就是货币，在国际上是硬通货。

金币本位制的主要内容包括：①用黄金来规定所发行货币代表的价值，每一货币单位都有法定的含金量，各国货币按其所含黄金的重量而形成一定的比价关系；②金币可以自由铸造，任何人都可按法定的含金量，自由地将金砖交给国家造币厂铸造成金币，或以金币向造币厂换回相当的金砖；③金币是无限法偿的货币，具有无限制支付手段的权利；④各国的货币储备是黄金，国际间结算也使用黄金，黄金可以自由输出或输入，当国际贸易出现赤字时，可以用黄金支付。

（3）金砖本位制。

实行金砖本位制的国家主要有英国、法国、美国等。金砖本位制度下，各国央行发行的纸币货币单位仍然规定含金量，但黄金只作为货币发行的准备金集中于中央银行，而不再铸造金币和实行金币流通，流通中的货币完全由银行发行的纸币货币单位所代替，人们持有的银行发行的纸币在一定数额以上可以按纸币规定的含金量与黄金兑换。由各国的中央银行掌管和控制黄金的输出和输入，禁止私人买卖黄金。中央银行保持一定数量的黄金储备，以维持黄金与货币之间的联系。

（4）金汇兑本位制。

金汇兑本位制又称为"虚金本位制"，其特点是：国内不能流通金币，而只能流通有法定含金量的纸币；纸币不能直接兑换黄金，只能兑换外汇。第一次世界大战前的印度、菲律宾、马来西亚、一些拉美国家和地区，以及二十世纪 20 年代的德国、意大利、丹麦、挪威等国，均实行过这种制度。

（5）黄金在布雷顿森林体系中扮演的重要角色。

1944 年 5 月，美国邀请参加筹建联合国的 44 国政府的代表在美国布雷顿森林举行会议，经过激烈的争论后各方签订了"布雷顿森林协议"，建立了"金本位制"崩溃后一个新的国际货币体系。布雷顿森林体系实际上是一种国际金汇兑本位制，又称美元－黄金本位。它使美元在战后国际货币体系中处于中心地位，美元成了黄金的"等价物"，美国承担以官价兑换黄金的义务，各国货币只有通过美元才能同黄金发生关系，美元处于中心地位，起世界货币的作用。美元的官价兑换黄金的义务。实行固定汇率制。各国货币与美元的汇率，一般只能在平价的 1%上下的幅度内波动，因此黄金也实行固定价格制，如波动过大，各国央行有义务进行必要的干预，恢复到规定的范围内。布雷顿货币体制从另一个角度看，黄金实际上是被美元囚禁在牢笼里的货币制度，将世界黄金控制在自己手中，用发行的纸币——美元取代过去黄金的作用。

（6）布雷顿森林体系崩溃。

二战后的欧洲国家经济开始复苏，各国都因为经济复苏财富增长而拥有了越来越多的美元。由于美国引发的通货膨胀，各国为了避险美元危机和财富保值需求而纷纷抛出美元向美国兑换黄金，使美国政府承诺的美元同黄金的固定兑换率日益难以维持。到 1971 年，美国的黄金储备减少了 60% 以上。美国政府被迫放弃按固定官价美元兑换黄金的政策，各西方国家货币也纷纷与美元脱钩，金价进入由市场自由浮动定价的时期，布雷顿森林国际货币体系彻底崩溃。

（7）黄金的非货币化时期。

1976 年，国际货币基金组织通过的《牙买加协议》及两年后对协议的修改方案，确定了黄金非货币化。但是，黄金的非货币化发展过程并没有使黄金完全退出货币领域。

用黄金进行清偿结算实际上仍然是公认的唯一可以代替用货币进行往来结算的方式。特别提款权的推进远远低于预期，目前黄金仍然是国际上可以接受的继美元、欧元、英镑、日元之后的第五大硬通货。在当前新的历史变革时期，黄金又将焕发出新的璀璨光芒！

11.1.2 黄金市场

1. 国际黄金市场

（1）伦敦黄金市场。

伦敦黄金市场历史悠久，其发展历史可追溯到 300 多年前。伦敦黄金市场的特点之一是交易制度比较特别，因为伦敦没有实际的交易场所，其交易是通过无形方式——各大金商的销售联络网完成。伦敦黄金市场交易的另一特点是灵活性很强。黄金的纯度、重量等都可以选择，若客户要求在较远的地区交售，金商也会报出运费及保费等，也可按客户要求报出期货价格。最通行的买卖伦敦金的方式是客户可无须现金交收，即可买入黄金现货，到期只需按约定利率支付利息即可，但此时客户不能获取实物黄金。

（2）苏黎世黄金市场。

苏黎世黄金市场，是二战后发展起来的国际黄金市场。苏黎世黄金市场在国际黄金市场上的地位仅次于伦敦。苏黎世黄金市场没有正式组织结构，由瑞士三大银行：瑞士银行、瑞士信贷银行和瑞士联合银行负责清算结账、三大银行不仅可为客户代行交易，而且黄金交易也是这三家银行本身的主要业务。苏黎世黄金市场无金价定盘制度，在每个交易日任一特定时间，根据供需状况议定当日交易金价，这一价格为苏黎世黄金官价。全日金价在此基础上的波动不受涨跌停板限制。

（3）美国黄金市场。

纽约和芝加哥黄金市场是 20 世纪 70 年代中期发展起来的。目前纽约商品交易所（COMEX）和芝加哥商品交易所（IMM）是世界最大的黄金期货交易中心。两大交易所对黄金现货市场的金价影响很大。

（4）香港黄金市场。

香港黄金市场形成是以香港金银贸易场的成立为标志。目前，香港黄金市场由三个市场组成：①香港金银贸易市场，以华人资金商占优势，有固定买卖场所，主要交易的黄金规格为 99 标准金条，交易方式是公喊价，现货交易；②伦敦金市场，以国外资金商为主体，没有固定交易场所；③黄金期货市场，是一个正规的市场，其性质与美国的纽约和芝加哥的商品期货交易所的黄金期货性质是一样的。交投方式正规，制度也比较健全，可弥补金银贸易场的不足。

（5）伦敦黄金交易所黄金定盘。

伦敦黄金定盘价是独一无二的，与其他黄金市场不同，它为市场的交易者买入或卖出黄金只提供单一的报价。它提供的标准价格，被广泛地应用于生产商、消费者和中央银行作为中间价。现在伦敦交易所里的 5 个定价代表是：德意志银行、香港上海汇丰银行—密特兰银行、洛西尔银行、瑞士信贷第一波斯顿银行、加拿大枫叶银行。

（6）东京黄金市场。

东京黄金市场于 1982 年成立，是日本政府正式批准的唯一黄金期货市场。会员绝大多数为日本的公司。黄金市场以每克日元叫价，交收标准金的成色为 99，99%，重量为 1 公斤，每宗交易合为 1000 克。

（7）新加坡黄金所。

新加坡黄金所成立于 1978 年 11 月，目前时常经营黄金现货和 2、4、6、8、10 个月的 5 种期货合约，标准金为 100 盎司的 99，99%纯金，设有停板限制。

相关链接 11-1：世界黄金市场提供的交易服务模式

在各个成功的黄金市场中，为黄金交易提供服务的机构和场所其实各不相同，具体划分起来，又可分为没有固定交易场所的无形市场，以伦敦黄金市场和苏黎世黄金市场为代表，可称为欧式；有在商品交易所内进行黄金买卖业务的，以美国的纽约商品交易所（COMEX）和芝加哥商品交易所（IMM）为代表，可称为美式；有的黄金市场在专门的黄金交易所里进行交易，以香港金银业贸易场和新加坡黄金交易所为代表，可称为亚式。

（1）欧式黄金交易。

这类黄金市场里的黄金交易没有一个固定的场所。在伦敦黄金市场，整个市场是由各大金商、下属公司之间的相互联系组成，通过金商与客户之间的电话、电传等进行交易；在苏黎世黄金市场，则由三大银行为客户代为买卖并负责结账清算。伦敦和苏黎士市场上的买家和卖家都是较为保密的，交易量也都难于真实估计。

（2）美式黄金交易。

这类黄金市场实际上建立在典型的期货市场基础上，其交易类似于在该市场上进行交易的其他种商品。期货交易所作为一个非营利性机构，本身不参加交易，只是为交易提供场地、设备，同时制定有关法规，确保交易公平、公正地进行，对交易进行严格地监控。

（3）亚式黄金交易。

这类黄金交易一般有专门的黄金交易场所，同时进行黄金的现货和期货交易。交易实行会员制，只有达到一定要求的公司和银行才可以成为会员，并对会员的数量配额有极为严格的控制。虽然进入交易场内的会员数量较少，但是信誉极高。以香港金银业贸易场为例：其场内会员交易采用公开叫价，口头拍板的形式来交易。由于场内的金商严守信用，鲜有违规之事发生。实际上，以上各种交易所与金商、银行自行买卖或代客交易只是在具体的形式和操作上的不同，其运作的实质都是一样的，都是尽量满足世界不同黄金交易者的需要，为黄金交易提供便利。

相关链接 11-2：黄金交易时间表

全球各大金市的交易时间，以伦敦时间为准，形成伦敦、纽约（芝加哥）连续不停的黄金交易：伦敦每天上午 10:30 的早盘定价揭开北美金市的序幕。纽约、芝加哥等先后开盘，当伦敦下午定价后，纽约等地仍在交易，此时香港亦开始进行交易。伦敦的尾市影响美国的早市价格，美国的尾市会影响香港的开市价格，而香港的尾市和美国的收盘价又会影响伦敦的开市价，如此循环。正常交易时间为北京时间周一（08:00am）至周六（夏令时 01:30am，冬令时令 02:30am），节假日及国际市场休市则停止交易。详见表 11-1。

表 11-1　　　　　　　　　　　　简明全球黄金交易时间表

	悉尼	东京	香港	新加坡	苏黎世	伦敦（夏令）	伦敦（冬令）	纽约（夏令）	纽约（冬令）
黄金开盘时间	07:30	08:00	09:00	09:00	15:00	15:30	16:30	20:20	21:20
黄金停盘时间	14:30	14:30	17:00	16:00	23:00	23:30	00:30	03:00	04:00

2．中国黄金市场

2001 年 11 月 28 日，上海黄金交易所模拟运行。2002 年 10 月 30 日，上海黄金交易所正式开业，中国黄金市场走向全面开放。2003 年 8 月 14 日，中国黄金第一股——中金黄金股份有限公司在上海证券交易所挂牌上市。随后，山东黄金在上海、福建紫金在香港先后成功上市。2003 年 11 月 18 日，中国银行上海分行推出"黄金宝"业务，银行的个人投资黄金业务正式推出。2004 年 2 月 18 日，上海黄金交易所推出 Au（T+5）业务，为满足企业锁定生产成本服务。2004 年 6 月 28 日，上海黄金交易所推出了 Au50g 小规模金条交易。2004 年 8 月 16 日，上海黄金交易所推出 Au（T+D）现货延期交收业务 2004 年 8 月 30 日，上海黄金交易所将 Au99，99 品种的最小交易单位从 1000 克降为 100 克。2005 年 2 月 28 日，中国建设银行推出"账户金"业务。2005 年 1 月 14 日，中国农业银行与山东招金集团联手推出"传世之宝、招金进宝"个人实物黄金买卖业务。2005 年 7 月 18 日，中国工商银行和上海黄金交易所联合推出工行"金行家"个人实物黄金交易业务。个人可以通过商业银行代理进入上海黄金交易所进行黄金交易。2007 年 9 月 11 日，中国证监会正式批准上海期货交易所上市黄金期货。2008 年 1 月 9 日，正式挂牌交易黄金期货合约，这是国内市场推出的第一个真正意义上的黄金期货品种。上海期货交易所因此成为国内的另一家黄金场内交易市场。黄金期货采用双边交易，有持仓时间限制，无夜市交易。

相关链接 11-3：上海黄金交易所

1．概述

上海黄金交易所是经国务院批准，由中国人民银行组建，在国家工商行政管理局登记注册的，不以营利为目的，实行自律性管理的法人。遵循公开、公平、公正和诚实信用的原则组织黄金、白银、铂等贵金属交易。

2．组织形式

黄金交易所实行会员制组织形式，会员由在中华人民共和国境内注册登记，从事黄金业务的金融机构、从事黄金、白银、铂等贵金属及其制品的生产、冶炼、加工、批发、进出口贸易的企业法人，并具有良好资信的单位组成。现有会员 162 家，依其业务范围分为金融类会员、综合类会员和自营会员。金融类会员可进行自营和代理业务及批准的其他业务，综合类会员可进行自营和代理业务，自营会员可进行自营业务。目前会员中金融类 25 家、外资金融类 4 家、综合类 126 家、自营类 7 家。

3. 交易品种和价格

交易所主要实行标准化撮合交易方式。目前，交易的商品有黄金、白银、铂，交易标的必须符合交易所规定的标准。黄金有 Au99, 95、Au99, 99 和 Au50g 以及在 2006 年 12 月 25 日对企业和个人开放的 Au100g 四个现货实盘交易品种，和 Au（T+5）与延期交收两个现货保证金交易品种；铂金有 Pt99, 95 现货实盘交易品种，和 Pt（T+5）现货保证金交易品种；白银有 Ag99, 95 以及延期交收合约。

4. 资金清算

中国银行、中国农业银行、中国工商银行、中国建设银行，上海银行、深圳发展银行、兴业银行、华夏银行、广东发展银行作为交易所指定的清算银行，实行集中、直接、净额的资金清算原则。

5. 储运交割

交易所实物交割实行"一户一码制"的交割原则，在全国 35 个城市设立 47 家指定仓库，金锭和金条由交易所统一调运配送。

11.2 黄金投资品种

11.2.1 实物金

实物金买卖包括金条、金币和金饰等交易，以持有黄金作为投资。可以肯定其投资额较高，实质回报率虽与其他方法相同，但涉及的金额一定会较低（因为投资的资金不会发挥杠杆效应），而且只可以在金价上升之时才可以获利。

一般的饰金买入及卖出价的差额较大，作为投资并不适宜，金条及金币由于不涉及其他成本，是实物金投资的最佳选择。但需要注意的是持有黄金并不会产生利息收益。

金币有两种，即纯金币和纪念性金币。纯金币的价值基本与黄金含量一致，价格也基本随国际金价波动，具有美观、鉴赏、流通变现能力强和保值功能。金币较多更具有纪念意义，对于普通投资者来说较难鉴定其价值，因此对投资者的素质要求较高，主要为满足集币爱好者收藏，投资增功能不大。黄金现货市场上实物黄金的主要形式是金条（Gold Bullion）和金块，也有金币、金质奖章和首饰等。

金条有低纯度的砂金和高纯度的条金，条金一般重 400 盎司。市场参与者主要有黄金生产商、提炼商，中央银行，投资者和其他需求方，其中黄金交易商在市场上买卖，经纪人从中搭桥赚佣金和差价，银行为其融资。黄金现货报盘价差一般为每盎司 0.5～1 美元，如纽约金市周五收盘报 297.50/8.00 美元，此前某日收盘报 299.00/300.00。盎司（Ounce）为度量单位，1 盎司相当于 28.35g。

黄金现货投资有两个缺陷：须支付储藏和安全费用，持有黄金无利息收入。而通过买卖期货暂时转让所有权可免去费用和获得收益。

11.2.2 纸黄金

"纸黄金"交易没有实金介入，是一种由银行提供的服务，以贵金属未单位的户口，投资者无须透过实物的买卖及交收来而采用记账方式来投资黄金，由于不涉及实金的交收，交易成本可以更低；值得留意的是，虽然它可以等同持有黄金，但是户口内的黄金一般不可以换回实物，如想提取实物，只有补足额资金后，才能换取。"中华纸金"是采用 3%保证金、双向式的交易品种，是直接投资于黄金的工具中较为稳健的一种。

11.2.3 黄金保证金

保证金交易品种：Au（T+5）、Au（T+D）

Au（T+5）交易是指实行固定交收期的分期付款交易方式，交收期为 5 个工作日（包括交易当日）。买卖双方以一定比例的保证金（合约总金额的 15%）确立买卖合约，合约不能转让，只能开新仓，到期的合约净头寸即相同交收期的买卖合约轧差后的头寸必须进行实物交收，如买卖双方一方违约，则必须支付另一方合同总金额 7%的违约金，如双方都违约，则双方都必须支付 7%的违约金给黄金交易所。

Au（T+D）交易是指以保证金的方式进行的一种现货延期交收业务，买卖双方以一定比例的保证金（合约总金额的 10%）确立买卖合约，与 Au（T+5）交易方式不同的是该合约可以不必实物交收，买卖双方可以根据市场的变化情况，买入或者卖出以平掉持有的合约，在持仓期间将会发生每天合约总金额万分之二的递延费（其支付方向要根据当日交收申报的情况来定，例如如果客户持有买入合约，而当日交收申报的情况是收货数量多于交货数量，那么客户就得到递延费，反之则要支付）。如果持仓超过 20 天则交易所要加收按每个交易日计算的万分之一的超期费（目前是先收后退），如果买卖双方选择实物交收方式平仓，则此合约就转变成全额交易方式，在交收申报成功后，如买卖双方一方违约，则必须支付另一方合同总金额 7%的违约金，如双方都违约，则双方都必须支付 7%的违约金给黄金交易所。

11.2.4 黄金期货

一般而言，黄金期货的购买、销售者，都在合同到期日前出售和购回与先前合同相同数量的合约，也就是平仓，无须真正交割实金。每笔交易所得利润或亏损，等于两笔相反方向合约买卖差额。这种买卖方式，才是人们通常所称的"炒金"。黄金期货合约交易只需 10%左右交易额的定金作为投资成本，具有较大的杠杆性，少量资金推动大额交易。所以，黄金期货买卖又称"定金交易"。

11.2.5 黄金期权

期权是买卖双方在未来约定的价位，具有购买一定数量标的的权利而非义务。如果价格走势对期权买卖者有利，会行使其权利而获利。如果价格走势对其不利，则放弃购买的权利，损失只有当时购买期权时的费用。由于黄金期权买卖投资战术比较多并且复杂，不易掌握，目前世界上黄金期权市场不太多。

11.2.6 黄金股票

所谓黄金股票，就是金矿公司向社会公开发行的上市或不上市的股票，所以又可以称为金矿公司股票。由于买卖黄金股票不仅是投资金矿公司，而且还间接投资黄金，因此这种投资行为比单纯的黄金买卖或股票买卖更为复杂。投资者不仅要关注金矿公司的经营状况，还要对黄金市场价格走势进行分析。

11.2.7　黄金基金

黄金基金是黄金资共同基金的简称，所谓黄金投资共同基金，就是由基金发起人组织成立，由投资人出资认购，基金管理公司负责具体的投资操作，专门以黄金或黄金类衍生交易品种作为投资媒体的一种共同基金。由专家组成的投资委员会管理。黄金基金的投资风险较小、收益比较稳定，与我们熟知的证券投资基金有相同特点。

11.3　黄金投资基本面分析

11.3.1　黄金供求分析

1. 供给

全世界近几年每年金矿开采量约 2500t 左右，每年产量变动平稳；全球已探明未开采的黄金储量约 7 万 t，只可供开采 25 年；南非、美国等主要产金国产量下降，勘探大型金矿可能小；开采一大型金矿正常程序一般需要 7～10 年时间；1980 年后长期跌势中，开采投入支出不断减少。

对价格的影响：金矿开采受本身行业特性限制，对价格的敏感度低，价格的大幅上涨需要较长时间才能反映到产量增加。

2. 需求

（1）工业需求。

主要在电子工业需求与牙医需求，占黄金总需求的 10%左右；受工业行业限制，变动平稳，对金价影响小；2005 年同比平稳增长 2%，为 419t。

对价格的影响：与经济景气度相关，受行业本身限制。

（2）饰金需求。

占黄金需求比例为 75%左右，份额最大；2005 年增长 5%，为 2736t；传统饰金消费大国为印度、沙特、阿联酋、中国、土耳其等。

对价格的影响：对价格的影响巨大，呈现季节性与周期性，通常第一及第四季度，饰金需求增长明显，例子：每年印度的婚庆及宗教节日，中国的农历新年，西方的圣诞节和情人节，对饰金的需求都较其他时间增多。

（3）投资需求。

投资需求分为零售投资和 ETFs（黄金交易基金）；ETFs 为近年投资黄金之最新途径，2005 年以吨数计增长 53%；亚洲和中东地区国家有投资黄金的传统。

对价格的影响：投资需求的价格弹性较其他需求因素最大，对价格影响也最大。

🏆 **相关链接 11-4：ETFs**

简析：ETFs 是 Exchange Traded Funds 的英文缩写，它是一种交易型开放式指数基金，是跟踪"标的指数"变化，既可以在交易所上市交易，又可以通过一级市场用一篮子证券进行创设和置换的基金品种。美国证券交易委员对 ETFs 的定义是"投资目标是获得与标的指数回报率类同的一类投资公司"。由于其允许投资者持有金条却无须承担储存成本，投资者通过股票账户就可以直接买卖黄金，交易门槛和成本低，方便快捷，与金价完全联动的特点使其成为投资黄金市场的绝佳方式，实际为大众提供了其他投资工具无法提供的管道，这大大增强了人们参与黄金市场的积极性。

11.3.2 美元指数

美元对黄金市场的影响主要有两个方面，一是美元是国际黄金市场上的标价货币，因而与金价呈现负相关，假设金价本身价值未有变动，美元下跌，那金价在价格上就表现为上涨，另一个方面是黄金作为美元资产的替代投资工具。

美元指数 USDX 是参照 1973 年 3 月六种货币对美元汇率变化的几何平均加权值来计算的。以 100.00 为基准来衡量其价值。105.50 的报价是指从 1973 年 3 月以来，其价值上升了5.50%。当前的 USDX 水准反映了美元相对于 1973 年基准点的平均值。到现在目前为止，美元指数曾高涨到过 165 个点，也低至过 80 点以下。该变化特性被广泛地在数量和变化率上同期货股票指数做比较。

11.3.3 通货膨胀与利率

在极端情况下，货币会等同于纸，但黄金在任何时候都不会失去其作为贵金属的价值。因此，可以说黄金可以作为价值永恒的代表。这一意义最明显的体现即是黄金在通货膨胀时代的投资价值——纸币等会因通胀而贬值，而黄金确不会。对金价有重要影响的是扣除通胀后的实际利水平，扣除通货膨胀后的实际利率是持有黄金的机会成本，实际利率为负的时期，人们更愿意持有黄金。

11.3.4 原油与相关市场

国际大宗商品市场上，原油是最为重要的大宗商品之一。原油对于黄金的意义在于，油价的上涨将推动通货膨胀，从而彰显黄金对抗通胀的价值。

11.3.5 股市与商品市场

美国股市与商品价格已多次演绎"跷跷板"的关系，世纪已经发生了三个商品大牛市 20（1906—1923 年、1933—1953 年、1968—1982 年），平均每个牛市持续 17 年多一点。在这个三个商品大牛市期间，对应的情况是美国股市的长期熊市和通货膨胀的长期上升。

11.3.6 商品价格指数

整个商品市场的价格趋势对金价有很重要的影响，因此分析和跟踪商品价格趋势就成为投资者必须面对和解决的问题。商品投资者通常以分析商品价格指数作为研判商品价格趋势的重要手段。

11.4 黄金投资技术面分析

11.4.1 技术分析概述

投资者在进行黄金交易时，除了要有准确的信息来源以外，还要掌握技术分析这个有力武器。技术分析起源于统计学，是通过对市场上每日价格的波动，包括每日的开市价、收市价、最高价、最低价、成交量等数字资料，透过图表将这些数据加以表达，从而预测未来价格的走向。每种分析方法都不会是十全十美的。我们既不能对技术分析过分地依赖，也不能偏向于基本分析。

11.4.2 技术分析的基本方法

1. K 线类

这一类的黄金投资技术研究手法是侧重若干天的 K 线组合情况，推测市场多空双方力量的对比，进而判断多空双方谁占优势，是暂时的还是决定性的。K 线最初由日本人发明，K

线图是进行各种技术分析的最重要的图表，许多投资者进行技术分析时往往首先接触的是 K 线图。

2. 形态类

根据价格图表中过去一段时间走过的轨迹形态来预测价格未来趋势的方法。主要的形态有头肩顶、头肩底、M 头、W 底等十几种。从价格轨迹的形态中，我们可以推测出市场处于一个什么样的大环境之中，由此对我们今后的投资给予一定的指导。

3. 切线类

按一定方法和原则在由价格的数据所绘制的图表中画出一些直线，然后根据这些直线的情况推测价格的未来趋势，这些直线就叫切线。切线的作用主要是起支撑和压力的作用。支撑线和压力线的往后延伸位置对价格趋势起一定的制约作用。画切线的方法有很多种，主要有趋势线、通道线、黄金分割线等。

4. 指标类

考虑市场行为的各个方面，建立一个数学模型，给出数学上的计算公式，得到一个体现市场的某个方面内在实质的数字，这个数字叫指标值。指标值的具体数值和相互间关系，直接反映市场所处的状态，为我们的操作行为提供指导方向。常用的指标有相对强弱指标（RSI）、随机指标（KDJ）、平滑异同移动平均线（MACD）等。

5. 波浪类

将价格的上下变动看成波浪的上下起伏。波浪的起伏遵循自然界的规律，价格的运动也就遵循波浪起伏的规律。简单地说，上升是五浪，下跌是三浪。波浪理论的发明者和奠基人是艾略特。

11.4.3 技术面分析小技巧

1. 日线 RSI，MACD 可以看出全天的走势变化。4 小时的 RSI，MACD 线是最稳定的价格指引。5 分钟的 MACD，RSI 线，是顺势做单的指南针。

4 小时的 MACD 如果形成死叉或者金叉，价格都有一个大的趋势，线比较平滑。不会出现忽然转折的迹象。RSI 如果不是在某个高位固化，而是在箱体内。超买，超卖都是好的价格引导。MACD 线的多空力量对比，任何周期，多或者空的区间都是 4 个周期，这一样是个趋势的引导。

2. 黄金虽然没有庄家，技术分析相对准确，但是一个消息面的指引，或者对冲的出现，都会把分析的结果彻底改变。黄金每天的震荡在 1%～3%，每个投资者都希望赚钱，那么是否要寻求一个赚钱的基点。现货黄金为例，每天平均 10～30 美金的震荡，如果每天想抓住这么大的利润，势必贪心过头，血本无归。如果每天所期望的是其中 3～5 美金利润，把握会增加到多大。顺势做单，逆势而为的操作手法会让你失去很多，甚至是吃苦果失去一切分析。

如果没有大的消息面指引，看美盘看盘的那十几分钟，K 线周期 5 分钟，如果第二根柱子和第一根柱子一样。就顺势做单，目标利润 5～20 美金。如果趋势判断错误，亏损 1～2 美金，马上反手做单。

3. 每个人在自己操盘的过程中，都应该去咀嚼发现一套适合自己的做单手法。同时控制自己的贪婪心理，利润 20～50 元。每月 30%～50%的回报。风险会控制在 80%内。也就是说，每个月的亏损不超过 8%，博取 30%～50%的利益。

11.5 黄金投资风险管理

11.5.1 黄金投资存在的风险

投资者如何面对当前持续升温的黄金投资热？对普通投资者来说，市场上的黄金投资品种日趋多样：有金条、金币等实物黄金；还有实物延迟交收业务；黄金账户、黄金存折、黄金管理账户等纸黄金业务，国外还有黄金期货、黄金期权等等。不过，面对这样一个迅速发展并成为热点的理财市场，风险意识显得尤为重要。

1. 外盘投资风险

据了解，在国内的延迟交收业务出现之前，国内黄金市场实际上处于半封闭状态。上海T+D业务也只对企业会员开放，个人投资者无法参与。而其他黄金投资品种相对滞后于国际市场，因此投资者热情较少，交易品种很难推广。

一些境外投资机构因此瞄准了国内巨大的潜在市场以及投资者认知度较低的空隙，大力吸引资金进行外盘投资。上海以及江浙等地区纷纷兴起了这样的境外投资机构。这些境外机构通常以投资咨询的名义在境内设立咨询公司，并广泛发展代理，铺开销售网络，以招徕国内投资者投资；国内投资者只要在其指定的机构进行开户，然后汇入交易的现金，就可以获得用户名和密码；之后，投资者只要在规定下载的交易系统内发送交易指令，即可完成交易。投资不进行实物交割，直接在外盘市场平盘。另外一种外盘黄金投资的模式是以个人名义通过相关地下渠道或者关系比较好的国际期货经纪公司在海外开户投资。投资也不进行实物交割，同样在外盘市场直接平盘获利了结，或者与在上海黄金交易所进行的黄金现货交易进行价格对冲，这种看似平稳的交易方式，实际是使得大量的国内资金外流。

目前国内只有少数境内机构获准参与国际黄金市场。但不允许代理其他机构和个人投资者投资国际黄金市场，很多代理外盘黄金投资的公司，其实是打了擦边球；与此同时投资者要面对的问题，例如代理公司经营不善、破产、无法履行合同约定，以及代理客户交易的经纪人为自身利益而损害客户利益，如频繁交易等。而一旦出现上述违规的现象，投资者既无法得到中国法律的保护，也难以得到海外法律的有效保护。因此，千万不要被外盘美丽的外衣诱惑。

2. 操作风险

广大投资者基本上都是由自己来进行投资操作，因此投资心理对投资者认知和操作过程有着重要的作用。

(1) "贪"。

贪本身并不是错误，关键问题不是贪与不贪，而是会贪与不会贪。适可而止、贪得有度就是会贪，不顾现实的贪得无厌就成了贪婪。有一个比喻非常形象，投资就像吃鱼一样，要去掉鱼头、不要鱼尾，只吃鱼身足矣。如果不贪图买在最低点，也不追求卖在最高点，那么投资就是一件很容易也很自然的事情了。投资也和对弈一样，舍弃一些局部得失而求得全局的主动和优势才是明智的选择。当点位已经很低的时候还只看到风险而看不到机会，或者在点位已经很高的时候还不知控制风险而盲目追逐利润，只能是得小利而失大体，得局部而失全局。

(2) "怕"。

经过一些投资失败的投资者往往会形成一定的恐惧心理，这是造成下一步投资失败的一个重要的心理误区。比如经过一次深度套牢的股民在下次买入股票后就会变得比较敏感，庄家一震仓往往就惊慌失措、赔钱卖出了。同样，刚刚在低位放掉一匹黑马的股民下一次也会变得比较惜售，从而很容易再错失一次真正的出货良机。

（3）"赌"。

很多投资者投资就是为了赚钱，急于赚钱和发财心切都是可以理解的，关键是投资的目的就是着眼于未来的收益，投资的含义中就蕴含着时间因素，所以在经历失败后要调整自己心态及方法，而不是急着将自己的损失赚回来，这样的后果有可能是损失更加惨重。

专家提示，严格设定"止盈"和"止损"，不要心存侥幸。一定在下单之前就要有一个清楚的愿望：看涨看跌、长线短线、止盈止损等。但我们也不能完全局限于此，因为市场在随时变化，心态随着市场调整是最重要的。

3. 实金回购风险

实物黄金的价值在于财富储藏和资本保值。进行实物黄金投资似乎更让人觉得"手里有货，心里不慌"。而如果进行实物黄金投资，还需要根据金价的波动，通过黄金买卖来实现盈利。

对于投资者来说，投资黄金的最大障碍就在于回购渠道的不畅通。据了解，国外的黄金回购量占总需求量的20%左右，但在中国，这个比例还是个位数。在国家统配统销的时期，所有黄金由人民银行来回购。但黄金市场开放以后，人民银行取消了这项业务。黄金回购成为一块"心病"。

中国黄金协会秘书长吕文元表示，黄金回购渠道不畅通是我国黄金市场化过程中出现的问题，需要一定时间和相关机构的努力来完善。

张卫星认为，首先是将中国的标准金形式形成规模化。其次需要把人们的投资意识从首饰金向标准金转换。

解决这个问题一方面需要国家政策上的一些支持。另一方面也需要一些金商做相关的推动。2006年9月20日西汉志（北京）国际黄金有限公司与高德颐和金银制品有限公司签署了相互认证和回售标准金条的合作协议，为中国的黄金回售首开先河。

4. 网络技术风险

网络风险，网络交易的业务及大量风险控制工作均是由电脑程序和软件系统完成，所以，电子信息系统的技术性和管理性安全就成为网络交易运行的最为重要的技术风险。这种风险既来自计算机系统停机、磁盘列阵破坏等不确定因素，也来自网络外部的数字攻击，以及计算机病毒破坏等因素。

黄金投资同其他的投资方式一样，风险与回报并存，以上的风险只是其中的一部分，其他例如政府行为、战争、自然灾难、各国经济、汇率波动等都会导致本金和收益损失，投资者更要调整好心态，在面对巨大利润的同时，也要防范巨大的风险。

投资者必须要去适应市场，而市场从不会同情失败者的眼泪。

11.5.2　黄金投资市场的风险特征

1. 投资风险的广泛性

在黄金投资市场中，从投资研究、行情分析、投资方案、投资决策、风险控制、资金管理、账户安全、不可抗拒因素导致的风险等等，几乎存在于黄金投资的各个环节，因此具有广泛性。

2. 投资风险存在的客观性

投资风险的客观性不会因为投资者的主观意愿而消逝。投资风险是由不确定的因素作用而形成的，而这些不确定因素是客观存在的，单独投资者不控制所有投资环节，更无法预期到未来影响黄金价格因素的变化，因此投资风险客观存在。

3. 投资风险的影响性

进入投资市场一定要有投资风险的意识。因为在投资市场之中，收益和风险是始终是并存的。但多数人首先是从一种负面的角度来考虑风险，甚至认为有风险就会发生亏损。正是由于风险具有消极的、负面的不确定因素，致使得许多人不敢正视，无法客观的看待和面对投资市场，所以举足不前。

4. 投资风险的相对性和可变性

黄金投资的风险是相对于投资者选择的投资品种而言的，投资黄金现货和期货的结果是截然不同的。前者风险小，但收益低；而后者险大，但收益很高。所以风险不可一概而论，有很强的相对性。同时，投资风险的可变性也是很强的。由于影响黄金价格的因素在发生变化的过程中，会对投资者的资金造成盈利或亏损的影响，并且有可能出现盈利和亏损的反复变化。投资风险会根据客户资金的盈亏增大、减小，但这种风险不会完全消失。

5. 投资风险具有一定的可预见性

黄金价格波动受其他因素影响，如：原油和美元的走势、地缘政治因素的变化等，都将影响黄金价格的波动，对于这些因素的分析对于黄金投资的操作而言具有一定的可预见性。客观、理性的分析将会为投资操作提供一定的指引作用。

11.5.3 黄金投资风险管理的实施

在投资市场如果没有风险管理的意识，会使资金出现危机，失去赢利的机会。主要体现在以下两个方面。一是可以降低投资的风险率。使用风险管理，可以合理有效地调配资金，把损失降到最低限度，将风险最小化，创造更多的获利机会。从而达到降低投资风险的目的。二是有助于投资者保持良好的投资心态。这一点至关重要。在资金操作过程中，难免因为失误而造成资金的亏损。如果能够合理控制风险，当出现亏损时有助于保持良好的投资心态，可以减少情绪慌乱中的盲目操作，降低了连续亏损的可能性。

1. 根据资金状况订制合理的操作计划和方案

在操作之前根据资金量大小合理的订制资金运作的比例，为失误操作造成的损失留下回旋的空间和机会。

2. 根据时间条件订制适宜的操作风格

每个投资者拥有的操作时间是不同的。如果有足够的时间盯盘，并且具有一定的技术分析功底，可以通过短线操作获得更多的收益机会；如果只是有很少的时间关注盘面，不适宜作短线的操作则需要慎重寻找一个比较可靠的并且趋势较长的介入点中长线持有，累计获利较大时再予以出局套现。

3. 树立良好的投资心态

做任何事情都必须拥有一个良好的心态，投资也不例外。心态平和时，思路往往比较清晰，面对行情的波动能够客观地看待和分析，才能够理性操作。

4. 建立操作纪律并严格执行

行情每时每刻都在发生变化，涨跌起伏的行情会使投资者存在侥幸和贪婪的心理，如果没有建立操作的纪律，账面盈亏只能随着行情变化而波动，没有及时地止赢结算就没有形成实际的结果。起初的获利也有转变为亏损的可能，会导致操作心态紊乱，影响客观理性的分析思维，最终步步退败。所以制定操作纪律并严格执行非常重要。

11.5.4　止损策略

相关链接 11-5：止损

保护性止损就像是红灯，你可以冲过去，但这么做并不英明！如果你去镇上的时候闯过了每一次红灯，那么就可能无法快速或者安全地到达目的地。

——理查德·哈丁（RichardHarding）

约翰·斯威尼在他那本非凡的书《参与交易》中，做出了如下观察：就像在我们还是小孩子的时候不敢去偷看床底下或者一个漆黑的壁橱里有没有怪物一样，看到一个亏损并且必须接受它也同样难以做到。躲到一些保护性的东西后面再去做就相对容易一些，同样，对现在的情形采取一些防御机制也会好一点。

威廉·欧奈尔："在股市中获利的全部秘诀就在于当你不正确的时候，尽可能只亏损少量的钱。"

杰西·利弗莫尔："投资者们是一些大赌徒，他们会下赌注，并且一直坚持。如果这个赌注下错了的话，他们就会全部亏损。"

1. 止损是黄金投资的保命招式

世界上最伟大的交易员有一个有用而简单的交易法则——"鳄鱼原则"。所有成功的交易员在进入市场之前，都要反复训练对这一交易法则。

该法则源于鳄鱼的吞噬方式：猎物越试图挣扎，鳄鱼的收获越多。假定一只鳄鱼咬住你的脚，它咬着你的脚并等待你挣扎。如果你用手臂试图挣脱你的脚，则它的嘴巴便同时咬你的脚与手臂。你越挣扎，便陷得越深。

所以，万一鳄鱼咬住你的脚，务必记住：你唯一的生存机会便是牺牲一只脚。若以市场的语言表达，这项原则就是：当你知道自己犯错误时，立即了结出场！不可再找借口、理由或有所期待，赶紧离场！

其实，不论是黄金、股市、汇市、期货交易，其交易技巧都是相似的。"止损"的重要意义只有少数人能"彻悟"，所以也就少数人能在市场上赚钱。"止损"就像一把锋利的刀，它使你鲜血淋漓，但它也能使你不伤元气地活下去。它可以不扩大你的亏损，使你化被动为主动，不断寻找新热点。它可以保护你已经取得的利益。在市场上生存，需要耐心，需要信心，但耐心、信心不代表侥幸，不懂得止损的投资者，就输在侥幸上，侥幸是止损的天敌，止损是投资的基本功，是交易成功的保证。

2. 止损是黄金投资盈利的前提

交易中，没有止损保护，你可能会两手空空。被套与获利是我们在交易中遇到的两件最普通的事情，对于有经验的职业交易者来讲，他们总是在进入市场之前就已经设立好止损点，在进入市场后，一旦价格没有按预期趋势发展，而是朝相反的方向发展，使自己的头寸处于亏损状态并达到事先设立的止损位时，止损的操作应立即执行。

但黄金交易者盈利时也要设立止损保护，避免账面利润的过分损失。失败的黄金交易者一般就是没有使用止损保护，或没有正确地使用止损保护。在你没有确立止损以前就不要进入市场。黄金市场的止损保护要比股票市场要求得高，这是由其交易的规则和波动水平决定的。

案例分析

[据汇通网资料] 周三（6 月 3 日）亚市盘中，国际现货黄金稍显承压于 1192.4 美元/盎司一线，昨日小幅收高，但主要是受美元大跌的支撑，市场做多黄金的意愿仍非常薄弱。自 5 月 26 日大跌失守 34 日均线之后，持续受压于该阻力，目前在 1197.53 一线。现货白银目前跌 0.15%至 16.75 美元/盎司一线，昨日小涨 0.37%，自 5 月 26 日触及 100 日均线后，近日持续争夺该水平，目前切入位在 16.69 一线。

与上一交易日相比，黄金白银最新的关键止损买卖盘一致上移，其中，关键止损买盘上移幅度稍稍大一些。整体来看，目前金银距离关键止损买盘和关键止损卖盘的距离相当，进一步凸显震荡格局下多空缺乏方向。

最新的黄金、白银止损买卖盘见表 11-2。

表 11-2 黄金、白银止损买卖盘

黄金	止损买盘	止损卖盘
	$1194.90	$1185.80
	$1200.00	$1180.20
	**$1204.70	$1175.00
	$1208.90	$1170.90
白银	止损买盘	止损卖盘
	$16.85	$16.54
	$17.00	$1650
	$17.17	$16.40
	$17.335	$16.25

注意，上图标注了**且加粗的为关键止损水平。与上一交易日相比，黄金最新的关键止损买盘上移 4.70 美元至 1204.70 美元/盎司，关键止损卖盘微幅上移至 1180.20 美元/盎司；白银的关键止损买盘上移 0.17 美元至 17.17 美元/盎司，关键止损卖盘微幅上移至 16.54 美元/盎司。

交易市场的止损一般有三大功能：①将多头/空头头寸损失控制在最小（保护性止损）；②将现有多头/空头头寸利润尽量最大化（保护性止损）；③据止损情况新开多仓/空仓。

每个交易者因自身的风险偏好及操作习惯不同，设置止损的方法也不一样。有人认为，止损往往是导致亏损的最大原因，因而选择不止损。正如老白老师所言，这是盘内的止损，而更好的止损在盘外。具体如何选择，需据自身条件综合评判。

止损买盘一般设于日图关键阻力水平上方，止损卖盘一般设于日图关键支撑下方。一旦止损被触发，止损买盘/卖盘就会像市场订单那样成交。

北京时间 11:09，国际现货黄金报 1192.48 美元/盎司，回落 0.03%；现货白银报 16.76 美

元/盎司，承压 0.13%。

实践思考题

1. 黄金有哪些属性？
2. 什么是金汇兑本位制？
3. 技术分析的基本方法有哪些？
4. 黄金投资市场有哪些风险特征？
5. 黄金投资风险管理的实施步骤有哪些？

案例分析

黄 金 投 资 诈 骗

近几年黄金价格上下浮动较大，甚至在很长一段时间内，黄金在所有金融产品中独占鳌头，一枝独秀。黄金是唯一全球流通的金融产品，但是我们知道，黄金投资变现灵活性差，买卖都十分麻烦，所以一般不可能做短线的交易，这种长时间的投资也容易被犯罪分子钻空子。

2012 年 3 月 20 日 14 时 48 分，事主宁某报案称：2011 年 8 月 26 日 10 时许，他接到一个电话，对方自称香港盈汇集团上海分公司的理财员工，可以帮其理财并虚构投资黄金效益不错的虚假事实，后他与对方的手机及 QQ 保持联系，并于 2011 年 9 月 6 日 13 时 12 分，在三墩镇新星社区三墩街工商银行 ATM 机上，将 70 000 元人民币汇入对方账户。而后却一直无法联系对方，后其拨打香港盈汇集团上海分公司的电话，对方已经离职才发现被骗。

问题：宁某在投资时应当注意哪些问题，以避免被诈骗？

实训课堂

登录上海黄金交易所网站 http：//www.sge.com.cn/，在投资者专区中找出上海黄金交易所现货交易规则，并查找当天的 Au99.95 和 Au99.99 最新价、最高价和最低价。

参 考 文 献

[1] 周伟. 金融理财 [M]. 北京：清华大学出版社，2006.

[2] 魏涛. 投资与理财 [M]. 北京：电子工业出版社，2012.

[3] 王秀芳. 证券投资理论与实务 [M]. 北京：北京大学出版社，2005.

[4] 张颖. 个人理财基础 [M]. 北京：对外经贸大学出版社，2005.

[5] 刘亚萍. 金融投资案例分析 [M]. 北京：科学出版社，2005.

[6] 沈家庆. 个人投资理财 [M]. 北京：高等教育出版社，2004.

[7] 李小丽，周德慧. 投资理财概论 [M]. 北京：北京交通大学出版社，2009.

[8] 韩海燕，张旭升. 个人理财 [M]. 北京：清华大学出版社，2010.

[9] 刘彦斌. 做最聪明的投资者 [M]. 北京：中信出版社，2011.

[10] 李昊轩. 一本书读懂投资理财学 [M]. 北京：中国华侨出版社，2010.